Ang Lee Seifert

Mut, Kraft und Zuversicht bestimmten unser Leben

Biografien von Angela und Theodor Seifert

AF792172

Ang Lee Seifert

Mut, Kraft und Zuversicht bestimmten unser Leben

Biografien
von
Angela und Theodor Seifert

opus magnum

Bibliografische Information der Deutschen Nationalbibliothek
Die Deutsche Nationalbibliothek verzeichnet diese Publikation in der Deutschen Nationalbibliografie; detaillierte bibliografische Daten sind im Internet über http://dnb.d-nb.de abrufbar

© 2019 by opus magnum, Stuttgart (www.opus-magnum.de)
Erstauflage, Version 1.01
Umschlaggestaltung: Ines Moritz, Moritz Design
unter Verwendung einer Grafik von Yucel Moran / unsplash.com
Layout: opus magnum
Herstellung: BOD - Books on Demand GmbH., Norderstedt
Alle Rechte vorbehalten
ISBN 978-3-95612-024-4

Bewahre mich vor dem naiven Glauben,
es müsse im Leben alles glatt gehen.
Schenke mir die nüchterne Erkenntnis,
dass Schwierigkeiten, Niederlagen,
Misserfolge, Rückschläge
eine selbstverständliche Zugabe
zum Leben sind,
durch die wir wachsen und reifen.

Antoine de Saint-Exupérie

Gehe nicht, wohin der Weg führen mag,
sondern dorthin, wo kein Weg ist,
und hinterlasse eine Spur.

Jean Paul

Ich freue mich, wenn es regnet,
denn wenn ich mich nicht freue,
regnet es auch.

Karl Valentin

Inhalt

Prolog **11**

Das Sterben **15**
Der Schock 19
Der Tod 21
Strom und Stille 23
Die Trauerfeier 27
Nachruf 27
Die Beisetzung 31
Zeit 33

Schicksalswege **35**
Angela 35
Meine Eltern 38
Angela – das Mutterkind, die Vatertochter 42
Braunswalde 49
Wilna 52
Irmchen 53
Der Attraktor und der pay off 54
Die Flucht 57
Küstrin 59
Burghausen (Oberbayern) 61
Kranksein 64
Irmchen ein Engel? 67
Die Englischen Fräulein 69

Nachkriegszeit **73**
Power 74
Mein Lebens-Sinn 76
Heidelberg 78
Ferien- und andere Reisen 80
Sich selbst treu bleiben 85

Meine erste Ehe **89**
Stuttgart 92
Krefeld 93
Der Hallodri 98
Sehnsucht nach Familie 101

Ehefrau und Mutter-Sein **105**
Die vernachlässigte Macht – der Familien 105
Das Jagdhaus 108
Der Anfang vom Ende 111
Das Programm 113
Das Leben geht weiter 118
Forschen im Geist des Eros 122
Lindau im Bodensee 127
Weiter in der Forschungsstelle 129
Ein „Gentleman's Agreement“ 132
Die Psychoanalyse 133
Die Persona 136
Die – befreiende – Operation 138
Der 29. Oktober 1977 142
Das absolute Gefühl von Stimmigkeit 147
Schwingungsmuster 151
Endlich bist du da! 155
Gegensätze ziehen sich an – gleich und gleich gesellt sich gern 157
Im gleichen Geist verbunden sein 159
Mit Beziehungen respektvoll umgehen 160

Theodor Johannes Seifert 165
Stockholm 174
Vater sein 176
Zürich 178
Marie-Louise von Franz 181
Markdorf 182

Studienzeit 189
Die Transaktionsanalyse 193
Villars 195

Lindauer Psychotherapiewochen 199

Wimsheim 209

Herrentierbach 215

Eine unheimliche Begegnung der anderen Art 221
Sssssss.......... 224
„Der Zug, der sich selbst überholt" und „Samsara" 227
Vertiefungs-Zuständ und weitere Retreats 236

Indien und Amerika 241
Indien 241
Amerika 248
Santa Fe (New Mexico) 250

Das neue Jahrtausend 2000 255
Dezember 1999 255
1. Januar 2000 260
Das freundliche Lächeln 262
Are you together? 264
Eine absurde Situation 265

Theos Krankheit **269**
Altkötzschenbroda 273
Leidenszeit wird schöpferische Zeit 275

Aus Angela wird Ang Lee **277**

Man soll die Feste feiern, wie sie fallen **281**
Das Symposion 281
Das Design 285
Die Genossenschafts-Akademie 287
Das Spiel des Bewusstseins 289
Und wie ist das mit dem Bewusstsein? 292

Reisen **299**

Begeistert sein **303**

Spiritualität **307**

Die prospektive Funktion **317**
Lebenslinien 321

Epilog **323**

Literaturverzeichnis Waiblinger/Seifert: Monografie **327**

Literaturverzeichnis Waiblinger-Seifert, Seifert: Beiträge **329**

Prolog

Der Impuls, meine Biografie zu schreiben, entstand, nachdem die umfangreichen Anforderungen, die der Tod eines Menschen an die „Hinterbliebenen" stellt, erledigt und aufgeräumt waren.

„Und jetzt"? Das ist die schwierigste Phase im so genannten „Trauerprozess".

Ich spürte, obwohl ich nach den zwei, drei vergangenen Jahren, in denen mein Mann, Theodor Seifert, zunehmend pflegebedürftig geworden, und ich in gewisser Weise erschöpft war, keinen Impuls, mich jetzt dem „Müßiggang" hinzugeben.

Ich hatte ja bis dahin meinen Beruf als Psychotherapeutin ausgeübt – wenn auch in Grenzen. Wir wechselten vor einem Jahr den Wohnort und die Wohnung, so dass diese Tätigkeit jetzt nicht infrage kommt. Eine Praxis kann man nur aus der Extraversion mit viel Tatkraft aufbauen. Das ist nicht mehr „mein Ding".

Ich entschied mich für's Schreiben: dabei können Extra- und Introversion gut im Einklang sein – und es ist genau richtig für meinen jetzigen – letzten Lebensabschnitt.

Außerdem weiß ich, dass ich es kann.

Denn ich habe während meiner Psychotherapeuten-Zeit bereits 12 psychologische Bücher geschrieben.

Also gut. Und was? Was schreiben? Worüber und für wen?

Über das, was mir gerade am Nächsten ist: Mein Leben.

Das so vielfältig und reichhaltig, schwierig und beglückend, manchmal richtig hart, aber auch befreiend, und immer voller „Wunder" war.

Durch das ich geführt wurde von unsichtbaren inneren Kräften, denen zu gehorchen ich gelernt habe.

Und über das Leben von Theodor Seifert, der mein Leben so bereichert und mir die „Türen" zur Vollendung geöffnet hat.

Ich will das alles aufschreiben. Nicht nur für mich.

Ich will noch etwas da lassen in dieser Welt, die leider gerade immer schwieriger wird. Es ist ja auch die Aufgabe der Alten, der alten Weisen – aufgrund ihrer Lebenserfahrung – den Jungen in schwierigen Lebenserfahrungen, in Übergangszeiten beiseite zu stehen. Eigentlich ein schönes Wort: bei Seite stehen.

In turbulenten Zeiten, wie den unseren, kann es zum Beispiel hilfreich sein, Sichtweisen von Menschen kennen zu lernen, die sich ihrerseits, zu ihrer Zeit, Gedanken gemacht haben über entsprechende Zusammenhänge für ein gutes, ein immer besseres Leben. Wissenschaftler, wie Freud, Jung, Berne hatten sich dem Verständnis menschlichen Miteinanders verschrieben.
Deren Forschungsergebnisse kennen zu lernen, kann in schwierigen Lebenssituationen hilfreich sein.
Ich werde die, welche ich kennenlernen durfte, an entsprechenden, geeigneten Stellen, abgesetzt von meiner Lebensgeschichte – in kursiv geschrieben – darstellen.

Was mir noch wichtig ist: Ich möchte Menschen Mut machen, in schwierigen Zeiten nicht aufzugeben, sondern unerschrocken, dem eigenen Schicksal vertrauend weiterzugehen. Denn das habe ich selbst erfahren, ich weiß, wie sich Angst, und Verzweiflung anfühlen.

Ich weiß aber auch, wie beglückend es ist, wenn man Hindernisse überwunden hat.

Und ich weiß, wie hilfreich es dabei ist, wenn man Freunde hat, die da sind, die signalisieren: Du bist nicht allein! In Märchen tauchen oft hilfreiche Tiere auf, wenn der Held/die Heldin in Schwierigkeiten geraten.

Oder, wie Janosch es berührend in seinem Buch: „Oh, wie schön ist Panama" beschreibt: Wenn man einen Freund hat, der z. B. „Pilze finden kann," oder „den Weg weiß", dann braucht man sich vor nichts zu fürchten.

So möchte ich hier an meinem Schreibtisch mit meiner 81-jährigen Lebenserfahrung, in der es auch viele Schwierigkeiten gab, als „gute Freundin“, als „alte Weise“ „den Weg wissend“ im Sinne des Leitspruchs der Benediktinerin Hildegard von Bingen: *„Scivias – Wisse die Wege“* und anregen, den eigenen Weg zu finden, ihn tapfer zu gehen und sich durch Schwierigkeiten nicht entmutigen zu lassen.

Und „last but not least“:
Ich möchte danke sagen: den vielen Menschen, die mich und Theodor Seifert begleitet haben auf unserem gemeinsamen Weg, die verstanden, dass wir unsere ersten Ehepartner nicht leichtfertig verließen, um uns ein „schöneres Leben“ zu machen, sondern aus der – auch schmerzhaften – Erkenntnis, dass wir diesen Weg miteinander gehen „müssen“ – der Vollständigkeit halber. Weil wir miteinander, uns gegenseitig inspirierend, dazu beitrugen, dass er sein Bestes aus sich und ich mein Bestes aus mir herausholen konnte.

So widme ich dieses Buch unseren „gemeinsamen Kindern“,
speziell den drei Urenkeln von Theodor Seifert,
Daisy – Levi – Liya,
stellvertretend für die Kinder, die künftig noch geboren werden.

Meine Enkelinnen haben noch keine Kinder – doch auch die, die bereits im Unbewussten auf ihre Inkarnation warten, werden eines Tages die Geschicke unserer Welt und Zeit mitbestimmen.
Möge ihnen die Erfahrungen, die im kollektiven Unbewussten – dem Wissen der Welt – gut und für immer gespeichert sind, hilfreich sein zum Bewältigen ihrer – sicher auch schwierigen – Aufgaben.

Speziellen und großen Dank sage ich Freunden und Kollegen, die mich mit wertvollen und korrigierenden Hinweisen beim Schreiben begleitet haben, die mich vor allem immer wieder wissen ließen: „Du bist nicht allein auf deinem Weg.“

Das ist das Wichtigste, das jemand braucht, der sich dem Wagnis, eine Biografie zu schreiben, aussetzt, denn mit Erinnerungen an traumatische Lebenserfahrungen rührt man auch an alte Ängste.

Ganz nah, mit Lesen des Manuskripts und hilfreichen feed-backs – begleiteten mich: Wilfried Sigloch – Ursula Henrich – Willy Schweitzer – Erika Henning – Prof. Dr. Wolfgang Hofsommer – Prof. Drs. Marianne und Peter Buchheim – Dipl.-Psych. Gabriele Mendetzki-Mack – Andrea Rogoll und Anette und Prof. Dr. Lutz Müller mit der Gestaltung und dem Drucken des Buches.

Das Sterben

Heute bin ich 81 Jahre alt und natürlich denke ich verstärkt über mein Leben nach, vor allem, da ich im vergangenen Jahr meinen zweiten Ehemann, Theodor Seifert, dem Tod übergeben musste.

In den letzten drei, vier Jahren war er bereits ziemlich eingeschränkt in seinen Lebensäußerungen, er konnte zunehmend schlechter laufen – zuerst am Stock, dann am Rollator, daran aber auch immer schlechter, in den letzten Monaten musste ich ihn trotz Rollator halten, in den letzten Wochen konnte er nur mehr auf einem Rollstuhl von einem Zimmer in ein anderes bewegt werden, in den letzten Tagen war es kaum noch möglich, ihn im Bett aufzusetzen – ohne Pflegeschwester ging es gar nicht.

Inwieweit er auch geistig schon dement war, kann ich nicht beurteilen, doch sprach er immer weniger, am letzten Tag überhaupt nicht mehr.

Es ist sehr bedrückend, zusehen zu müssen, wie ein einst so sprühend lebendiger Mensch wie Theodor Seifert sich in seinen Lebensäußerungen so – jetzt im Nachhinein betrachtet – rasch verändert hat. Vielleicht wäre mir das nicht so aufgefallen, wenn wir ungefähr gleich alt gewesen wären. Doch da ich sieben Jahre jünger bin, als er, wurde mir diese Tatsache so deutlich. Vielleicht geht es mir allmählich auch so – das kann ich nicht beurteilen.

Vielleicht hat er auch rascher „abgebaut", weil er in seinen letzten Lebensjahren relativ oft in Krankenhäusern war. Und das weiß man ja, dass Krankenhausaufenthalte für alte Menschen unbekömmlich sind – sie wirken verwirrend auf den Geist.

Ich war manchmal ziemlich verzweifelt, wenn ich ihn bewusstseinsmäßig nicht so erreichte, wie ich es von früher bei ihm gewohnt war, wenn es mir nur noch mit Mühe gelang, ein anregendes Gespräch mit ihm zu führen. Oft beschwerte ich mich auch bei ihm, beklagte mich, dass er nicht mehr aus heraus sich ein Gespräch beginnt, sich für fast nichts mehr interessiert.

Doch jetzt denke ich, vielleicht war dieses langsame Aussetzen seines Geistes auch ein Schutz für ihn, für seine Seele. Vielleicht wurde ihm dadurch auch der Schmerz des Ungenügens erspart.

Eigentlich – denke ich jetzt, weiß man sehr wenig über die inneren Vorgänge eines anderen Menschen – eben, wenn dieser sie nicht mehr zum Ausdruck bringen kann. Was für den Partner ein Schmerz ist, kann ja für den Betreffenden wohltuend oder auch völlig gefühllos sein.

Für mich jedoch war es äußerst schmerzlich, diesen einst so lebendigen, sprühenden, geistvollen Menschen, der – ich übertreibe nicht, wenn ich sage: – meine große Liebe war, bzw. ist, denn die Liebe zu ihm vergeht nicht – zu erleben, wie er Stück für Stück seine Persönlichkeit verlor und einfach, wie einst als Säugling, ein hilfloses Wesen wurde.

Das letzte, das er der Welt zurückgab, nachdem er ihr schon vor Jahren seine Gesundheit und körperliche Stabilität geopfert hatte und danach auch noch seinen Atem schenken würde, war seine Stimme – diese wunderbare wohl und vollklingende Stimme, um die ihn Viele beneideten und die sein Leben sowohl bereicherte als auch – in gewisser Weise – vereinfachte. Eine gute Freundin sagte einmal: „Theo, es ist ziemlich egal, was du sagst – deine Stimme wirkt."

Nun, ganz so einfach war es nicht. Theodor Seifert sagte nie irgend etwas, einfach so obenhin. Hinter seinen Worten steckten stets ge-wusste und erlebte Zusammenhänge, diese gründeten in seinem breiten und fundierten Wissen, seinen schnellen, präzisen Gedankengängen. Nie hätte er „einfach nur so" drauflosgeredet, nur um etwas von sich gegeben, was nicht vorher durchdacht gewesen wäre.

Doch in dieser Nacht, in dem er dem Leben seine Stimme zurückgab, waren es keine Sätze, kein ausformuliertes Wissen mehr: es war seine Stimme, die sich in lauten Tönen, leisen, aber zwischendurch auch sehr lauten, in Schreien, befreite.

Es musste wohl noch vieles von einst gesammelten Eindrücken und Erlebnissen in ihm gewesen sein, die er frei gab, denn er verbrachte viele Stunden, eine ganze Nacht damit zu.

Ich versuchte, ihn zu „beruhigen“ – ich vermochte es nicht. Auch der Hinweis, dass die Nachbarn sich gestört fühlen könnten, nützte nichts. Ich legte mich neben ihn, hielt seine Hände, streichelte ihn, redete beruhigend auf ihn ein. Nichts half. Es war, als liefe ein Tonband, das nicht abzustellen war.

Erst gegen Morgen, als es draußen hell wurde, hörte er plötzlich auf.

Und seitdem kam kein einziger Ton mehr über seine Lippen. Kein einziger, kein lauter, kein leiser. Nur sein Atem, der im Laufe des Tages – es war Sonntag, der 27. Mai 2018 – schneller wurde, war spürbar.

Dieser Sonntag war sehr heiß. Ich sagte: „Du musst viel trinken“ und gab ihm abwechselnd Wasser, Kaffee, Tee, Saft. Aber er schluckte nichts, die Flüssigkeit rann einfach an seinem Kinn hinunter auf seine Brust.

Um 16.30 Uhr bekam ich Angst, fürchtete, sein Organismus könnte ohne Flüssigkeit unter der Hitze leiden und rief den Notdienst an. Dieser schickte den diensthabenden Arzt, der Theodor ohne zu zögern ins Zentralklinikum einwies.

Um 17.30 rief mich die Ärztin von der Notfallstation an und sagte: „Die körperlichen Werte ihres Mannes sind so schlecht, wir können ihn nur mit Hilfe von Apparaten am Leben halten. Wollen Sie das?“

Ich antwortete: „Nein, das will ich nicht und das wollte mein Mann auch nicht.“[1]

„Dann wird er sterben“, sagte die Ärztin. Einen Augenblick lang war es, als stünde ich auf einer „Falltüre“, die sich nach unten in eine bodenlose Schwärze öffnete und mich in die Tiefe reißt.

---

1 Theo hatte übrigens eine entsprechende Patientenverfügung – ein Dokument, das heute jeder bei sich tragen sollte.

Die Ärztin – sie hatte eine junge, sympathische Stimme, die nun mitfühlend klang – meinte: „Dann kommen Sie rasch – aber fahren Sie vorsichtig."

Am ganzen Körper zitternd holte ich meine Tasche und eine Jacke, rief meine Tochter an, damit diese Theo's Töchter benachrichtigte, vergaß auch den Hausschlüssel nicht und fuhr vom dritten Stock, in dem wir wohnen, hinunter in die Tiefgarage. Mir war, als würde der Aufzug nur ganz langsam, wie im „Schneckentempo" hinuntergleiten.

Dann in der Klinik: „Wo ist die Notfallstation?" „Gehen Sie dort nach vorne, bis zum gelben Streifen, dann nach links""... Die Entfernungen schienen unüberwindbar. Mein Raum- und Zeitgefühl funktionierten nicht mehr. Ich verlief mich und die Angst, es nicht mehr rechtzeitig zu schaffen, aus eigener Dusseligkeit Theo's letzte Lebensstunde zu verpassen, raubte mir den letzten Rest des noch vorhandenen Verstandes.

Das Krankenhaus schien menschenleer. Es war Sonntagabend.

Dann – endlich – eine Person: „Die Notfallstation"?" „Tut mir leid, kenne mich hier auch nicht aus."

Dort ... wieder eine Person. „Zur Notfallstation?" „Da sind Sie hier falsch. Sie müssen zurück, in den roten Bereich."

Wie ich letztendlich dort angekommen bin, weiß ich nicht mehr, ich fühlte mich wie im tiefen Nebel. Dann eine Schwester: „Warten Sie, ich bringe Sie hin. Einen Augenblick." Sie verschwand. Was sollte ich tun? Einfach weiterlaufen, auf die Gefahr hin, mich wieder von dem gesuchten Bereich zu entfernen? Warten?

Ich hatte höllische Angst damals, am 27. Mai gegen 18 Uhr. Angst, dass ich zu spät kommen könnte. Zu spät, um meinem Mann noch etwas zu sagen, ihm zu zeigen, dass ich da bin. Für ihn. Dass ich ihn liebe. Nicht, dass ich will, dass er nicht stirbt.

Natürlich wollte ich nicht, dass er stirbt, aber ich wollte ihm, wenn es denn so sein muss, diesen Prozess nicht noch erschweren. Er ist sicher schwer genug. Ich wollte ihn nicht mit meinen Wünschen belasten.

Ich wollte ganz einfach bei ihm sein. Ganz nah. Wie so oft in den 40 Jahren unseres gemeinsamen Lebens. Wir waren uns immer ganz nah. Auch körperlich. Ich liebte seinen Hautgeruch. (Und jetzt vermisse ich diesen so sehr.)

Der Schock

Ich hatte Angst, wieder zu spät zu kommen, wie damals bei meiner Mutter.

Sie starb im Jahr 1969 – übrigens am 9. Juli. Das ist der Geburtstag von Theodor Seifert. Aber wir kannten uns damals noch nicht.

Der Tod meiner Mutter war eine große Katastrophe für mich. Hier nur so viel: Sie befand sich damals drei Monate vor ihrem 60. Geburtstag seit einer knappen Woche im Klinikum Langensteinbach bei Karlsruhe in der Nähe meines damaligen Wohnortes, denn sie war auf eine zeitweise künstliche Sauerstoff-Zufuhr angewiesen. Sie hatte nach einer langen Tuberkulose-Krankheit nur noch eine halbe Lunge. Einige Jahre lang ging es ihr ganz gut, doch dann musste sie noch einen Brustkrebs überstehen. 23 Jahre ihrer Lebenszeit musste meine Mutter mit schweren Erkrankungen fertig werden, bzw. wurde sie letztlich nicht fertig. Sie erreichte ihren 60. Geburtstag nicht.

(Theo hat einmal gesagt: „Der Hitler hat mir meine Jugend gestohlen." – So wie er viele junge Menschen durch seinen Größenwahn betrogen und unzähligen Deutschen die besten Jahre ihres Lebens und vielen auch ihre Männer und Söhne und ihre Heimat geraubt hatte – viele junge Männer mussten qualvoll verenden in irgend einem Schützengraben. Auch meine Eltern waren Opfer zweier Weltkriege. Sie hatten schon in ihrer Kindheit die Not des 1. Weltkrieges erlebt mit Hunger und Kälte. Die Entbehrungen im 2. Weltkrieg waren dann der Verlust der Heimat und die Erbärmlichkeit der anschließenden Nachkriegszeit, wobei es meinen Eltern noch relativ gut ging, denn wir lebten in der amerikanischen Besatzungszone und mein Vater war ein Organisationsgenie.)

Ich fuhr an diesem Nachmittag, so wie an den Nachmittagen vorher, auch nach Langensteinbach, um sie zu besuchen. Am Tag davor, als ich bei ihr war, erwähnte sie – ich weiß nicht mehr aus welchem Anlass – dass sie noch nie eine Orchidee geschenkt bekam. (Damals waren Orchideen nicht so verbreitet wie heute).

Ich wollte ihr eine Freude machen und kaufte vor meinem Besuch noch eine dieser aparten Blüten. Als ich wie gewohnt zu ihrer Zimmertüre kam, war ein großer Zettel an der Türe befestigt: „Nicht eintreten! Die Schwester benachrichtigen!"

Ich ging also ins Schwesternzimmer und eine der Pflegerinnen sagte: „Ihre Mutter ist vor einer halben Stunde gestorben."

Sie begleitete mich in das Zimmer und da lag meine Mutter entsprechend hergerichtet, still und tot in ihrem Bett. Ich legte die Orchidee in ihre Hände.

Und war voller Selbstvorwürfe, dass ich nicht früher von zu Hause losgefahren war und ihr die Freude an dieser Blüte noch machen konnte.

Später, als Theo mit der lebensbedrohlichen Erkrankung einer „Wegener Granulomatose" im Robert-Bosch-Krankenhaus in Stuttgart in der „Geriatrischen Rehabilitation" lag, hatte ich jedes Mal, wenn ich ihn besuchte – und ich kam täglich zu ihm! – diese Angst: dass ich zu spät kommen könnte. Sowohl wenn ich abends nach Hause gegangen bin als auch, wenn ich am nächsten Tag wieder zu ihm kam, beschlich mich diese Angst.

Der Tod

Zurück zum 27. Mai 2018. Fast wahnsinnig vor Angst und Anspannung erreichte ich endlich die Notfall-Station. Eine junge Schwester führte mich in einen Raum voller Apparate. Da lag Theo auf einem Tisch, der wie ein Operationstisch aussah mit einer großen Lampe über ihm.

Meine Tochter und ihr Partner standen bei ihm und hielten seine Hand. Als ich da war, verabschiedeten sie sich liebevoll von ihm und ich sagte, sie mögen ruhig nach Hause gehen, denn ich war ja jetzt hier.

Ein Pfleger kam und meinte: „Wir bringen ihren Mann in ein Zimmer – hier ist es nicht so angenehm“.

Sie schoben ihn in ein ruhiges, etwas abgedunkeltes Zimmer und legten ihn in ein Bett. Ich setze mich zu ihm und streichelte ihn, seine Wangen, seine Hand, ununterbrochen.

Und ich sprach zu ihm: „Lass los, du brauchst nichts mehr zu halten, lass ruhig alles los. Alles ist gut.“

Immer wieder sagte ich es zu ihm. Ich küsste ihn auch und streichelte weiter seine Wangen, seine Stirn, seinen Kopf, seine Haare.

Nach circa 2 Stunden kamen seine Töchter und seine Enkel. Ich war stets an einer Seite von Theo, an der anderen eine/r seiner Lieben.

Nach den vielen Stunden, die ich ununterbrochen an seiner Seite gewesen war, musste ich nun dringend zur Toilette und verließ für etwa 5 Minuten den Raum.

Als ich wieder ins Zimmer kam, winkte mir einer der Enkel zu, ich solle schnell kommen. Theo's Herz hatte offenbar aufgehört zu schlagen.

Ich ging zu ihm und drückte noch sanft seine Augen zu, die während der ganzen Zeit hier im Krankenhaus ein klein wenig offen gestanden hatten. In diesem Augenblick klappte sein Mund zu, der bis dahin ebenfalls noch geöffnet war.

Dann war alles still. Sehr, sehr still. Sein Leben war vollendet.

Der Mensch, mit dem ich 40 Jahre meines Lebens verbracht habe, davon 28 Jahre verheiratet war, lebt nicht mehr.

Seine wunderbare Stimme ist verstummt. Für immer.

Wir umarmten uns still und herzlich. Seine Töchter waren meine Töchter, seine Enkel meine Enkel. Ich wünschte, er hätte noch diesen Raum der Liebe um sich gespürt, er hätte gespürt, dass sein Leben, seine Gegenwart Menschen, die mit ihm verbunden waren, ebenfalls mit Liebe zu füllen vermochte.

Seine Töchter boten sich an, ihn noch zu waschen und herzurichten.

Wie betäubt fuhr ich nach Hause. Nein, ich wollte nicht, dass mich jemand begleitet, so lieb mir alle waren. Ich wollte einfach nur allein sein.

Am Freitag, den 1. Juni verabschiedeten wir ihn mit einer Trauerfeier am offenen Sarg. Ich hatte ein kleines Programm zusammengestellt – das letzte, das ich für Theodor Seifert arrangierte. In den Jahren davor hatte ich etliches für ihn initiiert (davon später). In den Mittelpunkt dieser Abschiedsfeier stellte ich ein Gedicht, das Theo selbst geschrieben hatte:

Strom und Stille

Ewiger Strom, Zeit und Stille vereinend,
aus unendlicher Weite kommend,
in unendliche Weite fließend.
Aus der großen Stille kommend,
ewig in sie zurückkehrend.
Strom und Stille.
Bist DU das, oh Gott?

JA.

Das war das göttliche Ja,
Antwort auf all meine Fragen,
die ich erst jetzt ahne.
DU sagen dürfen zu diesem JA,
ein Wunder, unerwartet, unvorhersehbar.
Das große JA, das größte JA meines Lebens.
Antwort, endlich Antwort.
Aus der großen Stille wirst DU zur Quelle,
Zur Quelle allen Lebens.
Wirst Strom und Ströme,
die den Kosmos und die Erde durchströmen.

Wirst Nil und Missisippi, Donau und Wolga,
Lebenskraft für Mensch, Tier und Pflanze,
bis in den Strom des Blutes in uns hinein.
Auch dort bist DU.

Und ich sitze am Ufer der Donau
und begegne DIR, dem ewigen Strom.
Aus dem Einen der Stille
brichst Du hervor wie Donner und Blitz.

Mit großer Macht, als Fels und leises Singen,
wirst DU die große ZWEI,
wirst zu Helle und Dunkel,
Leben und Tod umspannend in Eines,
herüber- und hinüber führend,
von Deiner Hand zu Deiner Hand.

Wirst zu allen Energiepolen des Lebens,
zu Frau und Mann
und wieder zum EINEN im Göttlichen Kind.
Und DU wirst zur DREI,
zu Brahma, Vishnu und Shiva,
zur jungen göttlichen Frau, zur reifen und zur alternden,
Göttinnen alle Drei.

Und DU bist Vater, Sohn und Heiliger Geist,
geboren von MARIA, der Gottesmutter.
Die große Drei, die große Vier,
ich ahne ihre Kraft.

Wirst Mensch, wirst unser Fleisch und Blut,
Wunder aller Inkarnationen, weltumspannend.
Wo überall bist DU, kann ich DICH finden?

Das Wunder der Messe,
Brot und Wein werden DEIN Leib und Blut,
offenbaren DEINE erlösende Kraft,
schließen uns an an den Strom DEINER Kraft und Führung.

Strom allen Lebens,
Strom des Atems und des Blutes,
Strom der Kraft und der Säfte in uns,
des Urins und der verbrauchten Stoffe im Kot,

Strom der Liebe und der Zeit,
Strom mit allem Widersprüchen und Schmerzen,
Strom des Wassers und aller Feuer,
DEIN Strömen bis tief in meinen Körper.
Das alles bist DU.

JA:
Es gibt nur Eines: Hingabe an den Strom,
an das Fließen GOTTES
in uns, in mir, bis in die feinsten Verästelungen des Blutes.
Und in der Musik, irdisches Tönen Deines ewigen Tones.
So bist DU in DEINEM Strömen und Tönen
Der Ewige, das Unendliche, das Alles Durchdringende,
TAT TWAM ASI.

Das bist DU, das bin Ich, das sind Wir, ANGELA.
Lauschen dem Strom und der Stille.

Lauf, lauf, lauf, immer wieder hin zu dem Strom,
wisse, dass Du immer schon da bist, am ewigen Strom,
wie einst und bis heute SIDDHARTHA am Fluss mit Dir.

Du kennst, spürst Sein Fließen in Deinem Blut.

Lausch, lausch, lausch seinen leisen und lauten Tönen
Und wisse, dass Du sie tief in Dir hast und hörst.
Es ist die Melodie des Lebens, Deines, unseres Lebens.
Und sing, sing, singe ihn mit,
den großen Gesang, den auch die Sterne singen.

Klinge und klinke Dich ein, immer wieder ein,
über den Weg der Achtsamkeit, der Dir immer offen steht.
Einfach so.

Der Strom Deines Atems,
er schließt Dich an an den Odem GOTTES.

Dir, liebste Angela, gewidmet in den Tagen meiner Krankheit, in denen ich diesen Strom wiederfinden durfte, an den Du mich in dem Großen Erlebnis unserer Liebe, in Verbindung mit dem Engel, der durch Dich erscheint, angeschlossen hast.

So wurde die Welt transparent und GOTT konnte sich in und mit Seinem JA Dir und mir offenbaren.

TAT TWAM ASI.

Das sind Wir im Strom Seiner Unendlichkeit und Stille.

Und so war es auch im Abschiedsraum, in dem Theodor Johannes Seiferts Körper lag. Auch Klein-Daisy ist still geworden. Wir alle waren still. Und innerlich stark bewegt, durchströmt von Liebe, Liebe zu und für diesen großartigen Menschen, dem Ehemann, Vater, Groß- und Urgroßvater, Schwager und Freund.

Ein wunderbares Bild, dass Tod und Leben zusammengehört, entstand, weil Theos kleine Urenkelin Daisy, 5 Jahre alt, völlig unbefangen in dem doch kleinen Raum, in dem ihr toter Urgroßvater aufgebahrt war, hin- und her sprang, ganz ruhig, nur für sich, ein wenig trällerte, sich abwechselnd von ihren Eltern und Großeltern auf den Schoß nehmen ließ, dann wieder nur für sich in diesem Raum, der angefüllt war mit Weh und Trauer, ihre kleinen Tänze vollführte.

Theos bester ältester Freund und Schwager – sie hatten beide in den 1950er Jahren an der Freien Universität in Berlin Psychologie studiert und dann zwei Schwestern aus einer Familie geheiratet – war mit seiner jetzigen Frau (seine erste Frau ist, genau wie Theo's erste Frau bereits gestorben) aus Bremen angereist und natürlich hat auch er – tief bewegt, denn die Freundschaft der beiden war bis zum Schluss lebendig, sie telefonierten fast jeden Tag miteinander – eine zu Herzen gehende Ansprache gehalten.

Die Trauerfeier

Drei Wochen später veranstaltete das C. G. Jung-Institut Stuttgart eine Trauerfeier, bei der u. a. auch Theos einstiger Lehranalysand Dr. Konstantin Rößler einen warmherzigen Nachruf auf seinen Lehranalytiker hielt, den ich gerne hier aufnehme, weil er die berufliche Persönlichkeit von Theodor Seifert als Psychoanalytiker so treffend zum Ausdruck bringt. Auf diese Weise kann Theodor Seifert den Leserinnen und Lesern schon ein wenig bekannt werden.

Nachruf

Am 27. Mai 2018 ist Herr Dr. Theodor Seifert verstorben, ganz am Ende „ruhig und friedlich im Kreis seiner Familie", wie seine Frau mitteilte. Es gibt so Vieles über Herrn Seifert zu sagen, das wert ist, berichtet zu werden. Seine Bedeutung als Gründungsvater unseres Instituts, seine nachhaltige Wirkung, nicht zuletzt, weil er so viele von uns begleitet hat auf unserem Individuations- und Ausbildungsweg, sein beruflicher Werdegang, seine wissenschaftliche Arbeit, seine Bücher und vieles mehr.

Doch ist darauf schon in den Nachrufen eingegangen worden und ich möchte diese Gelegenheit zu etwas anderem verwenden.

Ich möchte etwas davon erzählen, wie es war, Herrn Seifert zu begegnen, und daran erinnern, wie es war, von ihm begleitet zu werden. Es handelt sich um unmittelbare, persönliche Erfahrungen, eigene, aber auch die von anderen Menschen, die mir von ihm berichtet haben. Herr

Seifert wusste immer die Objektivität des Subjektiven zu schätzen, ein Ausdruck, den ich von ihm gelernt habe. So ergibt sich ein wahrscheinlich unvollständiges Bild, aber eines, das Sie mit Ihren eigenen Erlebnissen ergänzen können.

Er verfügte über ein unerschöpflich scheinendes Reservoir an Wertschätzung, von dem er frei und großzügig gab, ohne dass es auf mich jemals unaufrichtig gewirkt hätte. Es war in seinem Wesen einfach eine grundsätzliche Freundlichkeit und ein ehrliches Interesse an dem Menschen, der ihm gegenübersaß. Ich habe mich manchmal gefragt, ob er wirklich mich meinen kann, aber es war so überzeugend, dass ich am Ende nicht anders konnte als ihm zu glauben und die heilsame Wirkung dieser Haltung zuzulassen. Und das scheint vielen so gegangen zu sein, denn es zieht sich wie ein roter Faden durch die Gespräche mit denen, die ihm begegneten. Auch das war ein Phänomen, dass er geben konnte, ohne dass das Gefühl entstand, es könne etwas ausgehen oder nicht ausreichen. Es war einfach genug für alle da. Er hatte die Gabe und auch den Wunsch, sich zur Verfügung zu stellen als ein Gegenüber ohne Angst. Nur manchmal verspürte ich die Sorge, ob er genug für sich selbst behielte.

Das Bild des Hirten hat ihm etwas bedeutet, und ich konnte von ihm lernen, dass kein noch so kleines oder unbedeutendes inneres Schaf es nicht wert gewesen wäre, ihm nachzugehen, es zu suchen, zu finden und wieder zurückzubringen und ihm einen Platz im Ganzen zu geben mit großer Achtsamkeit und Sorgfalt. Er lehrte, das Kleine zu würdigen.

„Das sind aber schöne Schuhe" konnte er plötzlich mit bewundernd aufgerissenen Augen sagen. Und so ein Satz, der nicht irgendwann kam, sondern mit großer intuitiver Präzision zu einem bestimmten Zeitpunkt, konnte ganz unerwartet große Wirkung entfalten.

Menschen, die ihn in jüngeren Jahren kannten, nannten ihn einen „Feuerkopf", weil er vor Ideen nur so sprühte, begeistern konnte und wohl von seiner eigenen Begeisterung mitgerissen wurde. „Die Theoria ist eine Dame, und in die kann man sich durchaus verlieben", ist eines der Zitate von ihm, die ich nicht vergessen werde. Er war in der Lage, Intellekt und Emotion, große geistige Klarheit und tiefe menschliche Verbindung zu vereinen. Vor allem aber hat er ein tief empfundenes Vertrauen gehabt und vermittelt in das, was man die Seelenkräfte nennen kann, oder wie er es einmal in einem seiner letzten großen Vorträge ausgeführt hat, die prospektive Funktion des Unbewussten. Geduld, Güte, Wohlwollen und dieses sichere Zutrauen in die Kräfte des Unbewussten beschreiben diese Haltung.

„Einfach so", wie er gerne eine seiner Lieblingsfiguren, Pu den Bären, zitierte. In den Begegnungen mit ihm zuletzt, als er schon an den nachlassenden körperlichen Kräften sehr zu leiden hatte, war es doch eine zutiefst spürbare emotionale Präsenz, die von ihm ausging, eine große Kraft, die ihm verblieben war und die sich in wenigen, aber ungeheuer treffsicheren Formulierungen widerspiegelte. Das hat mich tief beeindruckt. Und bei aller Trauer über seinen Tod verspüre ich doch ganz überwiegend eine große, große Dankbarkeit, ihm begegnet zu sein und das höre ich auch von anderen, die ihn kannten. Diese Begegnung gehört zu den kostbarsten Geschenken in meinem Leben.

Einmal hat er mir erzählte, dass er gemeinsam mit seinem Freund und Kollegen Paul Schmidt Dr. Marie-Louise von Franz (sie war Theo Seiferts Lehranalytikerin und auch Paul Schmidt hat einige Konsultationen bei ihr gehabt) in Zürich kurz vor ihrem Tod besucht hatte, Sie hatten ihr die Frage gestellt, was aus ihrer Sicht wohl von der Analytischen Psychologie Bestand haben werde und sie antwortete: neben der Aktiven Imagination und dem Konzept der Archetypen seien das mit Sicherheit Jungs Arbeiten zur Synchronizität. Diese waren auch für Herrn Seifert immer von großer Bedeutung. Gemeinsam mit seiner Frau Ang Lee

Seifert hat er sogar ein Buch darüber geschrieben mit dem Titel „So ein Zufall!" So möchte ich auch mit einer Synchronizität schließen, die ich in Zusammenhang mit seinem Tod erlebt habe:

An dem Abend als ich von seinem Tod erfahren hatte und nach Hause kam, schaute mein Sohn eine Folge von Dr. Who im Fernsehen. Dort trennten sich die Helden gerade, um sich in eine sehr gefährliche Situation zu begeben, von der sie nicht wussten, ob sie lebend daraus hervorgehen würden. Sie verabschiedeten sich mit den Worten: „Wir sehen uns drüben wieder". Mein Sohn kommentierte mit bedeutungsvoller Stimme: „Wir sehen uns wieder hier oder auf der anderen Seite." Ich fragte ihn, woher eigentlich dieses Zitat stamme und er wusste es auch nicht genau. Wir haben daraufhin herausgefunden, dass dieser Satz angeblich auf die Apollo-8-Mission zurückgeht, bei der der Mond umrundet wurde. Kurz vor dem Eintritt in den Funkschatten des Mondes funkten die Astronauten: „Wir treffen uns wieder auf der anderen Seite."

Eine halbe Stunde später beschloss ich, an diesem besonderen Abend einen Whisky auf Herrn Seifert zu trinken. Er hatte mir einmal erzählt, dass er gerne ab und zu einen Single Malt trinke, und es schien mir eine geeignete Geste, an ihn zu denken. Ich setzte mich an den Tisch und goss das Glas ein. Da fiel mein Blick auf ein T-Shirt, das da lag. Das Wäscheetikett im Kragen war nach oben umgeklappt. Aus irgendeinem Grund bedruckt diese Bekleidungsfirma offenbar ihre Wäscheetiketten mit Zitaten. Jedenfalls stand dort zu meiner großen Überraschung auf Englisch zu lesen: „I will meet you again – this side or the other."

Ich sah vor meinen inneren Augen Herrn Seiferts Gesicht mit seinem typischen Lächeln vor mir und auf einmal wurde alles ein wenig leichter und heiterer. Ich bin mir sicher, diese Geschichte hätte ihm gefallen.

Die Beisetzung

Ja, da bin ich mir auch sicher. Und mir fiel ein, dass Theodor Seifert in seinem letzten Lebensjahr – wohl ausgehend von einem entsprechenden Traum, den er hatte – davon sprach, dass „ich mir zwei Mal gegeben bin – hier und auf der anderen Seite." Ihn beeindruckte dieser entsprechende Traum sehr, und er sprach immer wieder über dieses innere Erlebnis.

Hier und auf der anderen Seite –
Jetzt ist er nur auf der anderen Seite.
Und ich bin sicher, wir begegnen uns wieder
– nicht auf dieser – auf der anderen Seite.

Nach weiteren drei Wochen fand dann die Urnenbeisetzung statt.

Da Theo und ich keiner Kirche angehören, war es gar nicht so einfach, diese Feier zu gestalten. Von der Friedhofsverwaltung aus (ich musste zunächst ein Urnengrab erwerben, habe gleich eines für zwei, also auch für mich gekauft) war vorgesehen, dass die Trauergäste sich in der Abschiedshalle versammeln.

(Der Verwalter dort, Herr Gorga, hat mich sehr freundlich beraten und auch jetzt, wenn wir uns ab und zu auf dem Friedhof begrüßen – ich gehe öfter zu Theo's Grab, denn der Friedhof liegt bei mir gleich „um die Ecke", fünf Minuten mit dem Auto zu fahren – erkundigt er sich stets, wie es mir geht. Und das fühlt sich nicht nach „Floskel" an.)

Ja, und dann? Von dort aus sollte die Urne an das Erdgrab gebracht werden. Einfach nur so? Ohne ein kleines Ritual?

Ich fühlte mich überfordert und dachte: Manche Menschen, die einer Kirche angehören, tun es vielleicht deshalb, weil sie sich dann keine Gedanken um die Trauerfeier ihrer Lieben machen müssen – der Pfarrer wird's schon richten. Bei mir richtete niemand etwas. Ich musste schon selbst dafür sorgen, dass auch die Bestattung seiner Asche mit der dem Tod entsprechenden Würde vollzogen werde.

Ich hatte begonnen Theos Tagebücher und Briefe anzuschauen – einfach, weil es eine Möglichkeit für mich war, mit ihm darüber in Verbindung zu sein, ich konnte ihn noch nicht so ganz loslassen, wenigstens seinen Geist noch nicht.

Da fand ich wieder ein Gedicht, das er geschrieben hatte, als die Krankheit, die Wegenersche Granulomatose, im Jahr 2002, nochmals aufflackerte. Er hatte noch viele Gedichte geschrieben danach. Von einigen wusste ich, die hatte er mir stets, oft am Morgen noch im Bett, vorgelesen. Er schrieb sie stets in der Nacht, wenn er nicht schlafen konnte – meistens auf seinem iPad.

Aber einige seiner Gedichte kannte ich auch nicht – vielleicht hatte ich sie auch vergessen – es sind sehr viele. Sein Geist war eben – nicht nur in seinen ganz jungen Jahren, sondern auch später, zwischen siebzig und achtzig, noch sehr rege und – vor allem – tiefgründig.

Zeit

Du Freundin – immer da – vereinend,
Vergangenheit ist jetzt,
Zukunft ist jetzt.
Ich versäume nichts, denn alles ist da, ist jetzt,
auch in meinem Herzen.
Zeit, du vergehst nie, oder mit mir,
dann sind wir eins.
Alles ist gut, auch mit meinem Leben.

Du Freundin,
gibst alles, nimmst nichts.
Du bist die große Mutter,
Gebärerin des Alls und jedes einzelnen Schrittes,
des Lebens und des Todes,
der Vollendung.
Du bist die große Göttin, der große Schoß,
in ihm bin ich geborgen, aus dem ich komme.
Zeit, du ewiger Fluss,
Ich übergebe mich dir,
ICH BIN EINVERSTANDEN, EINFACH EINVERSTANDEN.
30. 7. 2002

Ja, das, fand ich, passt gut zur Beisetzung: einverstanden sein.

Wer aber sollte es lesen? Ich wusste, ich kann es nicht, denn meine Stimme ist zu klein für einen größeren Raum (das weiß ich aus den Gelegenheiten, in denen ich wissenschaftliche Vorträge gehalten hatte), und außerdem würde mir sicher bei dieser Gelegenheit die Stimme ganz versagen, würde von Tränen ertränkt werden.

Ich bat deshalb eine gemeinsame Freundin, Uschi Henrich, dieses Gedicht zu lesen, und sie hat es in bewegender Weise auch gut und voll erklingen lassen.

Auf dem Foto, das neben der Urne stand, sah der damals noch lebendige Theodor Seifert ganz fröhlich aus. Dieser Anblick hat mir gutgetan. Da war er noch nicht tot – er war lebendig. Ich glaube, das ist in so einer Situation wichtig, dass man den jetzt Toten als den damals Lebendigen vor sich anschauen kann.

Dann kam der „Totengräber": ein freundlicher jüngerer Mann schwarzer Hautfarbe, der auf mich ernst und liebevoll wirkte, nahm die Urne vorsichtig zwischen seine Hände – es war, als trüge er eine Kostbarkeit – und trug sie still hinaus zum Grab.

Wir folgten ihm. Mein Sohn begleitete diese trauernde Gemeinschaft mit einer Melodie, die er auf seinem Parforce-Horn blies. Es war – bei allem Schmerz und aller Trauer – ein gutes Geschehen, zumal in diesem Augenblick auch die Sonne wieder zum Vorschein kam, die zuvor von den Wolken verdeckt worden war.

Das Leben wird also weitergehen.
Aber will ich das überhaupt?

Ein Leben ohne Theo schien mir nicht sinnvoll. Immerhin haben wir 40 Jahre miteinander gelebt. Da gibt es auch eine Macht der Gewohnheit. Aber nicht nur: wir waren glücklich miteinander – all die Jahre.
Da tut der Verlust einfach verdammt weh. Am meisten vermisse ich seine Berührungen, seinen Hautgeruch – das Vertraute, das Sinnliche. Denn das habe ich erst bei ihm gefunden, kennen und lieben gelernt.

Ich bin inzwischen 81 Jahre alt geworden.

Als wir unsere Liebesbeziehung begannen, hatte ich noch keinen Beruf, ich lebte in einer bis dahin 20-jährigen Ehe, in der drei Kinder zur Welt kamen.

Schicksalswege

Angela

Ich hatte damals auch noch nicht darüber nachgedacht, welchen Sinn mein Leben haben könnte. Wer tut das schon, bevor er/sie die Lebensmitte erreicht. Und doch ist dies – das weiß ich heute – die erste und eigentlich einzige Frage, die ein Mensch in seinem Leben stellen sollte. Und in der er sie meistens auch stellt.

Ist das Leben nur beliebig oder gibt es etwas, was dieses Leben zu einem sinnvollen Mosaiksteinchen macht, das sich eingliedert, ja, eingliedern muss in das größere Gebilde, dem dieser Mensch angehört?

Stellt jeder einzelne Mensch, jedes Menschenpaar, jede Familie, jeder Clan, jeder Ort, jedes Land, jedes Zeitalter ein ganz bestimmtes Bewusstseins-Feld, einen Clip, eine Note, Zahl oder Chiffre in einem größeren Ganzen, einem bestimmten Geistesabschnitt in einem bestimmten Zeitalter dar?

Vielleicht gibt es eine außermenschliche Dimension, in der solches besteht. Vielleicht sind wir wie Schachfiguren in einem großen Plan-Spiel.

Die alten Inder sprachen vom Leben auch als großes Spiel, das sie „lila“, das göttliche Spiel nannten.

Heute weiß ich, dass jeder Mensch sich einmal im Leben die Frage stellen sollte, was sein Leben ausmacht, wozu er in dieses Leben gekommen ist? Oder gerufen wurde? Habe ich schon etwas mitgebracht, was ich erfüllen möchte/muss?

Oder, ganz banal: Was wollten meine Eltern, als sie mich gezeugt haben? Bin ich ein „Unfall“? Ein Wunschkind? Habe ich eine Aufgabe? Ich werde später noch auf diese Thematik eingehen, wenn ich erzähle, wie ich geworden bin wie und was ich jetzt bin.

Alle diese Fragen hätten sich mir sicher nicht gestellt, wäre ich in meiner ersten Ehe geblieben. Bin ich aber nicht. Als es Zeit war, zu gehen, bin ich gegangen. Oder gegangen worden. Wer kann das wissen?

Woher wusste ich, dass ich jetzt gehen muss? Wahrscheinlich entscheiden wir Menschen Vieles und denken, dass dies Ich-Entscheidungen sind.

„Das ist meine Entscheidung!“ sagen wir uns. Und hören nicht, dass da etwas außer uns sagt: „Pustekuchen! Das ist ganz und gar nicht deine Entscheidung!“

So, wie es in der „Bhagavad Gita“, – dem „Gesang des Erhabenen“, der ein Teil – vielleicht der wichtigste – im großen indischen Epos, dem Mahabharata, beschrieben ist. Es handelt sich dabei um eine grandiose Familiengeschichte eines sehr alten indischen Menschen-Götter-Geschlechts, vielleicht ähnlich unseres Alten Testaments mit den Geschichten von Moses und später Abraham.

In der Bhagvad Gita ist es Krishna, der Wagenlenker, der seinem Schüler Ardjuna sagt, als dieser zögert, die Menschen auf der anderen Schlachtseite zu töten, weil er in ihnen seine eigenen Verwandten erkennt: „Du glaubst, du tötest sie? Ich habe sie bereits getötet.“

Je länger ich lebe, desto öfter habe ich es erlebt: Nicht mein Wille, nicht meine Vorhaben, nicht meine Entscheidungen zählen wirklich.

Ich kann mir Vieles vornehmen, tue dies auch, kann mir meine Zukunft so oder so ausmalen – die wichtigsten Entscheidungen in meinem Leben, die meinem Leben oft eine andere Wendung gegeben haben, als ich diese gedacht oder mir ausgemalt hatte, wurden nur scheinbar von mir herbeigeführt.

Jetzt, gegen Ende meines Lebens, ein bisschen klüger geworden, frage ich manchmal in meinen Kopf hinein den inneren „Krishna“, wohin er mit mir will, doch er verrät es nicht.

So muss ich mich einfach – mehr oder weniger – blind seiner Führung anvertrauen. Nein, nicht „blind", ich glaube, so einfach sollte man es sich nicht machen. Ardjuna ist ja auch nicht blind auf seine Gegner zugefahren.

Er hat gezögert, als er erkannte: das sind ja meine Verwandten, gegen die ich kämpfen soll. Erst dann hat Krishna eingegriffen.

Für mich übersetze ich das so, dass mein Schicksal mich erst einmal einfach losschickt, zu tun, was ich für mich entschieden habe. Erst, wenn es merkt, ich laufe in die falsche Richtung greift es ein – wie ein Navi, dem ich mich im Auto anvertraue.

Der letzte Vortrag, den Theodor Seifert ausgearbeitet hatte – ich komme noch darauf zurück – heißt: „Die prospektive Funktion".

Als ich diesen Vortrag für ihn in den PC geschrieben habe, sah ich eine Gestalt – wie sie in der griechischen Mythologie mit dem Gott Hermes beschrieben ist – das Manuskript begleiten:

Hermes, der Götterbote trägt geflügelte Schuhe, einen breitkrempigen Hut und einen Wanderstab – er überbringt die Nachrichten von Vater Zeus; er führt die Seelen aber auch ins Totenreich. Außerdem wird er der „Schelm" genannt, weil er stets zu allerlei Streichen aufgelegt war. Ich habe ihn – viel später – in einem Vortrag, den ich bei den Lindauer Psychotherapiewochen gehalten habe, erwähnt in meiner Arbeit „Das Narrativ – aus dem Leben Erzähltes."

Aber halt, so weit ist es noch lange nicht.

Mit der Beziehung zu Theodor Seifert – ich hatte ihn in der Forschungsstelle für Psychotherapie in Stuttgart, wo er gerade an seiner Promotion arbeitete, kennen gelernt – begann das größte Abenteuer meines Lebens. Da war ich bereits 39 Jahre alt. Es ist eine fast unglaubliche Geschichte.

Sie begann aber streng genommen nicht erst von diesem Tag an, denn da hatte ich schon 39 Jahre gelebt, sie beginnt bei meinen Eltern, die mich in dieses Leben gerufen hatten.

Oder beginnt sie bei mir, einer Seele, die vielleicht schon einige Male inkarniert gewesen ist und sich entschlossen hat, wiedergeboren zu werden, um noch diese oder vielleicht noch einige weitere Inkarnationen zu erleben?

Ein Teil der Menschheit heute glaubt ja an die Inkarnation. Bei den alten Indern und auch noch bei den Buddhisten heute ist dies die bestehende Auffassung.

Ich will hierüber keinen Spekulationen nachgehen – das kann ich vielleicht später in einem anderen Manuskript tun, wenn ich noch weiter Lust auf Schreiben habe.

Hier und jetzt will ich meinen Lebenslauf erzählen, so wie ich ihn in Erinnerung habe.

Darüber hinaus möchte ich jedoch – weil ich inzwischen viel gelernt und Wissen angehäuft habe – mein Leben reflektieren. Und zwar in doppelter Hinsicht: sowohl mittels der Theorie des Lebens-Skripts wie sie in der Transaktionsanalyse nach Eric Berne vermittelt wird, als auch der Psychoanalyse nach Carl Gustav Jung.

Ich weiß, darin liegt ein hoher Anspruch – sowohl an mich selbst als auch an die potentiellen Leser*innen. Mal sehen, ob und wie mir das gelingt.

Meine Eltern

Erwin Alfred Petrich und Else Auguste Petrich, geb. Sonntag hießen meine Eltern. Als sie sich kennen lernten, war meine Mutter 28 und mein Vater 29 Jahre alt. Meine Mutter hatte damals als Feinkostverkäuferin gearbeitet, mein Vater konstruierte Bügelmaschinen für den chemischen Reinigunsbetrieb und die Färberei seines Vaters, der Färbermeister in Colmar (Nordostdeutschland) gewesen ist.

Als ältester Sohn (er hatte noch drei Brüder) wollte er den Maschinenpark seines Vaters modernisieren und konstruierte die entsprechenden Maschinen dazu. Weil er allein davon aber nicht leben konnte, reisten er und meine Mutter durch Norddeutschland und Holland, um diese Maschinen zu verkaufen.

Während der Reisezeiten nahmen er und seine junge Frau mit einem kleinen Zimmer im Familienhaus vorlieb. Was – man kann es sich ausmalen – nicht immer friedlich zwischen meiner Mutter und ihrer Schwiegermutter verlief.

Ich kann sie verstehen, denn diese Großmutter, also die Mutter meines Vaters wirkte auf mich als Kind immer streng und irgendwie furchteinflößend – obwohl sie mir nie irgendetwas getan hat.

Sie strahlte eine Strenge und Unnahbarkeit aus und ich mochte es nicht, dass meine Mutter manchmal sagte, ich sähe ihr ähnlich – was objektiv stimmt. Aber ich wollte nie so sein, wie sie.

Dennoch weiß ich heute, aufgrund meines Horoskops, dass diese Strenge tatsächlich in mir ist. Ich komme noch später darauf zurück.

Meine Großeltern väterlicherseits lebten damals in Landsberg an der Warthe, das heute zu Polen gehört und „Gorzów Wielkopolski" heißt.

(Übrigens ist Christa Wolf, die große Schriftstellerin, die überwiegend in Berlin lebte und u.v.a. die mythologischen Gestalten der *Kassandra* und *Medea* meisterhaft beschrieben hat, auch in Landsberg/Warthe (Gorzów Wielkopolski) geboren, allerdings schon 1929).

Meine Mutter kam aus Gotenhafen, das damals zum großdeutschen Reich gehörte, heute Gdynia heißt und in Polen liegt. Ich schreibe später noch etwas über ihre Familie, die damals in Braunswalde in einem Bahnwärterhäuschen lebte.

Nach einigen Jahren Reisezeit wünschte sich meine Mutter eine eigene Wohnung und ein Kind. Ich weiß es nicht genau: Wollte meine Mutter ein Kind einfach, weil sie die Vorstellung einer eigenen Familie hatte, oder weil sie endlich eine eigene Wohnung haben wollte?

Bin ich also – einfach aus Liebe zum eigenen Mann und zur Vorstellung einer eigenen Familie, oder aus dem Wunsch nach einer eigenen Wohnung geboren?

Also bin ich sowohl ein Wunschkind als auch eines zu einem bestimmten Zweck gewesen. Sagt das etwas über mein Lebensgefühl aus? Ist es überhaupt für einen Menschen von Bedeutung, ob dieser als „Wunschkind" oder „Unfall" zur Welt gekommen ist?

Psychologen, bzw. Psychoanalytiker sagen: „Ja, das hat eine große Bedeutung für das Lebensgefühl des heutigen Menschen. Kein Mensch will „unerwünscht" gewesen sein. Stimmt das?

Wenn man allerdings davon ausgeht – und diese These gibt es durchaus – dass die Seele eines gestorbenen Menschen sich für eine neue Inkarnation ihre Eltern selbst aussucht, ist es wohl egal, ob die Eltern sich dieses Kind gewünscht haben oder nicht.

Vielleicht werden sie ja auch „annektiert" von dieser Seele, müssen „gute Miene zum bösen Spiel machen."

Es gibt ein Foto, darauf ist der Oberkörper meiner Mutter zu sehen. Sie hält mich als etwa Dreijährige in ihren Armen nach oben und schaut mit einem zärtlichen Blick zu mir hoch, während ich ihr, ebenso zärtlich, zulächle.

Auf diesem Foto sieht man, dass ich ein Wunschkind war.

Oder sie für mich eine Wunsch-Mutter.

Sie wird mich also „gerufen" haben und ich bin – gerne – ihrem Rufen gefolgt.

Oder habe ich gerufen und sie ist – gerne – meinen Rufen gefolgt?

Macht das einen Unterschied für mein Lebensgefühl damals und heute?

Heute denke ich, es macht nicht wirklich einen Unterschied – wir haben uns gerufen und/oder sind dem Rufen gefolgt.

Und mir fällt die Passage in dem bekannten Gedicht „Stufen" von Hermann Hesse ein: „...des Lebens Ruf an uns wird niemals enden".

Oder wie es Siddharta Gautama sah, der junge Mann, der in die vermeintlich schöne, reiche Welt hinausgezogen war und erkennen musste, das am Lebensende oft Krankheit, aber gewiss Alter und Tod bleiben:

Eine Inkarnation folgt der nächsten. Weil die Triebfeder das Leben selbst ist. Und diese niemals endet. Ein Leben folgt dem nächsten: das ist „Samsara", der Kreislauf der Existenzen. Er, den sie später den Buddha, den „Erleuchteten" oder „Erwachten" nennen, hat das Mittel zum Entkommen aus diesem immerwährenden Kreislauf gefunden:

Erkenne diese Wahrheit, und entsage der Gier nach Sein,
dem Haben- oder Nicht-haben-Wollen und dem Zorn.
Und begebe dich zu den vier „Wohnstätten der Götter",
den „Brahma-Vihara", die da sind:
grenzenlose Güte allen Wesen gegenüber;
grenzenloses Erbarmen mit den Leidenden;
grenzenlose Freude über die Errettung anderer vom Leid;
grenzenloser Gleichmut Freund und Feind gegenüber.

Ich finde die Lehre des Buddhismus sehr schön, sie ist logisch und menschenfreundlich. Und wenn man wie Siddharta Gautama in Indien geboren ist und dort die nach allen Seiten sich ausbreitende, sich selbst überwuchernde Natur wachsen, wachsen, wachsen sieht, ist sie auch sinnvoll.

Und dennoch denke ich: will ich das?

Abgesehen davon, dass ich sie wahrscheinlich jetzt noch, in meinem Alter nicht realisieren könnte, würde ich das wollen, niemals wiederzukommen, sondern einfach im „nirvana" für immer und ewig zu verschwinden?

Und all den wunderbaren Menschen, denen ich in diesem Leben begegnet bin: meinen Eltern, meinen eigenen Kindern, meinen Freunden, vor allem auch Theo, nie mehr zu begegnen?

Nein, ich will nicht im Nirvana sitzen und lamentieren, wie der „Münchner im Himmel", der auf seiner Wolke so lange „Hosianna" brüllte, bis Petrus ihn mit einer göttlichen Botschaft zurück nach München schickte. Zumindest in der Humoreske von Ludwig Ganghofer.

Aber: Ich könnte mich entscheiden ein „Boddhisattva" zu werden, der anderen Menschen, die aus diesem Kreislauf aussteigen wollen, hilft. Der Boddhisattva inkarniert sich so lange, bis der letzte Mensch es geschafft hat. Das könnte ich mir vorstellen.

Angela – das Mutterkind, die Vatertochter

Die Wohnung, die meine jungen Eltern in Landsberg an der Warthe fanden, bestand aus einem sehr großen Zimmer. In der Zeit, in der meine Geburt sich ankündigte, stattete meine Mutter einen größeren Wäschekorb für einen Säugling aus und platzierte ihn in einer Ecke des Zimmers. Dort sollte er, wie sie auch, auf die Ankunft des Kindes warten.

Sie blieb nun meistens zu Hause, während mein Vater weitere kleinere Reisen unternahm. Und jedes Mal, wenn er nach Hause gekommen ist, soll er – so erzählte sie es mir später – gefragt haben: „Ist meine Angela schon da?"

Mit einer Woche Verspätung – heute bin ich in den allermeisten Fällen superpünktlich! – am Ostermontag, den 18. April 1938: ab 5.30 Uhr konnte meine Mutter mich in den vorbereiteten Wäschekorb legen.

Für meinen Vater war es selbstverständlich, dass ich *sein* Kind war und einen Namen tragen sollte, den er einmal irgendwo gelesen hatte. In dieser Geschichte trug ihn eine Frau, die ein recht abenteuerliches Leben führte. Mehr hat er dazu nicht gesagt. Für ihn war es ganz klar, dass ich sein Leben lang an seiner Seite sein würde/sollte/werde.

Angela, genannte „Püppi“, 4 Jahre

In der Familie wusste es jeder und es war selbstverständlich, dass ich „seine“ Tochter war.

Er bewachte mein Leben unerbittlich und überprüfte, dass meine Entwicklung seinen Ansichten auch wirklich entsprach.

Ich bin also für meine Mutter auf die Welt gekommen und ließ mich von meinem Vater zu einer starken Frau erziehen.

Doch zunächst entsprach ich überhaupt nicht seinen Erwartungen, denn ich betrat mit O-Beinen – „durch die man ein kleines Fass hindurch rollen konnte“, wie meine Mutter mir später erzählte – die Bühne des Lebens. Sie ließen sich orthopädisch beraten und ich bekam „feste Stiefel“, über die ich aber dauernd stolperte, was wohl nicht der Vorstellung meines Vaters von Eleganz entsprach.

Sie nannten mich „Püppi“. Als ich in die Schule kam, wehrte ich mich gegen diesen Namen; von da an sagte mein Vater stets „Angela“, mit der Betonung auf dem e! – als wir später nach Bayern kamen, schämte ich mich für diesen Namen, weil hier alle Angela, mit der Betonung des ersten A sagten.

Meine Mutter nannte mich nach der Püppi-Phase Gela, und wenn sie guter Laune war, sagte sie Geli und wenn sie noch besserer Laune war: Gelalila. Das gefiel mir besser. Auch mein späterer erster Ehemann und alle, die mich damals kannten, sagten Gela.

Auch meine Bewegungen waren eher linkisch.

Da mein Vater ein fortschrittlicher Mann war, kaufte er sich bald einen Filmapparat und ich wurde gefilmt – so konnte ich später Zeuge meiner ungelenken Bewegungen sein. Eine Szene zeigte, dass ich vergeblich versuchte, einen Sonnenschirm, den sie mir in die Hand gegeben hatten, „elegant“ über der Schulter zu halten und „kokett“ zu drehen. Ich schämte mich später, als ich es sah, über mein hilfloses, ziemlich dummes Aussehen bei den Bemühungen, den Vorstellungen meiner Eltern zu entsprechen.

Auch später, noch als 14-, 16-Jährige wusste ich nicht, wie ich so gehen, mich drehen konnte, dass es nicht lächerlich wirkte.

Und singen konnte ich auch nicht. Das war das Metier meiner Mutter, die eine schöne, klare Stimme hatte und sehr gerne sang. Trotzdem brachte sie mir einige Lieder bei, zum Beispiel über zwei Königskinder, die einander so liebhatten, aber nicht zueinander kommen konnten, weil „das Wasser zu tief“ war und eine böse Nonne das Licht auslöschte, das sie zum Hinüberschwimmen angezündet hatten. So musste der Liebste ertrinken.

Angela als 16-jährige

Dieses alte Kinderlied – mit unzähligen Strophen – wurde der alten griechischen Sage von Hero und Leander entnommen. Da Hero eine Priesterin war, und ihr Geliebter Leander aufgrund der Hinterlist einer „bösen Nonne" ertrinken musste, scheint es sich schon um eine religiöse Feindschaft gehandelt zu haben. Es könnte auch eine unbewusste Erinnerung an eine längst vergangene matrilineare Zeit, die es hier vor dem Einzug des Patriarchats gegeben hatte, in diesem Lied mitgeschwungen haben.

Zu Silvester 1942 auf 1943 lieh mein Vater sich von dem befreundeten Radio- und Musikgeschäft Bleicher in Posen (meine geliebte Freundin Irmchen – sie hat später hier ihren Auftritt – war Tochter der Bleichers) ein Tonband- und ein Plattenschneide-Gerät. Er nahm Platten auf, die aussahen, wie alte Schellackplatten, jedoch aus einem anderen Kunststoff, Gummi-ähnlich waren.

Sie veranstalteten einen „Rundgesang“: alle, die miteinander feierten, Freunde und Verwandte, wurden aufgefordert, irgend etwas klanglich zum Besten zu geben.

So auch ich. Diese Platten überstanden den Krieg und die Flucht und ich konnte später noch die Stimmen meiner Eltern und auch meine eigene hören. Ich sang wirklich nicht schön.

Das Leben meiner Eltern war, wie so viele Leben damals zwischen 1938 und ihrem jeweiligen Lebensende (mein Vater starb genau ein Jahr nach dem Tod meiner Mutter, in seinem 71. Lebensjahr) schwierig. Hier möchte ich es nur in Stichworten wiedergeben:

Von 1939 bis 1945 lebten sie in Posen, wo mein Vater zwei große Reinigungsbetriebe aufgebaut hatte. Für die Betriebe in Posen war meine Mutter zuständig, denn mein Vater wurde bald zum Kriegsdienst verpflichtet. Da er ein „Ischias-Leiden“ hatte, gelang es ihm, nicht an die Front geschickt zu werden. Davon später mehr.

Ich erinnere mich noch an die schöne große Wohnung in Posen, aber auch daran, dass ich meistens traurig und trübsinnig, weil einsam war. Zwar kam vormittags ein „Kindermädchen“ – ich glaube im Laufe der Zeit waren es mehrere – mit denen ich aber nichts anfangen konnte – und diese mit mir auch nichts. Ich dachte immer, ich müsse sie unterhalten, aber mir fiel meistens nichts ein, was Spaß gemacht hätte, zumindest nicht mit diesen. Ich war stets erleichtert, wenn sie mittags wieder heim gingen. Ich weiß auch nicht, woher sie kamen, wo sie zuhause waren oder warum sie jeden Tag neu ihr Glück versuchten, mich zu unterhalten. Wahrscheinlich waren sie genau so unglücklich wie ich, sie wirkten zumindest nie fröhlich auf mich.

Wenn sie endlich weg waren, saß ich gerne in der großen gemütlichen Küche, in der hinter der Türe in einer Nische das Bett von Steffie, der polnischen Haushaltshilfe stand. Dort hielt ich mich am liebsten auf und wenn Steffie mit dem Haushalt fertig war, erzählte sie mir Geschichten – auf polnisch. Zwar verstand ich kein Wort, aber sie erzählte so temperamentvoll – mit „Händen und Füßen“ – dass ich irgendwie der jeweiligen Handlung folgen konnte. Wenn ich Hunger hatte, bekam ich einen „Klapperbecher“ (das war eine weiße Blechtasse mit Märchenmotiven aus „Rotkäppchen“ bemalt) mit Kakao und ein Leberwurstbrot.

Ich liebte Steffie und bedauerte, dass sie so viel Zeit mit dem Haushalt verbrachte – sie war sehr zuverlässig und gründlich – meine Mutter lobte sie oft. Wenn eine bestimmte Tante aus Berlin, die neugierig und missgünstig war, zu Besuch kam, schloss Steffie stets die Küchentüre ab, weil sonst diese Tante in der Küche die Deckel von den Kochtöpfen nahm, um zu schauen, was darin gekocht wurde.

Leider habe ich nach dem Krieg nie wieder etwas von oder über Steffie gehört.

Hin und wieder rief auch Vati an – auf dem schwarzen Telefon, das in dem langen Flur an einer Wand befestigt, hing. Er wollte immer wissen, ob ich wieder etwas Neues gelernt hätte, vornehmlich einen Reim oder ein Lied und das musste ich ihm dann vorsingen. Er lobte dies auch stets, doch schloss er unser Gespräch immer mit dem strengen Hinweis, dass ich es das nächste Mal, wenn er wieder anruft, noch „viel besser“ kann.

Er legte großen Wert darauf, dass „seine“ Tochter „eine gute Erziehung“ genoss, bzw. bekam, denn ob ich etwas „genoss“, war ihm wahrscheinlich egal, zumindest hat er nie über „genießen“ gesprochen. Aber dass ich immer etwas lerne, war ihm nicht egal, das förderte er zum Beispiel auch damit, dass er mir „die Welt erklärte“.

Er sagte: „Pass auf: Wenn man die Welt, mit allem, was in ihr ist, in ihre kleinsten Teile zerlegen würde, dann passte sie in einen Fingerhut."

Ich konnte mir das nicht vorstellen, aber ich glaubte es ihm.

Heute frage ich mich, woher er das wusste, denn in seiner „Maschinen"-Welt wurde sicher nicht mit solchen Quanten-Größen gehandelt. Heute habe ich natürlich von Steven Hawking das Buch „Die Welt in einer Nussschale" und vom jetzigen Dalai Lama: „Die Welt in einem einzigen Atom" gelesen, welche die Aussagen meines Vaters bestätigen.

In der Vorweihnachtszeit begann dann auch mit meiner Mutter das jährliche „Auswendiglernen-Marathon", denn auch der Weihnachtsmann, der am Heiligen Abend mit großem Getöse in das hell erleuchtete Esszimmer – das, wie viele Esszimmer damals üblich, nur an besonderen Tagen im Jahr benutzt wurde – in dem ein riesiger Weihnachtsbaum stand, Einzug hielt, war nicht unbescheiden, was meine gewonnenen Künste anbelangte. Nur wenn ich gerade dann noch unbedingt ganz dringend Pipi machen musste, lockerten sich seine strengen Züge und ich durfte schnell verschwinden. Das Gedicht musste ich aber danach trotzdem aufsagen.

Meine Eltern waren ursprünglich sehr vitale Menschen – der Krieg hat ihnen trotzdem sehr zugesetzt, vor allem meiner empfindsam veranlagten Mutter. Doch beide haben immer gerne gefeiert – es gab viele Anlässe im Laufe eines Jahres. Besonders gerne haben sie getanzt – vor allem mein Vater, der stets brillierte, wenn er den klassischen russischen Kasatzok getanzt hat. Da er sehr sportlich war, konnte er ohne Mühe in der Hocke die Unterschenkel kräftig im schnellen Rhythmus nach vorne schwenken. Ich glaube, er hatte polnisch-russische Wurzeln. Seine Mutter hieß mit Mädchennamen „Redetzki". Wenn wir an den Sonntagen gemütlich zu Hause waren, konnte er plötzlich aufspringen und zu mir sagen: "Komm, wir tanzen!" Er legte eine Platte auf – wir hatten eine ziemlich große Auswahl – und wir tanzten – einfach so – je wilder, desto lieber. Wenn ich wochentags alleine war, habe ich mir oft den „Kaiserwalzer" von Johann Strauß aufgelegt und allein für mich darauf getanzt. Auf der anderen Seite dieser großen schwarzen Schellackplatte war „Mondnacht auf der Alster" – ich konnte mich nie entscheiden, welche Seite ich lieber mochte.

Manchmal fuhren wir auch in die nähere Umgebung, um Verwandte meiner Eltern zu besuchen. Wenn sie mich gefragt hätten, wohin ich am liebsten fahren wollte, dann hätte ich gesagt nach

Braunswalde

Von dem Ort Braunswalde habe ich nie etwas gesehen – ich weiß also heute nicht, wo genau er liegt oder um welchen es sich handelt – nach „Google" gibt es einige in Nordost-Deutschland. Ich habe den Namen Braunswalde nur von meinen Großeltern mütterlicherseits gehört, wenn wir dort zu Besuch waren – im Bahnwärterhäuschen.

Mein Großvater war Bahnbeamter und er war mächtig. In meinen Kinderaugen. Denn er konnte einen langen Zug, der mit viel Getöse und Geschnaufe am Bahnhof Braunswalde ankam, einfach anhalten.

Dazu zog er, nachdem es in seinem Schalthäuschen lang und klirrend geläutet hatte, seine Bahnwärterjacke an und setzte mit ernsthafter Miene seine Bahnwärtermütze auf. Dann marschierte er mit Schritten, die seine Bedeutung hervorhoben, hinaus an das Gleis und wartete auf den Zug, der schließlich, immer langsamer werdend, mit quietschenden Bremsen einfuhr und hielt.

Weil Großvater ihn angehalten hatte: mit seiner Kelle, die diesen Zug später auch wieder abfahren ließ. So mächtig war mein Großvater.

Drinnen, in der großen Wohnküche waltete – nicht still, sondern fröhlich in reinstem Ostpreußisch parlierend – meine lebhafte, rundliche Großmutter, die acht Kinder zur Welt gebracht hatte – die vierte war meine Mutter.

Ich war sehr gerne bei diesen Großeltern zu Besuch, denn da war es fröhlich, gemütlich und laut. Da ich das erste und einzige Enkelkind war, stand ich von allen gesehen und geliebt im Mittelpunkt dieser Familie. Ich sagte übrigens „Mama“ zu dieser Großmutter. (Zu meinen Eltern sagte ich Mutti und Vati).

Nachdem Opa seine Dienstpflichten erledigt hatte, kam er auch in die Küche und ich durfte ihn ausgiebig kämmen. Ich lief damals stets mit einem Kamm durch die Gegend und fragte jeden, ob ich ihn/sie kämmen dürfe. Die Puppen reichten mir dazu nicht. Opa ließ sich gerne kämmen, für mich machte er alles, was ich wollte. Er holte mich auch aus der Besenkammer, in die meine Mutter mich einmal eingesperrt hatte, weil ich wohl ungehorsam gewesen war.

Und Großvater erzählte wunderbare Geschichten – aus seinem eigenen Repertoire, oder er las mir vor. Ich liebte ihn sehr.

Jetzt fällt mir „Bahnwärter Thiel“ von Gerhart Hauptmann ein. Dort ist Thiel ein eher willensschwacher, düsterer Mensch, der weder gegen die Dominanz seiner zweiten Frau etwas ausrichten kann, noch sich selbst im positiven Sinne steuern kann.

Er entwickelt eine Depression. Nach dem Tod des geliebten Sohnes jedoch bricht auch das „Notgerüst Depression“ zusammen und Thiel wird psychotisch und schließlich auch zum Mörder – im Bahnwärterhäuschen.

Dieses Beispiel von Bahnwärterhäuschen mögen die Leser und Leserinnen meiner Biografie bitte nicht vor sich sehen, wenn sie dieses Kapitel lesen. Nein, mein Opa war das Gegenteil von Thiel – wenngleich beide in einem Bahnwärterhäuschen lebten. Mein Großvater war lebhaft, großzügig, optimistisch und hatte „Schalk hinter den Ohren“ – wie auch seine Frau Margarete, die meine geliebte „Mama“ war. Ich freue mich noch heute, dass es sie als „gute Ahnen“ in mir gibt.

Und es gibt noch eine Vorstellung von einem Bahnwärterhäuschen in dem Kinofilm „Ich denke oft an Piroschka" mit Lieselotte Pulver und Gunnar Möller in den Hauptrollen. Die Landschaft, die dort gezeigt wird, ist der, die ich aus Braunswalde kenne, sehr ähnlich. Ob die Station, die mein Großvater betreut hatte, auch so einen langen Namen hatte – Hódmezővásárhelykutasipuszta – weiß ich nicht.

Jetzt, nachdem ich diese Kindheitserinnerungen hier geschrieben habe, erfüllt mich ein Gefühl der Dankbarkeit: meinen Eltern und meinen vier Großeltern gegenüber.

Meinen Großvater väterlicherseits habe ich noch gar nicht erwähnt, weil er auch nicht präsent war in meiner Kindheit. Wenn wir zu der strengen Mutter meines Vaters gefahren sind, war er entweder nie zu Hause oder ich habe ihn nicht wahrgenommen. Ich wusste nur, dass seine Frau, also meine streng aussehende Großmutter ihn wohl nicht so recht mochte, zumindest hat sie ihn entweder überhaupt nicht erwähnt oder etwas Abfälliges über ihn gesagt. Ich habe einmal gehört, sie wollte ihn gar nicht heiraten, sondern seinen Bruder, aber damals hatte wohl ein Familienrat beschlossen, dass sie ihn heiraten musste. Zum Glück gibt es heute in unserer Kultur nicht solche kaltherzigen Familienrats-Direktiven. Wir können dankbar über diesen kulturellen Wandel sein.

Der Liebling und wohl auch Vertraute dieser Großmutter war mein Vater. Ich sah sie in Burghausen – da hatte sie ein Zimmer in unserer Wohnung – oft beieinander an einem Tisch sitzen, über eine aufgeschlagene Bibel gebeugt, die sie an den Rändern in ihrer steilen Schrift vollgeschrieben hatte – intensiv miteinander diskutierend. Ich weiß nicht, worüber sie gesprochen oder auch gestritten haben – ich hielt mich lieber fern, mochte diese Großmutter, der ich aber zu meinem Leidwesen ähnlich sehe – nicht.

Wilna

Aber auch: Es war Krieg und natürlich wurde mein Vater zur Wehrmacht eingezogen.

Da er jedoch wiederholt unter starken Beschwerden einer Ischialgie litt, hatte man ihn hinter der Front eingesetzt: er leitete eine chemische Reinigung für Soldatenuniformen.

Ich durfte ihn einmal als Fünfjährige von Posen nach Wilna/Litauen begleiten und sah, wie an einem Bahngleis ununterbrochen die Güterzüge voller Soldaten-Uniformen angefahren kamen und später mit bereits frisch gereinigten Uniformen wieder abfuhren. Ich stand dabei auf einer langen Rampe, die auf der einen Seite eine Türe zu dem dazu gehörenden schmutzig grauen Gebäude hatte, auf der anderen Seite führte sie nach unten in den weitläufigen Hof.

Eines Tages aber, als ich wieder da oben stand und fasziniert sah, wie ein weiterer langer Zug mit den Uniformen angerollt kam, bemerkte ich zu meinem Schrecken, dass eine Herde von Gänsen mir auf die Rampe gefolgt war.

Laut schnatternd, mit weit geöffneten Schnäbeln kamen sie auf mich zu. In Panik floh ich zur Türe, wo ich herkam. Doch diese war inzwischen ins Schloss gefallen, ich konnte nicht ins Haus. So blieb mir nichts anderes übrig, als ebenfalls aus vollem Hals heraus zu schreien. Doch war ich mir nicht sicher, ob meine Kinderstimme aus dem Gänsegekreische überhaupt zu hören war. Ich hatte Glück:

Bevor die vorderste der Gänse nach mir schnappen konnte – ich glaube, sie hätte es wirklich getan – öffnete sich die Türe und ich war gerettet. Glücklicherweise hörte mich eine Büroangestellte und zog mich schnell ins Haus. Aber da war mein Unterhöschen schon nass. Ich vergaß dieses Erlebnis nie, zeigte fortan Symptome einer Phobie, wenn ich nur eine Feder sah.

Dann musste ich noch eine weitere Mutprobe in Wilna bestehen: Mein Vater hatte einen jungen Wolf gefunden, der wohl von seiner

Familie verlassen, eines Tages auf dem Bahngelände angekrochen kam. Da mein Vater ein Hundenarr war (wir hatten immer einen Schäferhund zu Hause. Einer wurde allerdings gegen Ende des Krieges zum Militär eingezogen, zwei Soldaten haben ihn einfach abgeholt, was meiner Mutter fast das Herz gebrochen hat) behielt er den Kleinen, ließ ihm einen Zwinger bauen und trainierte ihn.

Als ich nun zu Besuch war, musste ich meinen Mut beweisen, indem ich mich alleine in den Zwinger zu dem Wolf sperren ließ, den mein Vater von außen bewachte.

Als gut erzogene, folgsame Tochter ließ ich es zu und zwang mich zur Tapferkeit. Das gelang dem Wolf gegenüber besser als bei den Gänsen. Denn er schnatterte nicht so laut – vielleicht hatte er auch eine genau so große Angst wie ich. So sahen wir beide uns Hilfe suchend an.

Und ich konnte mir damit die Gunst meines Vaters sichern.

Irmchen

Das letzte Jahr, in dem wir in Posen wohnten, war ein glückliches Jahr für mich. Meine Eltern hatten sich inzwischen in der Stadt mit anderen deutschen Unternehmern angefreundet, u. a. auch mit einem Ehepaar, das nicht weit von uns ein Radio-Geschäft führte, sie hießen Bleicher. Und da gab es ein Mädchen – es war etwas älter als ich – es hieß Irmgard und wurde Irmchen genannt. Irmchen wurde meine beste Freundin, wir liebten uns. Ja, vielleicht klingt es heute übertrieben: sie wurde meine erste große Liebe. Ich weiß es nicht mehr genau, aber mir ist, als wenn sie täglich bei uns war. Wir spielten jeden Tag dasselbe Spiel: Prinz und Prinzessin. Ich war die Prinzessin – mit irgendeinem Gardinenstoff um den Bauch gebunden, der als Prinzessin-Gewand diente, weil er raschelte. Irmchen trug meistens einen weichen rosa Angora-Pullover. In meiner Phantasie. Das muss nicht real so gewesen sein. In der Erinnerung für mich war und blieb es so.

Diese Zeit war die glücklichste meines Kinderlebens. Und ich trauerte unendlich, als sie vorbei war. Für immer! Mit Irmchen erlebte ich die erste große Liebe in meinem Leben, den ersten großen Verlust, den ersten Liebeskummer, das erste große Trauma, das mich fast mein Leben kostete, denn ich bin sicher: ohne dieses Erlebnis wäre ich nicht so krank geworden, wie ich es nach der Flucht war.

Aber auch die erste große Erkenntnis, die ich machen durfte, gehört hierher: „Es ist nicht gut, dass der Mensch allein sei!".

Ich meine damit nicht den Bibeltext, sondern ganz einfach die urmenschliche Erfahrung, dass ein Mensch, der einsam ist, auf Dauer krank wird, bzw. sehr leidet. Nicht das Zusammensein mit einem anderen Menschen – ich war mit den Kindermädchen auch nicht allein! – sondern das sich nicht mit einem anderen Menschen in einem ganz bestimmten Sinn verbunden fühlen, macht krank. Und einsam. Offenbar braucht der Menschen einen Gefährten an seiner Seite – und sei es auch manchmal „nur" (?) ein Hund, oder eine Katze, oder – wie Theo es in seiner Kindheit hatte: ein Schaf.

Der Attraktor und der pay off

Aber was ist es, dass den Unterschied zwischen den Beziehungen ausmacht? Mit einem Kindermädchen an meiner Seite war ich so einsam wie allein – oder fühlte mich gerade noch einsamer – mit Irmchen war ich glücklich.

Später mit Günther an meiner Seite war ich unerfüllt, auch unglücklich; mit Theo war ich erfüllt und glücklich. Worin liegt dieser geheimnisvolle Unterschied?

Von Antoine de Saint-Exupéry, dem französischen Flieger, der nach einem Absturz in der Wüste sein Flugzeug mit Hilfe des „Kleinen Prinzen" wieder flugtauglich machen konnte, gibt es den Spruch: „Liebe besteht nicht darin, dass man einander anschaut, sondern darin, dass man gemeinsam in dieselbe Richtung schaut."

Was meinte er damit? Dass man ein gemeinsames Ziel hat? Denn ich stelle mir vor, dass die Richtung, in die ich schaue, die ist, in der mein Ziel liegt, dass sie den Weg weiß, auf dem ich gehen soll.

Auch das klingt ziemlich geheimnisvoll. Was heißt das? Wie, woran erkenne ich mein Ziel? Und dass es der andere auch hat?

Da damals Irmchen und ich immer (in meiner Erinnerung) „Prinz und Prinzessin" gespielt haben, wird es wohl um – im Sinne der Jung'schen Psychologie – Aspekte des Selbst gegangen sein, also um Bereiche der entwickelten, reifen Persönlichkeit, die wir in unserer Kinderart, doch einer höheren Intuition folgend, vorweggenommen haben. Die Prinzen und Prinzessinnen werden ja in den Märchen als auf dem Weg zur Königin, zum König dargestellt, also auf ihrem Individuations- oder Bestimmungs-Weg.

Die verschiedenen Kindermädchen waren wohl nicht ausreichend geeignet, mein „höheres Selbst" zu aktivieren. Irmchen wohl eher, oder sehr. Sie musste etwas an sich – oder besser – in sich gehabt haben, was mit einem bestimmten „höherem" Teil in mir korrespondierte.
So auch Theo. Auch er entsprach eher dem Seelenteil in mir, der auch Seelenteil in ihm war und der uns beiden – jedem für sich – half, das „höhere Selbst" zu verwirklichen.

Wobei das „höher" nicht wertend gemeint ist, nicht besser, als ein anderes; es gibt einfach die Richtung an. Es entspricht lediglich dem Weg zum Selbst. Vielleicht ist dieser Prozess zu vergleichen mit einem ganz gewöhnlichen Weg, den wir zu Fuß oder im Auto zurücklegen, wenn wir von A nach B wollen. Da müssen wir auch eine Strecke gehen oder fahren, die gekennzeichnet ist durch entsprechende Schilder.

Insofern mögen Theo und Irmchen „Seelen-Schilder" mit der gleichen Aufschrift getragen haben. Sie waren für mich attraktiv, stellten also Attraktoren dar.

„Attraktor“ ist ein Begriff aus der Chaos-Theorie, er dient der chaotischen Fülle, sich zu sammeln, zu verdichten und in eine Richtung zu fließen. Ein ähnlicher Vorgang wird in der Laser-Theorie beschrieben: Licht wird zur Kohärenz, also auf eine einzige bestimmte Schwingungsebene gebracht, dort gebündelt und verdichtet: „Light amplification by stimulatet emission of radiation.” Und dies so lange, bis dieses Licht die Feinheit und gleichzeitig Schärfe erreicht hat, um z. B. im menschlichen Auge die Netzhaut reparieren zu können.
Mich hat die Laser-Theorie vom ersten Mal an, als ich sie gelesen hatte, enorm interessiert und inspiriert. Man kann sie hervorragend mit psychologischen Theorien in Verbindung bringen.

Insofern ist es für mich interessant, bzw. wichtig im Sinne der Individuation, auf deren Bedeutung ja C. G. Jung immer wieder hingewiesen hat, herauszuarbeiten, was genau das Bedeutungsvolle bei Irmchen und bei Theo für mich war.
Auch das Schreiben dieser Biografie, bzw. die damit verbundene Auseinandersetzung mit mir in meinem Lebensprozess – verstanden als Attraktor – dient letzten Endes dazu, die Individualität meines Lebensweges zu erkennen.
Um sie auch den Menschen, die diesen Weg in Anschauung mit mir gehen, als Beispiel und Möglichkeit zugänglich zu machen.

In der Sprache der Transaktionsanalyse, einer Methode, menschliches Verhalten zu studieren und gegebenenfalls zu korrigieren, heißt dies schlicht und einfach, weil amerikanisch: um am Ende den „pay off“ zu kassieren. Das ist die „Endauszahlung“, die ich am Ende meines Lebens entweder zurückbekomme, oder noch begleichen muss.

Interessanter Gedanke, oder bange Frage: Ist der „pay off“ oder die „Endauszahlung“ die Art und Weise, wie ich sterben werde?

In unseren beiden (Theos und meinem) Beiträgen im Buch: „Übergänge – Annäherungen an das eigene Sterben“ herausgegeben von Christiane Burbach/ Friedrich Heckmann im Verlag Vandenhoeck und Ruprecht, haben Theo und ich unsere Einfälle dazu dargestellt.

Die Flucht

Weder Irmchen noch ich wurden gefragt, als eines Tages meine Eltern beschlossen, mich und meinen kleinen Bruder, der inzwischen im November 1942 geboren worden war, zu den Großeltern auf's Land zu bringen, weil doch die Kriegsfront allzu bedrohlich auf Posen vorrückte.

Ich erinnere mich an zwei große Körbe, die meine Mutter packte und neben die Haustüre stellte. In einem brachte sie ihre bis dahin so nach und nach erstandene Tisch- und Bettwäsche unter, in den anderen packte sie ihr Porzellan, auf das sie inzwischen ganz stolz war und ihr Besteck. Ich setzte meine größte, schönste Puppe „Erika“ oben drauf, damit sie nicht vergessen werde, wenn die Körbe abgeholt und zu uns auf's Land gebracht würden. Meinen Teddy nahm ich gleich mit.

Meine Mutter hat ihre Körbe nie wiedergesehen, denn von den Großeltern aus mussten wir rasch weiter nach Süden ziehen – zuerst noch relativ komfortabel in einem einfachen PKW – für größere Autos gab es kein Benzin. Mehr. Im Winter 1945 ging alles sehr schnell. Vor allem die russischen Panzer drangen mit Macht gen Südwesten vor.

Ich konnte mich daran nicht so recht erinnern, aber meine Mutter erzählte es später:

Sie hatte sich mit meinem Vater in Berlin am „Anhalter Bahnhof“ auf eine bestimmte Zeit verabredet, um alle weiteren Maßnahmen zu besprechen. Doch mein Vater kam nicht zu dem vereinbarten Zeitpunkt. Sie wurde unruhig, wusste nicht, ob und wie lange sie noch warten sollte. Als er nach einer Weile immer noch nicht kam, entschloss sie sich schweren Herzens – weil sie ja nicht wusste, wann und wo sie ihn wieder treffen konnte – jetzt zu gehen.

Fünf Minuten später wurde dieser Bahnhof von Tieffliegern angegriffen und in Grund und Boden gebombt. Es war der 3. Februar 1945. Nur fünf Minuten hatten uns drei vom sicheren Tod getrennt – dank der Intuition meiner Mutter.

Ich wunderte mich oft, dass meine Mutter mich und meinen Bruder manchmal plötzlich ganz fest an sich drückte und dabei weinte. Ich wollte sie fragen, warum sie das tut, aber irgendwie scheute ich mich davor. Wir haben auch später – leider! – nie mehr darüber gesprochen. Schade! Über Vieles wurde nicht mehr gesprochen. Vielleicht weil die Menschen sich nicht noch einmal an diese grauenvolle Zeit bewusst erinnern wollten. Sie litten ja ohnehin.

Ich jedoch erinnere mich auch noch daran, wie ich oft in einem Militär-Lastwagen hinten im Laderaum zwischen kratzigen grauen Wehrmachtsdecken lag und von draußen die bange Frage der Soldaten hörte: „Gibt es diese Brücke – über die sie fahren wollten – noch, oder ist sie auch schon gesprengt?"

Ich erinnere mich an lange Fußmärsche, ich an einer Seite meiner Mutter, zwischen uns eine große Reisetasche – in der wohl etwas Wäsche und eine Decke verstaut waren, – an der anderen Seite, auch durch eine Tasche getrennt, mein Bruder, dem sie sagte, er solle sich an der Tasche festhalten – der jedoch mit seinen zweieinhalb Jahren jammerte: „Kann nicht mehr tragen!" – wie wir inmitten vieler anderer Menschen über lange Straßen marschierten.

Manchmal nahm uns ein Soldaten-Jeep mit. Einmal wurden wir auch getrennt. Ein Soldat packte mich, setzte mich in seinen Jeep, in dem noch einige seiner Kameraden saßen, und brauste davon.

An irgendeinem Bahnhof dann stand da endlich meine Mutter – sie hatte verzweifelt nach mir Ausschau gehalten.

Immer wieder gab es Fliegeralarm, wir mussten in einen Keller flüchten, saßen – oft quälend lange – zwischen anderen müden und abgemagerten Menschen, Frauen, alten Männern, Kindern, Säuglingen in den Armen ihrer Mütter.

Danach, wenn wir wieder oben, draußen waren, stank es fürchterlich nach Verbranntem. Mir wurde meistens schlecht. Mir war oft schlecht in dieser Zeit. Es war keine Zeit der guten Gerüche.

Auch nachts waren wir unterwegs und es war eisig kalt.

Meine kratzenden Wollstrümpfe – ich dachte, sie wären aus Draht gestrickt – waren viel zu kurz, weil ich für mein Alter sehr groß war – die Oberschenkel waren stets eiskalt, denn der Winter Anfang 1945 war überaus streng.

Nachdem ich diese Passage hier geschrieben hatte, wurde im Fernsehen, im zweiten Programm, eine Serie über den berühmten Chirurgen Dr. Ferdinand Sauerbruch, ausgestrahlt. Ich habe die Sendung natürlich angeschaut, denn der Name „Sauerbruch" spielte in meiner Kindheit eine gewisse Rolle – davon später- und mit dem Anschauen von Filmen, die das große Elend der Kriegs- und Nachkriegszeit zeigen, kann ich auch noch nach der langen Zeit, die inzwischen vergangen ist, ein Stück des tiefen Traumas, das ich wohl, wie viele andere Menschen meines Jahrgangs, erlitten habe, noch einmal nach erleben und auch – immer noch! – bewältigen.

Küstrin

Irgendwann, zwischendurch, waren wir mit einigen anderen Flüchtlingen in der Nähe von Küstrin in einem Bauernhaus – es war eher ein großer alter Gutshof untergebracht: oben, unter dem Dach einer großen Scheune: Mütter und Großmütter mit Kindern, jede Familie zwischen sich und anderen durch Militärdecken an Seilen zu einzelnen Kabinen gespannt. Es war kalt, von überall zog der eisige Februarwind herein. Viele husteten, manche hatten Durchfall. Es stank – wieder.

Nachts hatte ich Angst vor Gespenstern, denn es bewegte sich immer etwas, zischte oder knisterte, ein eiskalter Hauch blies um meine Nase, ich dachte, der Tod geht um und holt sich seine Beute. Auch mich?

Eines Tages stand aber plötzlich mein Vater vor unserer „Kabine".

Wir freuten uns alle riesig. Meine Mutter weinte – es waren wohl Freudentränen.

An diesem Tag war es gerade wieder für mich Zeit, mit meinem Bruder an der einen, eine Milchkanne an der anderen Hand, zu einer bestimmten Stelle zu gehen, an der Milch ausgegeben wurde. Eine Wegstrecke dauerte ungefähr eine halbe Stunde.

Wir Kinder baten unseren Vater, uns zu begleiten – da er doch gerade jetzt hier ist. Er wollte nicht. Er sagte, er sei sehr müde, würde lieber ein bisschen ausruhen. Aber wir bettelten so ausgiebig, dass er sich dann doch bereit erklärte, mitzugehen.

Nachdem wir eine Zeitlang gegangen waren, ununterbrochen von unseren Erlebnissen erzählend, geschah plötzlich etwas Sonderbares, was ich noch nie erlebt hatte:

Mit einem sehr hohen schwirrenden Ton flogen über unseren Köpfen seltsame, schwarze Gebilde, fielen dann um uns herum zu Boden. Ich erstarrte. Noch bevor ich etwas sagen, fragen oder tun konnte, warf unser Vater uns zu Boden und sich obendrauf, wie eine Glucke ihre Küken bedeckend. Mein Bruder wollte nach einer dieser seltsam schwarz-silbern glitzernden Scheiben greifen, doch unser Vater riss blitzschnell die kleine Hand zurück.

Es waren Tiefflieger über uns hinweggebraust, die ihre schwarze, glühend heiße, todbringende Last über dieses Gebiet, über Küstrin, abgeworfen hatten. Wenn unser Vater nicht bei uns gewesen wäre und nicht blitzschnell reagiert hätte, würde es meinen Bruder und mich seit Februar 1945 wahrscheinlich nicht mehr geben.

Zwei Mal – am Anhalter Bahnhof Berlin und in der Nähe von Küstrin war unser Leben unmittelbar bedroht und wurde – wie durch ein Wunder – bewahrt. Warum unseres? Viele andere Leben wurden vernichtet. Wer oder was bestimmt, wann wer oder ein anderer am selben Ort stirbt oder am Leben bleibt? Wir, meine Familie, hatten keinen Einfluss darauf. Man nennt dieses Phänomen „Fügung“ oder „Schicksal“. Oder auch: ein Rätsel, das nicht zu lösen ist.

Dazu fällt mir der nicht ganz dumme, aber auch nicht übermäßig lustige „Witz“ ein: Zwei Mohammedaner unterhalten sich. Der eine sagt, er müsse morgen in ein Flugzeug steigen, aber er habe große Angst, dass das Flugzeug abstürzen könne. Der andere beruhigt ihn, indem er meint: „Wenn Allah dich holen will, dann findet er dich, egal, wo du bist.“ Darauf der erste, spitzfindig: „Und was ist, wenn Allah den Piloten holt?“

Burghausen (Oberbayern)

ist ein sowohl anmutiges als auch trutzig wirkendes Städtchen an der hier reißenden Salzach, die Deutschland von Österreich trennt. Es wird beherrscht durch die ein Kilometer lange Burg (die längste Burg der Welt) mit sechs Burghöfen. Unterhalb der Burg eingerahmt von Bäumen liegt der Wöhrsee, an dem später Theo und ich einmal einen ganzen Sommertag lang saßen, miteinander sprachen und den Menschen zugeschaut haben, die dort ihren Sonntags-Spaziergang „absolvierten“.

Damals, in meiner Kinderzeit, als ich dort zur Schule ging, die sich auf dem Marktplatz befand, mussten die Kinder, die im Stadtteil oberhalb des Marktplatzes, auf Burghöhe, wohnten, den Weg zur und von der Schule über die Burg benutzen. Es führte auch eine Straße, auf der die Autos fuhren, in die Oberstadt. Den Gehsteig entlang dieser Straße durften wir Kinder aber nicht benutzen. Da lag nämlich das Krankenhaus, in dessen Nähe wir nicht kommen sollten: Die „Typhus-Kranken“ seien da untergebracht, hieß es und das klang so, als würde dort der Teufel persönlich nach uns Kindern Ausschau halten.

Ich lief gerne durch die verschiedenen Burghöfe, denn da roch es gut: in den Gärten der umgebauten Wachhäuser wohnten Menschen, die Blumen in ihre Balkonkästen und ihren Gärten pflanzten und auch die Kastanienbäume rochen so frisch. Im Herbst aber war es am Schönsten, wenn das Kastanienlaub so dicht auf dem Boden lag, dass wir uns richtiggehend „durchpflügen“ mussten.

Unsere Mutter ging mit uns Kindern jeden Nachmittag in den Wald, um das Abendessen zu pflücken: Blaubeeren. Deshalb gab es bei uns im Sommer abends stets einen Teller Blaubeeren mit Milch. Und im Herbst Pilze.

Wir wohnten in der Oberstadt, in der Nähe des Wackerwerkes, wo es später auch ein Freibad gab, das ich im Sommer gerne besuchte – mit einem Leberwurstbrot und einer Flasche kalten Milchkaffee.

Das waren die späteren angenehmen Seiten von Burghausen, zunächst aber, als wir dort ankamen, war ich einfach müde, angestrengt, ausgehungert und vor allem: tief verzweifelt über die Trennung von Irmchen.

Bei seinem Besuch in Küstrin hatten meine Eltern ihren abschließenden Treffpunkt vereinbart: Nachdem militärisch abzusehen war, dass der Osten nicht gehalten werden konnte, wurde auch der Ort für die Reinigungsstation der Soldatenuniformen nach Burghausen/Oberbayern verlegt, wo das große Chemiewerk „Wacker“ das benötigte Reinigungsmittel – Perchloräthylen – herstellte. Mein Vater wurde also dorthin versetzt und leitete die nun in Bayern stattfindenden Reinigungen der Soldatenuniformen. Aber nicht lange.

Nach der Kapitulation im Mai 1945 übernahmen die Amerikaner die Reinigung samt meinem Vater für ihre Soldaten-Uniformen. Ein Glück für uns, denn in deren „Obhut“ mussten wir nicht so sehr unter den Nachkriegs-Entbehrungen leiden, wie viele andere Flüchtlinge. Meine Mutter lernte auch gleich die wichtigsten Wörter in Englisch.

Die „Amis“, wie sie von uns nur genannt wurden, zeigten sich, weil siegessicher und der Krieg beendet war, fröhlich, und auch, weil es viele junge Frauen gab, die sich ohne ihre, noch in den Kriegswirren vermissten, Männer, nicht scheuten, mit den feschen amerikanischen Soldaten zu flirten.

(Ein jüngerer Bruder meiner Mutter – er wird hier noch seinen Auftritt haben – heiratete Jahre später eine hübsche, junge Frau, die einst eine so genannte „Soldatenbraut“ gewesen war.)

Leider muss aber auch gesagt werden: die einheimischen Menschen, also in unserem Fall die Bayern, reagierten damals auf die Flüchtlingsschwemme aus dem Osten genauso, wie die alteingesessenen Deutschen es heute wieder tun. Nämlich ablehnend. Aus Angst, dass sie womöglich mit uns das teilen müssten, was sie hatten.

Stop! Das ist ein Pauschalurteil. Nicht alle Menschen sind gleich.

Und die Situationen sind auch nicht vergleichbar: Damals waren auch die „Angeschwemmten“ Deutsche und die Alteingesessenen hatten auch nicht so viel zu essen, denn Lebensmittel waren rationiert und wurden kontrolliert.

Das ist heute anders. Heute kommen Menschen aus völlig anderen Kulturkreisen zu uns, und wir haben genügend zu essen. Mehr, als uns manchmal guttut.

Nein, es gab auch Bauern, die uns ab und zu ein Stück Butter oder zwei, drei Eier zusteckten. Außerdem musste ich meinen „Kinderschmuck“ hergeben: eine schmale Silberkette, an der eine kleine Perle aus Aquamarin hing; ein ebensolches Armbändchen und einen entsprechenden Ring. Zwar war ich traurig, dass ich dies hergeben musste, aber da mir bewusst war, dass gerade alle Menschen zu leiden hatten, die einen unter diesem, die anderen unter etwas anderem, war ich eher stolz, dass ich auch etwas zur Hunger-Reduzierung beitragen konnte.

Zudem hielt meine Mutter Hühner und Gänse auf dem Wackergelände, wo es viel Grasland um die Gebäude gab.

Ein Graus für mich war allerdings, wenn ich z. B. vor Festtagen, beim Schlachten helfen sollte. Ich stellte mich in der Regel so dumm, weil angewidert, dabei an, dass meine Mutter mich nach einiger Zeit ärgerlich wegschickte.

Doch in der Regel verhielten sich die meisten bayerischen Einwohner gemäßigt, natürlich nicht übermäßig freundlich, am wenigsten die, die am längsten, seit vielen Generationen am selben Platz heimisch waren. Ausnahmen bestätigen die Regel.

Mein um vier Jahre jüngerer Bruder kam oft nach Hause und weinte. Auf Nachfragen schluchzte er: „Die sagen „Saupreiß“ zu mir und lassen mich nicht mitspielen“.

Solche Erfahrungen machte ich nicht, weil ich kein Verlangen danach hatte, draußen mit anderen Kindern zu spielen – ich wollte eigentlich nie, auch schon vorher in Posen, nicht mit anderen Kindern spielen. Meine Mutter musste mich dort auf Anraten der entsprechenden Erzieherin aus dem Kindergarten nehmen, in den ich vierzehn Tage lang ging, weil ich mich weigerte, mit den anderen mit zu spielen. Ich stand wohl nur am Rand, habe das, was die anderen machten, aufmerksam verfolgt und dann zu Hause nachgespielt.

Hier nun, in Burghausen, wollte ich nur in der Küche auf der Eckbank sitzen, Bücher anschauen, mir vorlesen lassen und auch beginnen, selber zu lesen, um unabhängig zu werden. Schon damals erschien mir eine mehr Räume des täglichen Lebens einnehmende Unabhängigkeit immer erstrebenswerter.

Kranksein

Auch erkrankte ich bereits einige Wochen nach unserer Ankunft an einer „nassen“ Rippenfellentzündung, der im Spätsommer eine

Lungenentzündung folgte, so dass ich lange, strenge Bettzeiten hatte, in denen ich begann, selber zu lesen. Glücklicherweise hatten meine Eltern Verständnis dafür und brachten mir genügend „Lesestoff", denn wir wohnten damals neben einem kleinen Schreibwarengeschäft, in dem es auch eine Leihbücherei gab – sehr bescheiden, sehr ländlich, aber für meine Kinderansprüche völlig ausreichend. So lernte ich sowohl Courts-Mahler-Romane als auch Karl-May-Geschichten kennen und was es dazwischen noch an „Literatur" so alles gab.

Mein Interesse für Geschichten war jedoch schon älter, denn in meiner Kindheit gab es außer den klassischen Märchen von den Gebrüdern Grimm, von Andersen und Hauff sowie die aus Tausendundeiner Nacht, persönliche Geschichten, die von meinen Eltern und vor allem auch von meinem Großvater (Vater der Mutter), oft, meistens abends, wenn die ganze Familie um den Tisch herum saß, erzählt wurden. „Geschichten erzählen" war damals die am meisten praktizierte Abendbeschäftigung in unserer Familie. Mein Großvater war überdies ein Meister im Erzählen eigener, selbst erfundener Geschichten und mein Vater erfand auch gerne Geistergeschichten. Er liebte es, wenn ich beim Zuhören erschreckte Augen machte. Und ich tat ihm den Gefallen.

So war mein Kinderleben, trotz der Einschränkungen, welche die Kriegs- und vor allem die Nachkriegszeit mit sich brachte, bunt, vielfältig und aufregend. Dass es Rübensirup statt Marmelade gab, der Kunsthonig nach Kleister schmeckte, an Butter gar nicht zu denken war und auch sonst alles Essbare irgendwie gleich, nämlich nach „Garnichts" schmeckte, war mir egal. Ich war nie eine „Feinschmeckerin" – bin es auch heute höchstens ansatzweise – und das hat Theo mir vermittelt. Er war ein großer Genießer. Damals war mir die Literatur stets wichtiger.

Ich habe Irmchen Bleicher übrigens nie wiedergesehen. Die Trauer um sie plagte mich unendlich. Aber ich vermied es, meinen Eltern etwas von meinem inneren Leid zu sagen, ich hielt es verschlossen wie etwas Verbotenes. Erst abends, wenn ich allein in meinem Zimmer war, ließ ich meinen dramatischen Fantasien freien Lauf. Das Grundgerüst dieser Fantasien hatte folgenden Plot:

Der äußerst schmerzhafte Verlust meiner „Liebe" brachte mich an den Rand des Todes; doch im allerletzten Moment, bevor mich das allerletzte bisschen Lebenskraft verlässt, kommt sie, der meine Liebe gilt und rettet mein Leben.

So, in letzter Sekunde aufgefangen, konnte ich dann einschlafen. Dass ich jedoch sehr unruhig geschlafen haben musste, bemerkte ich, wenn ich am Morgen mit meinem Kopf am Fußende des Bettes oder sogar vor dem Bett erwachte.

Wegen der Erkrankungen kam täglich ein Arzt und gab mir eine Injektion in den Arm, bald waren beide Ellbogen-Innen-Seiten total zerstochen. Zudem verabscheute ich die kalten Brust- und Wadenwickel.

Meine Erkrankung, vor allem die nasse Rippenfellentzündung, muss ziemlich bedrohlich gewesen sein, denn – vor allem mein Vater – machte einen sehr besorgten Eindruck. Von irgendwoher kannte er – mein Vater kannte immer von irgendwoher gerade den Menschen, den er gerade brauchte – einen Arzt, der wohl damals eine Kapazität auf seinem Gebiet gewesen ist. Und – das wurde wie ein „Geheimnis" geflüstert – dieser konnte eine nicht geringe Menge an Penicillin gehortet haben, von dem mir dann täglich eine Injektion verabreicht wurde. Doch das Gute für mich war, dass ich meine Ruhe hatte und endlich ungestört in meiner Fantasiewelt leben konnte.

Später wurde auch ein Radioempfänger neben mein Bett gestellt und da gab es vormittags den Landfunk sowie den Schulfunkt und nachmittags den Kinderfunk. Und abends lasen meine Eltern mir Hauff's Märchen oder die Märchen aus «Tausendundeiner Nacht» vor.

So ging auch diese Leidenszeit mit einigen täglichen „Highligths" versehen, relativ gut zu Ende. Zudem sang meine Mutter oft das tragende Lied aus der Operette „Land des Lächelns" (es wird hier noch eine Rolle spielen): „Immer nur lächeln ... doch wie's da drinnen aussieht, geht niemand was an."

Erst nach einigen Jahren habe ich durch irgend jemanden erfahren, dass das Ehepaar Bleicher in Posen geblieben ist und, als die Russen die Stadt übernommen hatten, Irmchen miterleben musste, wie ihre Eltern beide in ihren Ehebetten durch plündernde Soldaten erschossen wurden. Sie selbst hatte sich unter diesen Betten versteckt und blieb verschont.

Ich war wie gelähmt, als ich dies hörte, doch irgend etwas in mir scheute sich, mich den Erwachsenen anzuvertrauen und zu fragen, wo Irmchen zu finden sei. Sie war und blieb mein Geheimnis. Ich blieb und litt stumm.

Irmchen ein Engel?

Zwar bin ich mir sicher, dass es Irmchen wirklich gab – aber könnte sie nicht auch eine Vorstellung in Fieberfantasien gewesen sein?

Als ich noch nicht selber lesen konnte, las mir meine Mutter das Märchen „Schneeweißchen und Rosenrot" vor. Es geht darin um zwei Schwestern, die mit ihrer Mutter in einem kleinen Häuschen am Waldrand leben: Rosenrot war das lebhaftere, Schneeweißchen das stillere Kind. (Über mich wurde wiederholt geäußert, ich sei ein so stilles Kind.)

> *Jeden Abend kommt ein großer Bär zu dem Häuschen und bittet, die Nacht dort verbringen zu dürfen, was die Mutter und die Schwestern gerne gestatten. Schneeweißchen hilft tagsüber immer wieder einem in Not geratenen Zwerg, der jedoch darüber nie dankbar, sondern nach wie vor böse ist. Schlussendlich erschlägt der Bär den grantigen Zwerg, dadurch wird er wieder ein Prinz und heiratet Schneeweißchen, Rosenrot dessen Bruder. (Bislang wurde dieser gar nicht erwähnt.)*

Ich liebte das Märchen sehr – weil ich mir dabei vorstellte, wie schön es sein müsse, mit Mutter und Schwester zusammen in einem Häuschen (ohne Männerzutritt!) zu leben.

Wahrscheinlich war es eine ganz natürliche Reaktion meiner Seele, in eine fantasierte weibliche Welt abzutauchen, während draußen die Sirenen heulten, die Flugzeuge mit ihrem Lärm die Stille der Nacht zerschnitten und die Mauern der getroffenen Häuser zusammenbrachen.

In dieser Dynamik ist sehr gut zu erkennen, was C. G. Jung mit seiner Aussage: „Die Psyche ist ein sich selbst regulierendes System" meinte. Je lauter und wirrer die äußere Welt war, desto stärker zog die seelische Dynamik mein Bewusstsein in eine fantasierte ruhige „Idylle".

Übrigens wurde das Gesetz der Kompensation, das ursprünglich von Alfred Adler, einem österreichischen Arzt. entwickelt wurde, heute auch in Bezug zur allgemeinen Traumtheorie bestätigt, die besagt, dass unsere nächtlichen Träume das Tagesgeschehen kompensieren. Was wiederum *für das Gesetz der Kompensation an sich steht.*

Im Vertrauen auf dieses Wissen kann der jeweilige Mensch sein Schicksal, unter dessen Einseitigkeit er vielleicht gerade leidet, ruhiger und gelassener annehmen. Der Wissende weiß, dass Leid nicht unendlich ist, dass die Sonne im Westen zwar untergeht, im Osten jedoch erneut empor steigt.

Oder wie Karl Valentin es rät: „Nimm die Dinge nicht so tragisch, wie sie sind." Ja, Karl Valentin hat Recht gehabt: die Dinge sind oft wirklich tragisch.

Mich beschlich in letzter Zeit beim Schreiben öfter der Gedanke, dass ich Vieles hier geschönt darstelle, dass ich und meine Eltern damals unglücklicher und/oder auch verzweifelter waren als ich es jetzt schreibe.

Vielleicht hatte auch meine Mutter eine starke Sehnsucht nach einer heilen Welt, so wie sie in diesem Märchen dargestellt ist.
Denn sie, mein kleiner Bruder und ich mussten bei Fliegeralarm in dem miefigen Keller Angst und Gestank aushalten.

Doch: „Die Gedanken sind frei." – Diese alte Volksweise wird Vielen damals geholfen haben, seelisch gesund zu bleiben – sich nicht vom widrigen Schicksal beugen zu lassen, sich und sein Seelenheil nicht aufgegeben zu haben, sondern, um sich innerlich zu bewahren, Zuflucht gesucht zu haben bei der Großen Mutter (= dem großen, tragenden Weiblichen) und dem Göttlichen Kind (= der unsterblichen, sich immer wieder erneuernden Lebenskraft) .

Sehr viel später, 1986, schrieb ich darüber ein Buch: „Große Mutter und göttliches Kind. Das Wunder in Wiege und Seele." Insofern ist es gleichgültig, ob Irmchen wirklich, also aus Fleisch und Blut gelebt hat, oder eine Fieberfantasie gewesen ist. Die Liebe zu ihr hat mir geholfen, eine Zeit mit vielen Unwägbarkeiten und Schrecken gesund zu überstehen.

Die Englischen Fräulein

Ich bin dann in Burghausen noch eingeschult worden – gleich in die zweite Klasse. Die erste Klasse hatte ich bis Weihnachten 1944 wohl noch in Posen verbracht – doch ich habe keine Erinnerung daran. Diese Zeit ist vollkommen gelöscht in meinem Bewusstsein. Da damals alle Männer zum Kriegsdienst einberufen waren und wenige zurückkamen, oft schwer verwundet und traumatisiert, gab es in Burghausen keine Lehrer. Aber es gab das Kloster „Heilig Schutzengel", in dem die „Englischen Fräulein" – Frauen in grauer Schwesterntracht mit weißer Haube – uns Kinder unterrichteten. Natürlich Jungen und Mädchen getrennt.

Ich war die einzige Evangelische in der Klasse. Vielleicht deshalb, vielleicht aber auch, weil ich mich wirklich anstrengte und ein – an „Obrigkeiten“ angepasstes Kind war -: ich bekam im Laufe der Zeit viele Fleiß-Bildchen, in der Art von Heiligenbildern, die ich sehr schätzte und eifrig sammelte, weil sie geheimnisvoll und bunt aussahen. Vielleicht wollten mich die Schwestern auch auszeichnen, weil ich eine arme, der Heimat verlustig gegangene „Heidin“ war. Von den anderen Kindern wurde ich um die Bildchen beneidet.

Dafür bekam ich aber kein weißes Kleid und auch keine der schönen weißen Kerzen, als meine Schulkameradinnen am Sonntag nach Ostern ihre Erstkommunion feierten. Ich bewunderte und beneidete sie glühend. Doch was ich überhaupt nicht verstand: sie durften am Samstag zuvor zur Beichte gehen und waren in der Zeit danach kein bisschen besser oder friedlicher.

Da sie alle ihre kleinen oder größeren Untaten ja wieder beichten konnten, mussten sie sich nicht verändern. Ich beneidete sie um diese Freiheit, denn mir wurde in meiner Kindheit ein ziemlich strenges Gewissen beigebracht, unter dem ich oft litt.

An ein Ereignis erinnere ich mich – es hat mich jahrelang verfolgt und sehr schlechte Gefühle in mir verursacht: An einem Sommerabend wurde im Stadttheater in Burghausen die Operette „Land des Lächelns“ aufgeführt. Es war die Lieblingsoperette meiner Mutter, weil es einen Charakterzug, den sie auch von sich kannte, so schön zum Ausdruck brachte in der Arie:

„Immer nur lächeln und immer vergnügt, immer zufrieden, wie“s immer sich fügt – lächeln trotz Weh und tausend Schmerzen ... doch wie es da drinnen aussieht, geht niemand was an...“.

Sie sang es oft, denn sie hatte eine schöne Stimme. Und sie sah in diesen Zeilen sich selbst mit den von ihr für sich auferlegten Zumutungen: sich nicht ihrer Umgebung zu offenbaren, sondern ihre Gefühle im Verborgenen zu bewahren.

Sie wollte mit ihrem jüngeren Bruder, den sie gerade wiedergefunden hatte und der sich für ein paar Tage bei uns aufhielt, in dieses Theaterstück gehen und hatte bereits zwei Karten gekauft. Da sie aber einige Tage vorher schwere, langanhaltende Hustenattacken bekam, die ihre Kräfte angriffen, meinte sie, dass ich mit meinem Onkel zu dieser Veranstaltung gehen sollte.

Es war ein schöner, strahlender Frühlingsabend und ich freute mich sehr, da ich noch nie in einer Abendveranstaltung gewesen war. Wir gingen so rechtzeitig zur Stadthalle, in der diese Operette aufgeführt wurde, dass wir noch draußen auf die Öffnung warten mussten und spazierten erwartungsvoll umher.

Dabei traf ich einige Schulkameradinnen, mit denen es etwas zu quatschen gab und war ein paar Meter von meinem Onkel entfernt, als plötzlich eine der Englischen Fräulein vor mir stand, mich – wie ich meinte: streng – anblickte und mehr drohte, als zu fragen:

„Du wirst doch da nicht hinein gehen???“ Ich war so erschrocken, dass ich einfach „Nein!“ sagte. Sie blickte mich noch einmal streng an und verschwand.

Mein Herz klopfte so stark, dass ich meinte, es müsste jetzt einfach aufhören und stehen bleiben, und wie betäubt stand ich da, unfähig, mich auch nur zu rühren. Aber da kam schon mein Onkel, nahm mich bei Hand und sagte: „Es ist geöffnet, komm, lass uns gehen.“

Von der Handlung auf der Bühne habe ich nichts mitbekommen, ich fühlte mich, als hätte mein erschrecktes „Nein!“ alle Lebensgeister aus meinem Körper gezogen.

Später, wenn ich an dieses Ereignis aus meinem Kinderleben dachte, war nicht so sehr die Tatsache schlimm, dass ich gelogen, sondern dass ich mich verleugnet hatte.

Ich konnte nicht zu mir stehen, zu meiner Freude, auserwählt gewesen zu sein, wie eine Erwachsene ins Theater gehen zu dürfen, mich zu freuen über ein harmloses Vergnügen. Ich habe dieses Erlebnis der Selbstverleugnung nie vergessen – selbst heute, da ich es hier hinschreibe, kann ich mich in diesen Schrecken von damals noch gut hineinversetzen – mein Herz schlägt selbst heute, viele, viele Jahre später, schneller bei dieser Erinnerung.

Nachkriegszeit

Meine Mutter hat die restliche Zeit ihres Lebens „Sehnsucht nach der Heimat" gehabt, nach „ihrer" Ostsee und mein Vater hat bis zu seinem einundsechzigsten Lebensjahr seiner Leber mit Alkohol zugesetzt, in den letzten zwei Jahren bestand sein Frühstück schon aus Whisky – dennoch erlebte ich ihn nie als wirklich betrunken.

Er hatte eine unglaublich starke Selbstkontrolle – nie hätte er sich erlaubt, sich vor anderen gehen zu lassen, also irgendwie betrunken zu zeigen. Er war auch stets korrekt gekleidet – im Anzug, mit Krawatte und Jackett – lediglich an den Sonntagnachmittagen erlaubte er sich, eine Strickjacke statt einer Anzugjacke zu tragen und die Krawatte abzulegen. So genannte „Freizeitkleidung" gab es damals noch nicht. Seine Hausschuhe bestanden aus schwarzem Leder. Und es gab stets eine Haushälterin.

Er hatte auch später noch einmal geheiratet: Trudel, die Frau, mit der er schon viele Jahre zusammen gearbeitet und dann, nach der Trennung von meiner Mutter, auch zusammen gelebt hatte, eine Wienerin mit schwarzen Haaren und dunkelbraunem Teint – meine Mutter war blond mit hellem Teint – eine „echte" Wienerin mit „Schmäh".

Mit „Schmäh" meine ich hier nichts Negatives – im Gegenteil: Trudel, so hieß sie, sang gerne, sie hatte eine etwas rauchige Stimme und sie trank auch sehr viel Alkohol, was oft zu lauten Streitereien zwischen ihr und meinem Vater führte. Sie hatten auch noch einen Sohn zusammen.

Aber da war ich schon aus dem Haus, bzw. hatte meinen eigenen Haushalt, so dass ich davon nicht mehr viel mitbekam.

Auch war ich zu der Zeit viel stärker mit meiner Mutter verbunden, die sehr gerne Großmutter für meine Kinder war und deshalb auch in unsere Nähe gezogen ist.

Und – man kann es kaum glauben: in den letzten fünf Jahren seines Lebens hatte mein Vater noch mit der Ölmalerei begonnen – seine

Bilder zeigten ausschließlich vom Sturm zerzauste Bäume oder schwer aufgewühlte Ozeane.

Gejammert oder beklagt hat er sich jedoch nie. Seine Lebensmaxime war: Disziplin. Aus dieser Lebensanschauung heraus nahm er als Turner auch bei der Olympiade 1936 in Berlin teil – an seinem Instrument: den Ringen.

Bis in seine letzten Jahre hinein ließ er es sich auch nicht nehmen, an Silvester (bei uns wurde stets viel gefeiert) einen Handstand auf 2 Stühlen zu machen, wobei der zweite Stuhl nur mit zwei Beinen auf dem unteren Stuhl stand.

Dass weder ich noch mein Bruder turnerische Höchstleistungen zeigten, nahm er uns übel. (Leider hat er es nicht mehr erlebt, dass ich später als Dressurreiterin eine ganz gute Figur machte.)

Power

Als ich zehn Jahre alt war, wurde bei meiner Mutter eine offene Lungentuberkulose diagnostiziert. Sie kam in ein Sanatorium nach Deggendorf/Niederbayern. Ab und zu fuhr mein Vater mit uns Kindern zu ihr, aber wir durften ihr nur mit Abstand begegnen und die Abschiede waren – vor allem für meinen kleinen Bruder, er war damals 6 Jahre alt – stets sehr traurig.

Bei unseren gemeinsamen Autofahrten brachte mein Vater mir auch das Autofahren bei. Schon in Burghausen, direkt nach dem Krieg, durfte ich in dem DKW, den mein Vater fuhr – übrigens als erster damals in Burghausen – ich weiß nicht, wie er das durchgesetzt hat – auf alle Fälle war sein Auto das einzige, das in Burghausen von der Oberstadt, wo wir wohnten, in die Unterstadt fuhr, wo sich die Geschäfte und die Schule befanden.

Dieser DKW hatte eine ziemlich komplizierte Lenkrad-Schaltung, die nicht einfach für die Siebenjährige zu bedienen war. Ich durfte aber lenken und Gas geben. Als ich vierzehn Jahre alt war, hielt mein Vater vor einer Autobahn-Anschluss-Stelle an und wir stiegen aus, um die Plätze zu wechseln. Ich durfte ganz allein das Auto steuern. (Damals waren die Autobahnen längst nicht so stark befahren, wie heute. Und auch nicht so schnell. Ich erinnere mich, dass bei 140 km/h. immer Schluss war.)

Ich bin auch heute noch sehr gerne im Auto unterwegs. Sage dies aber stets leise und natürlich auch schuldbewusst, was ja bei dem Wissen um die CO2-Werte heute angebracht ist. (Ich schreibe später noch einiges hierüber).

1977, kurz bevor Theo und ich unsere Beziehung miteinander begannen, hatte Theo sich einen terracotta-farbenen Volvo, 6-Zylinder, mit beigen Velourleder-Sitzen gekauft – ein Traum von einem Auto!

Mir stellte damals Günther, mit dem ich ja noch verheiratet war – nachdem mein dunkelgrüner Ford Capri, den ich sehr gerne gefahren habe, durchgerostet war – einen alten, abgefahrenen Ford Taunus zur Verfügung, der in der Regel nicht ansprang, nachdem er länger als eine Stunde gestanden hatte – was sehr ärgerlich war.

Wie angenehm, wohltuend und befreiend war es dann – nachdem wir unsere Liebesbeziehung eingegangen waren – als ich mich zu Theo in seinen eleganten Volvo setzen konnte. Da er, weil er vierzehn Jahre lang in Schweden gelebt hatte, seither nur die Marke „Volvo" gefahren ist und wir in seinen beiden letzten Jahren einen Rollstuhl für ihn in den Kofferraum legen mussten – bzw. ich musste – habe ich jetzt noch den großen Volvo V 90 – ebenfalls ein Traum von einem Auto. Ich hatte noch nie einen Wagen, der so leicht und bequem zu fahren gewesen ist und genieße die Fahrten mit ihm – manchmal auch relativ langsam – mit unter 140 Stundenkilometern. Aber ich werde ihn demnächst doch gegen ein kleineres Auto tauschen – aller Bequemlichkeit zum Trotz –, wobei das Einparken in den immer kleiner werdenden Parklücken auch kein Vergnügen ist.

Ich habe eben – ich schreibe es später noch in Bezug zu Flugzeugen – eine Affinität zu starken Maschinen, bzw. überhaupt zu allem, was „power" hat.

Mein Lebens-Sinn

Zurück zur damals 10jährigen. Wenn meine Mutter mal wieder in einem Sanatorium gewesen ist, bemühte ich mich, unseren kleinen Haushalt zu führen, so gut ich konnte. Eine Tütensuppe gab es immer, manchmal kochte ich auch Nudeln und machte „Arme Ritter“: in Milch und verquirltem Ei gewendete Schwarzbrotscheiben in der Pfanne gebraten. Mein Bruder maulte, wenn sie zu dunkel wurden.

Nach einigen Wochen durfte unsere Mutter meistens wieder nach Hause kommen, aber sie musste sich von uns fernhalten, aß aus einem eigenen Geschirr. Ich brachte ihr morgens das Frühstück ans Bett. Unser Vater war wieder öfter auf Reisen, so dass wir meistens allein klarkommen mussten.

Da ich meine Mutter sehr liebte, fand ich das überhaupt nicht schlimm. Im Gegenteil: jetzt konnte ich mich um meine Mutter kümmern (Ich merke, dass ich auch jetzt immer: *meine* Mutter schreibe, und nicht *unsere*.) Endlich konnte ich etwas für meine/unsere Mutter tun – sie umsorgen, ihr immer wieder neu eine Freude machen. Das war das Höchste für mich: Meiner Mutter eine Freude machen.

Ich „fieberte“ jedes Jahr ihrem Geburtstag und Weihnachten entgegen, weil ich dann etwas für sie kaufen konnte: eine, oder auch zwei „Mouson“-Seifen (die von 4711 fand ich zu gewöhnlich!). Ich pflückte kleine Blumensträuße für sie oder strickte ihr einen Schal oder setzte mich an ihr Bett und erzählte, was ich so tagsüber erlebt oder an was ich gedacht hatte, wie es in der Schule war, usw.

Ich fand gar nicht schlimm, dass ich unseren kleinen Haushalt führen musste, ich fühlte mich gebraucht und ausgefüllt, übernahm eifrig die Rolle der Hausfrau, fühlte mich wichtig.

Immer mal wieder musste unsere Mutter aber doch irgendwo stationär aufgenommen werden, so dass wir Kinder mal allein, mal mit ihr, mal mit einer Haushalthilfe, mal mit beiden Eltern zusammen waren. Es war eine unruhige Zeit.

Dann hieß es: Es gibt die Möglichkeit, dass meine Mutter operiert werden könne: In München gibt es eine Klinik, dort arbeitet ein Schüler von Ferdinand Sauerbruch als Operateur für bösartige Lungenerkrankungen, sie hätten dort auch eine „Eiserne Lunge" mit deren Hilfe man Operationen an der Lunge durchführen könne.

Mein Vater meldete meine Mutter in dieser Klinik an. Sie musste dort acht Wochen bleiben, erzählte von den schönen, farbigen Opium-Träumen.

Anschließend kam sie noch in eine Rehabilitations-Station und danach ging sie nach Krefeld, wo mein Vater ihr den Betrieb übergab, den er dort eingerichtet hatte. Er selbst lebte – bis zu seinem Tod – in Dortmund, mit seiner zweiten Frau, die zwei Jahre vor ihm starb.

Ich war zum Zeitpunkt der Operation meiner Mutter 16 Jahre alt, ging in Augsburg, wo wir in dieser Zeit wohnten, in die „Barbara von Stetten-Mädchen-Oberrealschule". Es war mitten im Schuljahr, als meine Mutter operiert werden sollte und mein Vater gerade nach Dortmund umzog, um dort einen neuen Reinigungsbetrieb einzurichten, denn er hatte mittlerweile eine „revolutionäre" Reinigungsmaschine entwickelt, die kleiner war, als die bisherigen Modelle, die es gab. Die in dieser neuen Maschine gereinigte Kleidung wurde kaum noch zerknittert, weil sie bereits in der Maschine getrocknet wurde.

Er hatte auch gleich das passende Geschäftsmodell dazu: Er stellte diese Maschine in ein Ladenlokal mit zwei großen Schaufenstern, mitten in einer belebten Fußgängerzone in Dortmund auf, platzierte noch einige Bügelmaschinen dazu – für Kleidung, die etwas nachgebügelt werden musste – und ließ entsprechende Flugblätter verteilen. Dieses Geschäft, in Dortmund in der Betenstraße – in bester Geschäftslage – florierte vom ersten Tag an. Die Leute standen vor den Schaufenstern Schlange und sahen zu, wie ihre Kleidung gereinigt wurde – nach einer Stunde konnten sie diese abholen, wenn sie wollten – oder in zwei Stunden auch noch sorgfältig nachgebügelt.

Mein Vater und ich an einer Reinigungsmaschine

Weil es – wie gesagt – mitten im Schuljahr war, wurden mein Bruder und ich je in ein anderes Internat gesteckt, als meine Mutter für acht Wochen in die Klinik nach München ging. Mein Bruder schrieb mir in der ersten Zeit so traurig verzweifelte Briefe, dass es mir stets „das Herz zerriss".

Heidelberg

Ich kam in ein Mädcheninternat nach Heidelberg, wo viel Wert auf damals „weibliche Bildung" gelegt wurde. Die Zweier- oder Dreier-Zimmer trugen so schöne Bezeichnungen wie „Monrepos", „Elysium", „Bellevue".
Neben Deutsch und Kunstgeschichte lernten wir kochen, backen, Haushaltführung, Ernährungslehre, Säuglingspflege, Stoffkunde, etc.

und mussten, zum Beispiel – nur am Rande – üben, wie man eine Wendeltreppe mit 2 Büchern auf dem Kopf hinunter schreiten kann, ohne die Bücher zu verlieren.

Die alte Oberstudienrätin, die dieses Internat leitete – sie war stets schwarz in ein langes Gewand gehüllt und trug ihre Hornbrille in der Hand – außer, sie musterte ab und zu eine ihrer Schülerinnen streng – thronte bei den gemeinsamen Mittagessen am oberen Ende des langen Tisches – sie kam immer erst dann, wenn sich alle Schülerinnen schon hinter ihren jeweiligen Stühlen aufgestellt hatten und darauf warteten, sich nach ihr setzen zu dürfen.

Die Speisen wurden dann von den Schülerinnen, die gerade zum Küchen- und Servierdienst eingeteilt waren – die Dienste wechselten in bestimmten Rhythmen – von rechts angereicht, von links „vorgelegt" und später wieder von rechts abgeräumt.

Von Zeit zu Zeit belehrte uns Frau Dr. (ich glaube, sie hieß Liebich). „Wenn ihr diese Schule absolviert habt, könnt ihr einen Diplomaten-Haushalt führen!"

Das wollte ich gar nicht, aber ich lebte mich dort trotzdem schnell ein, hatte auch viel Spaß mit meinen Mitschülerinnen und vor allem liebte ich Heidelberg an unseren wöchentlichen freien Samstagen mit zwei, drei Freundinnen zu durchstreifen und in einem bestimmten Café Baisers (Meringen) mit ganz viel Sahne zu essen. Außer ich hatte Küchendienst, weil ich mir durch etwas Verbotenes drei Striche eingehandelt hatte, was Ausgangsverbot bedeutete.

Ab und an gingen wir alle ins Theater – mal wurde eine Oper, mal ein Schauspiel, mal eine Operette aufgeführt. Und wenn wir danach zurück kamen in diese große Villa, die das Internat beherbergte, mussten wir über den Hintereingang durch die Küche hinein gehen.

Dort warteten dann zwei Platten mit belegten Broten – die einen mit Leberwurst, die anderen mit Mettwurst belegt – auf uns, die wir dann fröhlich verspeisten.

Ein Mal im Monat wurde ein Gesellschaft- und Tanzabend veranstaltet, zu denen dann Gymnasiasten aus einem Heidelberger

Gymnasium kamen und wir tanzen lernten. Ganz seriösen Gesellschaftstanz!

Der Höhepunkt des Jahres gipfelte dann in einem großen Ball, der außerhalb des Hauses stattfand.

Alles in Allem: ich bin froh und dankbar für/über diese Zeit. Ich überlegte mir viel später ernsthaft – als ich schon mit Theo lebte und einen Beruf hatte – ob es nicht eine Möglichkeit gäbe, hier nach dem Beispiel der attischen Sappho, die um 500 v. Chr. auf der Insel Lesbos junge Frauen/Mädchen in die „schönen Künste" einweihte, eine entsprechende Stätte zu schaffen. Ich hatte inzwischen Joachim Fernau gelesen (ohne zunächst etwas über seine NS-Vergangenheit zu wissen): „Rosen für Apoll", „Disteln für Hagen", „Cäsar lässt grüßen" und war entsprechend angeregt, gerade nach den „Rosen für Apoll".

Ferien- und andere Reisen

Mein Vater war sehr reiselustig – schon seine Verkaufsreisen machte er gerne, und im Sommer liebte er es, mit uns nach Südfrankreich zu fahren, was ja, mit den entsprechenden, umfangreichen Papieren damals nach dem Krieg, durchaus möglich war.

Das erste Mal übernachteten wir im Zelt. Ich erinnere mich noch gut daran, wie ich morgens, irgendwo auf einer Wiese unterwegs – damals konnte man einfach irgendwo zu zelten! – aus dem muffeligen Zelt in die frische Morgenluft heraustrat, das Gras noch nass, aber die Sonne schon warm war und es wunderbar nach Blüten und Kräutern roch. Da durchzog mich ein unendlich schönes Glücksgefühl – eine Ahnung von Freiheit und Unendlichkeit.

Da mein Vater die sehr helle Haut der beinahe Rothaarigen mit vielen Sommersprossen hatte, bekam er bei unserem ersten Mittelmeerausflug nicht nur einen Sonnenbrand, sondern einen Sonnenstich mit Fieber und Delirium. Er war in der Mittagssonne auf einer Luftmatratze auf das Meer hinausgepaddelt – eine ganze Stunde lang. Dann lag er eine ganze Woche lang im abgedunkelten Zelt (wir Kinder schliefen in einem kleineren Zelt nebendran).

Diese Woche war die schönste für mich während des Urlaubs: ich kletterte tagsüber mit oder ohne meinem kleinen Bruder in den Klippen über dem Meer entlang, holte – mit viel Geschrei – Seeigel aus dem seichten Wasser am Ufer oder machte eine Dose Ravioli auf und köchelte sie auf dem Propangaskocher, die mein Bruder, manchmal unter Murren, aber doch hungrig verspeiste. Ich hatte auch ein wenig Geld, kaufte morgens an einer Bude ein frisches Baguette, einen Camembert, eine getrocknete Wurst und ganz viel Süßwasser. Es war ein Leben: wie „Gott in Frankreich".

Davor noch – ich war vierzehn – fiel es meinem Vater ein, dass es mir guttun würde, wenn ich einmal nach London reisen würde. Ich war schon in der Oberrealschule und mein Englisch hätte besser sein können.

Er hatte auf einer seiner Reisen, bei denen er seine von ihm konstruierten Maschinen verkaufte, ein junges Ehepaar kennengelernt – die Frau war von Haus aus Deutsche, lebte aber schon länger mit einem Engländer zusammen – in London, Fulham-Road.

Mein Vater vereinbarte mit ihr ein bestimmtes Datum im August, während der Ferienzeit, setzte mich mit einer Fahrkarte, die er in einem Reisebüro erstanden hatte, in Augsburg in den Zug, schärfte mir nochmals ein, dass ich unbedingt in Ostende/Belgien in ein Schiff umsteigen, das mich über den Ärmelkanal nach Dover bringen würde und ich dort nach dem Zug nach London fragen müsse, wo mich dann seine neuen Freunde abholen würden.

Ich war damals viel zu abenteuerlustig, als dass ich meinem Vater in dieser Angelegenheit widersprechen mochte, zog also am angesagten Termin mein schönstes Dirndl, das eine hübsche bunte Schürze hatte, an und ließ mich erwartungsfroh in den Zug setzen.

Es klappte alles wunderbar, denn ich konnte lesen, was auf den verschiedenen Schildern stand, außerdem scheute ich mich nicht,

Angela, 15 Jahre alt

irgendwelche Leute, die mir kundig aussahen, anzusprechen, wenn ich einmal nicht weiterwusste.

So verbrachte ich drei herrliche Wochen – abends und nachts in der Fulham-Road bei meinen, sehr liebenswerten Gastgebern – und tagsüber in dieser aufregenden Stadt mit den zweistöckigen Bussen, dem internationalen Flair und den freundlichen Wachmännern unter den hohen schwarzen Fellmützen.

Wenn ich am Nachmittag wieder zurück wollte in die Fulham-Road, ging ich zu einem der vielen, sehr freundlichen und hilfsbereiten Polizisten und fragte nach dem Weg. Diese brachten mich dann stets an die entsprechende Bushaltestelle, warteten, bis der Bus kam und wiesen die Busfahrer an, mir an der entsprechenden Haltestelle, wo ich aussteigen musste, Bescheid zu sagen.

Ich glaube, sie lächelten deshalb so freundlich, weil sie mich in meinem Dirndl mit der bunten Schürze so urig fanden.

An den beiden Wochenende, die ich in London verbrachte, zeigten mir meine Gastleute auch noch die nähere Umgebung. Glücklich und dankbar – jedoch mit genauso schlechten Englischkenntnissen wie zuvor, denn meine Gastgeberin hatte sich so gefreut, wieder deutsch mit mir sprechen zu können – kam ich dann nach Augsburg zurück.

Drei Jahre später war ich noch einige Monate in Schweden, in Höganäs, um dort in einem Reinigungsbetrieb zu arbeiten – wie mein Vater das arrangiert hatte, weiß ich nicht, aber er hatte für mich Flugtickets für die Scandinavien-Airlines von Düsseldorf nach Kopenhagen und von dort mit einer kleineren Linie bis Malmö bestellt, wo mich wiederum eine Gastfamilie abholte.

Dort war ich sehr gerne – es war Sommer, es war abends lange hell – die Sommer in Schweden sind ein Traum.

Morgens um 6 Uhr stand ich auf. Zum Frühstück gab es Tee mit Weißbrot und bitterer Orangenmarmelade (wie in England).

Dann ging ich mit meinen Gastgebern in deren Reinigungsbetrieb – aber sie gaben mir keine Arbeit, sie unterhielten sich nur mit mir, wollten so Vieles wissen über Deutschland, über unsere Lebensweise.

Dann gingen sie mit mir einkaufen oder nahmen mich mit in ihr Sommerhaus auf einer Insel. Sie fuhren auch mit mir nach Stockholm, um mir ihre schöne Stadt zu zeigen.

Sie waren so stolz auf ihr Land und auf ihre Lebensweise.

Und sie wollten mir den Aufenthalt so schön wie möglich gestalten.

Sie sagten auch nicht Angela zu mir, sondern Ingela.

Sehr schweren Herzens musste ich aber eines Tages doch wieder nach Deutschland, nach Dortmund mit dem typischen Biergeruch reisen.

Zwischendurch hatte ich meinen Vater drei Mal – jedes Mal per Flug von Düsseldorf aus nach Paris begleitet.

Ich durfte das Gepäck tragen, außerdem stellte er mich stets irgendwelchen Geschäftsleuten vor, um mir danach aber frei zu geben, mir Paris anzuschauen.

Was ich auch tat.

Ich liebte diese Stadt mit dem unvergleichlichen Flair.

Auch schwärmte ich damals für den Schauspieler Jean Marais, ging in das kleine Theater „Bouffe Parisienne", wo er das von Jean Cocteau überarbeitete Stück „L'Orphée" spielte. Beim zweiten Besuch traute ich mich und ging nach der Vorstellung zur Umkleidekabine, wo schon mehrere Mädchen standen, um sich ein Autogramm vom umschwärmten Jean Marais geben zu lassen.

Dass er homosexuell war, interessierte keine. Mich auch nicht. Ich wollte ihn ja nicht heiraten. Nur spielen sehen.

Als ich aus Schweden zurückkam, war ich knapp 18 Jahre alt, durfte an meinem 18. Geburtstag den Führerschein machen und übernahm einen älteren Porsche von meinem Vater, weil er sich ein neueres Modell von Daimlers Mercedes gekauft hatte.

Mir blieb damals gar nichts anderes übrig, als im Betrieb meines Vaters zu arbeiten. Was hätte ich tun sollen? So viel ich auch auf meinen Vater einredete, mich irgendeinen anderen Beruf lernen zu lassen, er lehnte dies kategorisch ab.

Tröstlich war für mich, dass ich im Betrieb zwei Frauen kennenlernte, mit denen ich mich anfreundete. Eine von den beiden war die Nichte eines bekannten Unternehmers in Essen, der auch eine chemische Reinigung dort betrieb.

Dessen Sohn, ein junger Mann – wenige Jahre älter als ich – besuchte uns einmal. Er trug Sandalen zum Anzug.

Ich glaube, mein Vater hätte gern gesehen, wenn er und ich uns angefreundet hätten. Dann hätte mein Vater seinen Traum von einer „Reinigungs-Dynastie" verwirklichen können.

Ich aber blieb nur mit seiner Cousine befreundet.

Wir – die andere junge Frau, sie und ich – gingen nach Feierabend mal zu einer, mal zur anderen nach Hause, oder ins Kino oder wir machten einen gemütlichen Stadtbummel.

Ich mochte auch die Büglerinnen, die meisten waren Dortmunderinnen, schlichten, aber ehrlichen Gemüts. Mit einer, Elfriede, verstand ich mich besonders gut. Wenn sie in ihrer unverwechselbaren westfälischen Sprache mit mir redete, war es fast wie früher mit Steffie – ich fühlte mich „zu Hause".

So konnte ich das Leben in Dortmund einigermaßen ertragen, träumte aber davon, dass möglichst bald ein Mann zum Heiraten kommen möge, um mich aus den „Fängen" meines Vaters zu befreien.

Er kam dann auch.

Da war ich gerade 18 Jahre alt und es war das erste Mal, dass ich meinen Willen durchsetzte. Mit power!

Sich selbst treu bleiben

Ich wollte frei sein, zumal der Mann, den ich heiraten wollte, in derselben Branche tätig und gerade dabei war, seinen zweiten Betrieb aufzubauen – mit mir zusammen. Da er auch ganz gut aussah – er hatte tiefschwarze, ein wenig gewellte Haare mit einem breitflächigen Gesicht, rauchte „Reval", war witzig – schlitzohrig, sagte man in seiner Familie – und keine Sandalen zum Anzug trug (das, sagte ich zu meinen Eltern, war ein Kriterium, nach dem ich einen Mann beurteilte: Sandalen zum Anzug: das geht gar nicht!), beschloss ich, ihn zu heiraten.

„Das ist kein Mann für dich!" stellte mein Vater fest. „Die Ehe hält keine zwei Jahre!" Und ich konterte: „Das wirst du schon sehen!"

Eine kleine Horoskop-Einlage:
Mein Vater wurde am 26. März 1910 geboren, im Sternkreiszeichen „Widder", ich bin am 18. April 1938, und die Mutter meines Vaters

am 19. April geboren, also auch im Sternzeichen „Widder". Wenn ein „Widder" etwas will, dann tut er das auch. Nichts kann ihn aufhalten.

Unser Freund, Claus Riemann, Diplom-Psychologe und „geborener" Astrologe, Sohn des bekannten Münchner Psychoanalytikers Fritz Riemann, der sich außer seinem bekannt gewordenen Buch: „Grundformen der Angst", das ein Bestseller war, auch mit Astrologie auf ganz seriöse Weise beschäftigt hatte, sagte einmal: „Ein Widder trifft eine Entscheidung und führt sie dann aus." So einfach.

Die Ehe hielt 20 Jahre. Nie und nimmer hatte ich gewollt, dass mein Vater Recht behalten sollte. Nach diesen 20 Jahren aber hatte sie keinen Sinn mehr. Sowohl meine Mutter als auch mein Vater waren gestorben. 1979 ließ ich mich scheiden, 1959 hatte ich geheiratet.

Aber das alles war mir damals nicht so bewusst. Ich handelte einfach nach meinen inneren Diktaten. Nach dem, was ich jeweils innerlich spürte, was mir von innen her signalisiert worden ist. Das war mir zwar damals nicht klar, es wird mir erst jetzt so deutlich, da ich über mein Leben reflektiere. Als Psychotherapeutin weiß ich heute um die Gesetzmäßigkeiten, die sich in der Psyche des Menschen gestalten.

Und das erste Gesetz in meiner Psyche heißt: Sich selbst treu bleiben. Ich habe später in meinem Buch „Jetzt pack ich's an!", das ein Bestseller wurde, im Jahr 1999, im zweiten Kapitel über den „unbewussten Lebensplan" über die „Vox dei" geschrieben, die „göttliche Stimme", die sich im Laufe des Lebens wenigstens ein Mal in jedem Menschen meldet, die aber nicht fragt: „Was soll ich?", was meistens Kinder von ihren Eltern wissen wollen, sondern: „Was will ich?" Und ich habe dazu den Spruch von Friedrich Halm (1806-1871) zitiert:

„Ich will – das Wort ist mächtig,
spricht's einer ernst und still.
Die Sterne holt's vom Himmel,
das kleine Wort: Ich will."

Auf dieses „Ich will“ schwört auch der Pfarrer das Brautpaar bei der kirchlichen Trauung ein. Und Martin Luther soll ja seine Thesen verteidigt haben mit den Worten: „Hier stehe ich, ich kann nicht anders.“

Später habe ich auch bei C. G. Jung gelesen, dass er in entsprechenden Zusammenhängen von der „vox dei“, der göttlichen Stimme gesprochen hat, der ein Mensch folgen muss, wenn er nicht in sein Unglück rennen will.

Ich befand mich damals also in bester innerer Begleitung – auch wenn ich dies noch nicht wusste. Mir war nur klar, dass ich jetzt nach meinem inneren Diktat handeln muss, wenn ich mich von meinem Vater befreien will. Und das wollte ich. Unbedingt! Und das musste ich. Aber das wusste ich noch nicht. Doch ahnte ich es.

Viel später hat Theodor Seifert immer wieder, bei verschiedenen Gelegenheiten, verschiedenen Menschen gegenüber gesagt, dass er damals, als er die Liebesbeziehung mit mir eingegangen war, wusste, dass er es auf seinem Sterbebett bereuen würde, wenn er es nicht getan hätte.

Ich denke, dass jeder Mensch mindestens ein Mal in seinem Leben in eine Situation gerät, in der er/sie weiß: Ja, ich will, weil ich muss – von innen her, meine „vox dei“ hat gesprochen.

Ich bin zwei Mal in meinem Leben in einer Situation gewesen, in der ich genau wusste: „Das will ich und das werde ich!“

Beide Male gleichen sich, in beiden Malen ging es um einen Mann: Das erste Mal ging es um den Mann, den ich heiraten wollte, um von meinem Vater weg zu kommen; das zweite Mal ging es um einen Mann, bei dem ich wusste, dass er die große Liebe meines Lebens ist und ich diese leben wollte. Ich habe beides gemacht. Gegen die Widerstände, die es zu bewältigen gab.

Ich hatte mich zu einer starken Frau entwickelt – und damit – zunächst unbewusst – genau das verwirklicht, was mein Vater von Anfang an für mich wollte.

Übrigens: Ich hatte als Schulmädchen, wie die meisten damals in meiner Klasse, ein Poesie-Album, in das wichtige, von mir ausgesuchte Menschen einen Spruch geschrieben haben, den sie mir für mein Leben mitgeben wollten.

Ich wunderte mich, als ich viele Jahre später gelesen habe, was mir wer einst dort hineingeschrieben hat.

Meine Mutter schrieb am 8. 11. 1953: „Aus nichts wird nichts, das merke wohl, wenn aus dir etwas werden soll." Claudius

Und mein Vater schrieb am 7. 12. 1953: „Wenn Du stets Freude im Herzen hast, wird Dir die Hütte zum Palast."

Dass mein Vater von der Freude schreibt und meine Mutter von der Pflicht, ließ mich, als ich es wieder las, doch sehr staunen

Meine erste Ehe

Meinen ersten Ehemann, Günther – seine Familie und seine Freunde nannten ihn „Günne“ – lernte ich im Oktober 1957 kennen. Da mein Vater zu diesem Zeitpunkt gerade keinen Führerschein besaß, weil er mit ziemlich vielen Promille Alkohol im Blut eine der Dortmunder Straßenbahnen gerammt hatte, musste ich ihn zu einer Fachtagung nach Stuttgart fahren.

Schon bei der Einfahrt in diese Stadt – die ja wie in einem Kessel liegt – von buntem Herbstlaub links und rechts umgeben, war ich fasziniert. Und es gab keinen Bier-Geruch, der in Dortmund unvermeidlich meinen ziemlich empfindsamen Geruchssinn traktierte.

Als wir über den Charlottenplatz fuhren, weil Günther dort einen Betrieb hatte, den wir besichtigen wollten, nahm ich mir innerlich vor: Hier will ich einmal leben! Ich verliebte mich spontan in diese Stadt.

Und nun: wenn man sich in so einem Zustand befindet, in einer offenen Bereitschaft, sich dem hinzugeben, was gerade ist (den werde ich viel später noch einmal erleben!) geschieht, was geschehen muss. Günther war zu dieser Zeit ein durchaus ansehnlicher Mann, etwas größer als ich, etwas älter als ich – 9 Jahre –, sein flächiges Gesicht hatte einen leicht asiatischen Ausdruck, alles in allem: er war ein fescher Mann.

Zudem charmant und fröhlich, stets zu einem „Späle“ oder einer kleinen Anekdote aufgelegt, meistens mit einer „Reval“ im Mundwinkel.

Er war ein sog. Kettenraucher, was er aber später abrupt beendete, als ein Arzt ihm sagte, wenn er so weiter rauchen würde, wäre ein Herzinfarkt nicht weit – er war eben auch einer, der nicht wirklich ein Risiko eingehen wollte, einer, der viel und oft und vor allem Möglichen und Unmöglichen Angst hatte, mit wiederholten nächtlichen Angstträumen erwachte und immer wieder von Panikattacken erfasst wurde.

Ich weiß nicht, wovor er eine so große Angst hatte. Aber er ist mit dieser Angst fast 90 Jahre alt geworden. Erst Anfang dieses Jahres (2019) ist er einige Tage vor seinem 90. Geburtstag gestorben.

Vielleicht war die erlebte Angst eigentlich eine verdeckte Wut, bzw. Enttäuschung, die durch seine Kriegserlebnisse ausgelöst wurde:

Als guter deutscher Junge hoffte er auf Hitler und das großdeutsche Reich. Im letzten Kriegsjahr – ohne, dass er damals wusste, dass es das letzte sein würde – meldete er sich – ein Jahr vor dem Abitur! – von der Schule ab und ging zum Militär.

Er erzählte es oft. Es muss ein wichtiges Erlebnis in seinem Leben gewesen sein. Im Februar 1929 ist er geboren, im Mai 1945 war der Krieg zu Ende. Er war also 16 Jahre alt, als er freiwillig zur Wehrmacht ging, um seine Jugendkraft dem „Führer" und dem deutschen Volk zur Verfügung zu stellen.

Als er dann von der Kapitulation hörte – er war gerade irgendwo auf der Schwäbischen Alb mit anderen jungen „Freiwilligen" zusammen – brach für ihn „eine Welt zusammen". Er konnte es nicht verstehen und ein Gefühl der Leere und Sinnlosigkeit seines Lebens ergriff ihn.

Hoffnungslos irrten diese Jungen eine Zeitlang in der Gegend herum, nicht wissend, was sie jetzt machen, wohin sie jetzt gehen sollen. Es gab ja keinen „Führer" mehr. Bisher hatte ihnen stets irgendein Funktionär gesagt, was sie zu tun hätten – jetzt war da keiner. Mit hängenden Köpfen schlurften sie so einer ungewissen Zukunft entgegen.

Dass er noch einmal auf die Schule gehen und das Abitur machen könnte, darauf ist weder er, noch sind seine Kameraden gekommen.

Schließlich ging er zu seinen Pferden. Denn Günther war ein Pferdenarr – und er konnte reiten „wie ein Henker".

In der Kriegszeit, in Tübingen, wo er wohnte und in die Schule ging, übernachtete er das letzte Kriegsjahr mit anderen Jugendlichen im

Tübinger Reitstall, um die Pferde bei einem eventuellen Fliegerangriff zu beruhigen. Pferde sind sehr sensible Wesen und wenn die Tiefflieger über Tübingen hinwegbrausten oder auch in der Nähe Bomben fielen, wurden sie halb wahnsinnig vor Angst, rissen sich oft in ihren Ständen los und rasten wie verrückt durch den Stallgang.

Günther und seine Freunde fingen sie dann ein und beruhigten sie. Er liebte Pferde und ließ auch später keine Möglichkeit, die sich ihm bot, aus, um z. B. an einer „Fuchsjagd" oder an einem heimatlichen Turnier mitzureiten.

Zwar hatte er nicht viel übrig für die Disziplin der Dressurreiterei (die war dann später meine Domäne), doch als Gelände- und Jagdreiter konnte niemand Günther übertreffen. Ich habe ihn stets bewundert, wie mühelos er auf ein Pferd aufgesessen ist und es – auch wenn es nicht gehen wollte oder gebockt hat oder durchgegangen ist – ihm, seinen – Günthers! – Willen untertan gemacht hat – auf eine sanfte und doch unmittelbar bestimmende Art.

Zu Pferd hatte er keine Angst. Es war wohl der einzige Ort, an dem Günther vollkommen angstfrei war. Seinem Aussehen und seinem Reit-Stil nach hätte er von den Mongolen abstammen können.

(Er ist übrigens – wie es dazu kam, weiß ich nicht – vom ethnologischen Institut der Tübinger Karls-Universität auf eine mögliche mongolische Abstammung untersucht worden.)

Überdies hatte er einen fairen Sportsgeist. Das zeigt folgendes Beispiel:

Ich weiß nicht mehr, in welchem Jahr es war, wir waren aber schon einige Jahre verheiratet – noch vor der Geburt unserer Tochter – meinte ich in einem Anfall von Überheblichkeit und Mut, bei einer Fuchsjagd, die vom Tübinger Reitstall organisiert wurde, mitreiten zu wollen.

Günther fand das auch gut – wir hatten damals zwei eigene Pferde – und so reihten wir uns dann am besagten Jagd-Tag in die Reitergruppe mit ein. Kurz bevor es los ging, bevor die Hunde losgelassen wurden, die dann jaulend und japsend dem begehrten Pansen hinterher geiferten, gab Günther mir seine Kopfbedeckung, den üblichen schwarzen Helm und meinte, ich solle diesen aufsetzen und ihm meinen geben. Sein Helm hatte innen eine Stahleinlage, meiner nicht.

In der Tat, ich stürzte bei einem schwierigen Sprung, sauste mit dem Kopf zuerst auf den Boden, der Helm bohrte sich in das Erdreich, so dass ich nur mit einer leichten Gehirnerschütterung davonkam.

Hätte ich meinen Helm getragen, wäre mir mit Sicherheit mehr passiert.

Günther hatte also damals eine sehr gute Intuition.

Stuttgart

Aber ich habe vorgegriffen – noch kannte ich Günther Waiblinger nicht, als ich mit meinem Vater in diesem Frühherbst 1957 bei strahlend schönem Herbstwetter die langen Serpentinen nach Stuttgart Mitte hinunter fuhr, um den Betrieb von Günther Waiblinger am Charlottenplatz Nr. 6 zu besichtigen.

Da keimte wohl schon dieser verwegene Gedanke in mir auf: Wie wäre es, statt in Dortmund mit Biergeruch Tag und Nacht – eingesperrt im Betrieb des Vaters, die einfachsten Hilfsarbeiten durchführend – eben „von der Pike auf“: wozu auch gehörte, die damals üblichen schweren Popelinemäntel in der Waschküche zu schrubben und neu zu imprägnieren (was heute nicht mehr nötig ist, da die Stoffe jetzt permanent imprägniert sind), oder die gar zu stark mit Urin durchtränkten Herrenhosen vor der chemischen Reinigung zu waschen – oder als Ehefrau eines Besitzers einer solchen Reinigung zu leben?

Es war nicht schwer für mich zu wissen, wohin ich meine „Fühler“ ausrichten wollte. Und dieser Günther Waiblinger trug keine Sandalen.

Wir sahen uns dann am Begrüßungsabend der Tagung in der Liederhalle wieder, wo wir seine ausdauernde gute Unterhaltung genießen konnten. Und als ich nach diesem Abend in mein Zimmer ins Hotel kam, lag vor der Türe eine Schachtel Pralinen mit seiner Visitenkarte und einem „Gute-Nacht-Grüßle" von Günther Waiblinger.

Ein schöner Name, sagte ich mir.

Am nächsten Tag lud er uns zu sich in seine kleine, aber gut und flott eingerichtete Wohnung im Stuttgarter Süden – zwischen Marienplatz und Filderstraße, an der Zahnradbahn – ein.

Er servierte gekonnt hergerichtete Häppchen und stellte uns auch seinen besten Freund, Dr. Hanns Wildermann vor, der als Altphilologe in höchstem Maße eloquent war – was mir in höchstem Maße gefiel.

Nach den Häppchen wurde ein wenig getanzt: auf Pat Boone: „Begin the Beguin" und „Love Letters in the Sand" und ich schwebte nach diesem Abend – ein Praliné im Mund – absolut „verzaubert" in meinem Hotel-Bett ein.

Es gab dann am Ende der Tagung noch einen Ball in der Liederhalle, wobei Günther und ich feststellten, dass wir auf der Tanzfläche wunderbar miteinander harmonieren.

Ich verließ Stuttgart nur sehr ungern, wusste jedoch: Ich komme wieder – ich will hier leben!

Krefeld

Offenbar hat es auch bei ihm „gefunkt", so dass er am letzten Oktober-Wochenende – wir schrieben das Jahr 1957 – nach Krefeld kam, wo meine Mutter wohnte und den von meinem Vater überlassenen Reinigungsbetrieb leitete.

Ich hielt mich zu dieser Zeit wochentags bei meinem Vater in Dortmund auf, wo ich in seinem großen Betrieb „von der (verhassten) Pike auf" lernen musste.

Jeden Freitagabend fuhr ich in dem alten roten Porsche 356, den mein Vater mir nach meiner Führerscheinprüfung an meinem 18. Geburtstag überließ, zu meiner Mutter nach Krefeld.

Ich kam an diesem Freitag relativ spät aus dem Betrieb – vielleicht zögerte ich meine Abfahrt auch unbewusst ein wenig hinaus, weil ich eine unbestimmte Angst vor dem Treffen mit Günther hatte.

Als ich zu meiner Mutter kam, empfing sie mich mit der Botschaft: „Deinen Günther Waiblinger kenne ich schon." Ich wehrte ab: „Es ist nicht mein Günther Waiblinger."

Darauf schockte mich meine Mutter mit dem sybillinischen Satz: „Wenn Du diesen Mann auch wieder vergraulst, dann bekommst du es mit mir zu tun…!"

Ich war so fassungslos über ihre „Drohung", dass ich nichts erwidern konnte, denn bisher gab es keine Männerbekanntschaften in meinem Leben, die ich hätte „vergraulen" können. Doch offensichtlich lag meiner Mutter daran, dass ich diesen Mann näher kennen lernen sollte.

Sie wusste schon, dass er „aus gutem Hause kam" – das war ja zu jener Zeit wichtig für Eltern, ihre „Kinder" gut, in entsprechend herzeigbaren Milieus zu verheiraten.

Ich habe später noch oft an diesen schicksalsträchtigen Satz gedacht – er wirkte wie ein Fanal. Ja, ich bin sicher: in meinem tiefsten Inneren habe ich für meine Mutter so schnell geheiratet – ich wollte und konnte sie nicht enttäuschen.

Aber natürlich nicht nur. Ich wollte ja selber so schnell wie möglich weg von meinem Vater, bzw. raus aus der Situation. Weg von ihm.

Ich wollte „mein eigener Chef" sein. In meiner Situation damals, war Günther Waiblinger das Beste, was mir passieren konnte.

(Dass es dann doch nicht so kam, wie ich es erwartet hatte, ist die andere Seite der Geschichte. Doch die folgt erst später.)

Dann erzählte meine Mutter, dass sie etwa vor zwei Stunden mit ihrem VW-Käfer zur nahe gelegenen Tankstelle gefahren sei und dort einen Mann gesehen hatte, der gerade seinen silberfarbenen Mercedes SL mit der Nummer TÜ: P 77 tankte.

Aus meinen Erzählungen wusste sie, dass Günther Waiblinger dieses Auto fuhr, sprach ihn an – meine Mutter hatte eine ungezwungene Art, auch auf fremde Menschen zuzugehen, sie war – trotz des vielen Leides, das sie im Laufe ihres Lebens erfahren musste – eine offene, charmante und gewandte Frau. Bis zu ihrem frühen Tod.

Sie lud ihn spontan zu sich ein – ihre Wohnung lag gleich um die Ecke – und trank mit ihm einen oder auch zwei oder auch drei Malteserkreuz-Aquavits – sozusagen als Willkommensgruß. Meine Mutter war keine „Trinkerin", wie später mein Vater, aber ihren Aquavit ließ sie sich nicht nehmen.

(Später, viel später, tranken Theo und ich sehr gerne den norwegischen Linie-Aquavit, also den, der in Sherryfässern den Äquator, die Linie, überquert hat.)

Nun war Günther Waiblinger in sein auch nahgelegenes Hotel gefahren, um sich umzuziehen – zum Abendessen kam er zurück.

Wie wir diesen Abend zu dritt verbracht haben, wusste ich später nicht mehr, ich weiß es heute auch nicht – ebenso ist die Zeit danach aus meinem Gedächtnis weitestgehend gestrichen. Oder so tief darin versunken, dass ich nicht mehr darankomme. Hier muss ein starker Verdrängungsprozess in mir gewirkt haben.

Leider habe ich später in meiner Analyse auch nicht daran gerührt. Es scheint mir jetzt, als wolle etwas in mir diese ganze Geschichte nicht wahrhaben, sie gänzlich aus meiner Erinnerung streichen.

Die zwanzig Jahre meines Lebens, die ich mit Günther zusammen verbracht habe, sind mir heute so fremd, als berichteten sie von einer Geschichte, die ich gelesen oder gehört, aber nicht selbst erlebt hatte. Wenn meine heute erwachsenen Kinder nicht leibhaftig hier herumspazieren würden, könnte ich denken, ich hätte sie nie erlebt. Doch da ich nun schon daran bin, erzähle ich sie auch zu Ende:

Das letzte Wochenende im Oktober war durch den Feiertag „Allerheiligen“ ein langes Wochenende und wir fuhren am nächsten Tag in die Umgebung, gingen in Düsseldorf bummeln und abends in ein Varieté.

Wir konnten uns sehr gut und pausenlos unterhalten – meistens über berufliches – Günther hatte ja auch eine chem. Reinigung – allerdings mit zwei Teilhabern, die jeweils eine größere Summe in diesen Betrieb gesteckt hatten, sonst hätte er sich diesen Betrieb nicht leisten können. Hier hätte ich, wenn ich älter und erfahrener gewesen wäre, stutzig werden müssen, denn hier, genau hier lag der „Sprengstoff“, der gute zehn Jahre später losgehen und der Anfang vom Ende unserer Beziehung werden würde.

Doch ich war noch nicht einmal ganze 20 Jahre alt und wollte um jeden Preis raus aus der Abhängigkeit von meinem Vater.

Bevor Günther von Krefeld wieder nach Stuttgart fuhr, erklärten wir meiner erfreuten Mutter, dass wir heiraten wollen. Obwohl ich mich nicht wirklich in ihn verliebt hatte, schien mir doch die Zukunft an seiner Seite erstrebenswert, zumal wir uns – auch später, über all“ die Jahre, die wir zusammenlebten – immer gut unterhalten konnten.

Einen Moment allerdings gab es damals, den ich nicht vergessen habe: Als ich an dem Abend, als Günther nach Krefeld kam, abends das Schrankbett, das im Wohnzimmer meiner Mutter stand, für mich aufklappte, fuhr mir plötzlich ein großer Schreck heiß durch meine Glieder, eine maßlose Angst erfasste mich, und ich dachte:

Oh je, was hab’ ich angerichtet! Man liebsten hätte ich diesen Abend ungeschehen machen wollen. Doch das habe ich mich auch nicht getraut. Jetzt wollte ich mich nicht bloßstellen, indem ich gesagt hätte: „Pustekuchen! Ich will doch nicht heiraten!“

Eine Woche später hielt Günther ganz offiziell bei meinem Vater um meine Hand an, worauf mein Vater ihn seiner Wohnung verwies. Aber Günther ließ sich nicht ab- und aufhalten und mein Vater war entsprechend auseinandersetzungsfähig und -bereit, so dass die beiden in Folge nächtelang um meine Person „kämpften".

Kämpfen stimmt nicht ganz, es ging durchaus – mit sehr viel Alkohol! – heftig zu zwischen den beiden, sie schienen durchaus mit Vergnügen zu diskutieren und vor allem zu trinken – ich wurde zuvor kurzerhand ins Bett geschickt. Doch ich lauschte und hörte, wie mein Vater öfter, mit dem Brustton der Überzeugung zu seinem jungen Rivalen sagte:

„Meine Angela verlässt mich nie!"

Und ich triumphierte in meinem Bett (ich hatte die Türe zu meinem Zimmer stets einen Spalt breit offengelassen!): „Und ich werde es dir zeigen!"

Am 19. April 1958, einen Tag nach meinem 20. Geburtstag heirateten wir. Ohne meinen Vater. Meine Mutter hatte per Unterschrift die Einwilligung zur Heirat ihrer noch unmündigen Tochter gegeben. (Damals war man erst mit 21 Jahren mündig.)

Die Trauung fand in Tübingen, in der Stiftskirche statt – mit Kutsche, weißem Brautkleid und langem Schleier, so, wie sich Mädchen damals eben eine „Traumhochzeit" vorstellten.

Ich habe während der Trauzeremonie am ganzen Leib gezittert – aber sicher nicht, weil mein Brautkleid ziemlich dünn war. Ich habe seither in meinem Leben immer wieder erlebt, dass ich anfing, jämmerlich zu zittern, wenn ich innerlich stark erregt war. Mir war bewusst, dass ich ein Abenteuer mit ungewissem Ausgang eingegangen war.

Dann fuhren wir nach Paris – mit Pat Boones „April Love" im Ohr: Im silberfarbenen Mercedes 190 SL mit roten Ledersitzen.

Als traditionsbewusste Schwaben „fuhr man" in der Familie Waiblinger nur Mercedes Daimler-Benz. Eine andere Automarke war für sie undenkbar. Günther, der Jüngste, träumte, seit dieser Wagen auf dem Markt war, von einem Mercedes 190 SL Cabrio in Silbermetallic mit roten Ledersitzen.

Ein Jahr, bevor wir uns trafen, nahm er ein Foto von sich, schrieb auf die Rückseite: „in einem Jahr werde ich mit meiner Frau in einem silbernen Mercedes 190 SL unsere Hochzeitsreise nach Paris machen" und heftete dieses Foto an die Seitenwand eines Küchenschranks seiner Freunde Irmgard und Hanns, die dies milde lächelnd auch dort hängen ließen.

Wir kannten uns damals noch nicht, er hatte zu dieser Zeit auch keine feste Freundin – und auch noch keinen Mercedes 190SL mit roten Ledersitzen.

Ich habe später dieses Foto – das ein besonders hübsches von ihm war – er trug eine legere Strickjacke und rauchte lächelnd eine Zigarette: eine „Reval" – dort hängen sehen. Wir nahmen es gemeinsam ab und treffsicher genau traten wir dann zu dem von ihm selbst vorhergesagten Termin unsere Reise nach Paris an.

Sowohl diese Geschichte als auch die vom Tausch der Reitmütze, zeigt, dass Günther eine stark ausgeprägte Intuition hatte. (Ich komme auf diese Persönlichkeits-Funktion später noch zu sprechen, weil sie auch zu mir und zu Theo gehörte – in meinem Fall noch gehört.)

Die Intuition war bei Günther aber derart stark ausgeprägt, dass die Rückseite der Intuition – die Empfindungsfunktion, welche auch die Realitätsfunktion ist – bei ihm kaum zu finden ist. Das prädestinierte ihn schließlich zum „Versager".

Aber das wusste ich zu diesem Zeitpunkt nicht – es wird mir eigentlich erst heute so klar. Und zu dieser speziellen Charakteranlage passt auch:

Der Hallodri

Ich habe später oft über diese Intuition von ihm nachgedacht und konnte seine spätere Trägheit und Einfallslosigkeit, als die wirtschaftlich guten Zeiten vorbei waren und es darum gegangen wäre, neue „Pfründe" aufzutun, nicht verstehen. Heute denke ich, dass er bereits vor mir eine handfeste Depression entwickelt hatte, die aber damals in der Latenz blieb – wovon wir beide allerdings nichts wussten.

Meine damalige Unwissenheit wurzelte im Trotz meinem Vater gegenüber und Günther wurde nie in seinem frühen Leben etwas entgegengesetzt, was er hätte überwinden oder wofür er hätte kämpfen müssen – es gab für ihn keine oder nur sehr wenige Situationen, die von ihm Frustrationstoleranz verlangt hätten.

Frustrationstoleranz spielt aber im Reifungsprozess eines jeden Kindes eine sehr große Rolle. Ich musste sie mehr als nötig aushalten, mich hat sie letztlich stark gemacht. Und im Nachhinein bin ich meinem Schicksal dankbar, dass es so war.

Günther aber, als Jüngster in der Familie, „lief so mit" wie seine Mutter einmal erzählte.

Seine Eltern betrieben damals eine Gastwirtschaft in Tübingen. Sein Vater, ebenfalls ein charmanter, leutseliger Gastwirt, der leidenschaftlich gern auf die Jagd ging (er hatte ein Stück Wald im nahen Schönbuch gepachtet) und seine Mutter, die Arbeitskraft in der Küche war, hatten keine Zeit für dieses Kind, das einfach, in der Gaststube von den Gästen verwöhnt „so neben her mitlief" und die Gäste erheiterte.

In der Zeit damals gab es in Tübingen ein reiches Kulturleben mit Kino- und vor allem auch Theateraufführungen. Oftmals wurden jedoch die Künstler nicht so gut bezahlt und da Günthers Vater – übrigens „Rittmeister zu Pferde" in der Tübinger Stadtgarde – ein großzügiger Mensch mit hohem Traditionsbewusstsein war, lud er viele von ihnen zu kostenlosem Essen in sein Lokal ein – nicht unbedingt zur Freude seiner Frau, die, während er sich gut gelaunt zu den Gästen setzte, in der Küche die Mahlzeiten mit Hilfe ihrer Küchenmädchen zubereitete. Dass auch der kleine Günne zur Erheiterung der Gäste beitrug, erhöhte die Attraktivität dieser Gaststätte und man traf sich bei „Waiblingers".

Später war Günther dann der äußerst erfolgreiche Weinverkäufer in der Weingroßhandlung seiner Eltern. Er hatte immer ein „Witzle", ein „Sprüchle“ oder eine amüsante Anekdote bereit, mit denen er seine Zuhörer zum Lachen brachte und bei Laune hielt. So bekam er auch den Spitznamen „Hallodri“.

Er war der Gegenpol zu mir, meiner Stille, meiner geraden, steifen Haltung, stets auf Korrektheit und Ernsthaftigkeit bedacht und ich wurde dann im – riesigen! – Freundeskreis von Günther „die Gräfin“ genannt. Sobald ich in dieser Gesellschaft auftauchte, meinten – vor allem die Männer – sie müssten sich korrekt benehmen, dürften keine „schmutzigen“ Witze erzählen und überhaupt: deftige Sprüche und Redeweisen nicht verwenden.

Mir gelang es damals einfach nicht, bei den für meinen Geschmack schlüpfrigen Witzen – welche gerade von einem Tierarzt in seiner Freundesklicke öfter losgelassen wurden – meinen strengen Gesichtsausdruck zu unterdrücken.

Mir ist einfach die schwierige Gabe vom Schicksal verliehen, dass die Menschen, mit denen ich gerade zusammen bin, in meinem Gesichtsausdruck meine innere Haltung sehen können. Und meine innere Haltung ist in der Tat oft wertend. Dass man diese Wertung sogleich an mir sehen kann, empfinde ich als Last des Schicksals.

Claus Riemann, der überaus begabte, schöpferische Astrologe, den ich und Theo Seifert später kennen – und lieben – gelernt hatten, sagt: „Das ist dein Schütze-Mond.“

Offenbar steht der Mond in meinem Horoskop im 7. Haus, das bei mir im Zeichen „Schütze“ liegt. Und in dieser Konstellation wird er als wertend gesehen, als auf gute Manieren bedacht. Ich habe oft unter dieser Konstellation gelitten.

Sehnsucht nach Familie

Wenn ich an die Frau, die ich damals war, zurückdenke, sehe ich, dass sie keine erwachsene, reife Frau, sondern ein großes Kind gewesen ist. Sowohl ein schwärmerischeres, das eher das fröhliche Naturell meiner Mutter – das ich allerdings damals nicht so recht zum Ausdruck bringen konnte – sowie das strenge urteilende meines Vaters „geerbt“ hatte.

Ich dachte, dass der neun Jahre ältere Mann, den ich heiratete, ein tüchtiger Geschäftsmann mit einem hervorragend florierenden Geschäft sei, der zudem aus gutem, soliden Elternhaus kommt – sein Vater und sein Bruder betrieben inzwischen eine Weingroßhandlung am Ortsende der Universitätsstadt Tübingen, die zwei ineinander, nur durch einen Torbogen getrennte Wohnhäuser sowie ein riesiges Bauerwartungsland weit in die angrenzenden Wiesen und Felder hinein umfasste.

Günther spekulierte damals auf dieses Bauerwartungsland als elterliches Erbe, da sein Bruder und seine Schwester die beiden Wohnhäuser bekommen sollten.

Nur: Daraus wurde nichts. Zwar bekam er das Bauerwartungsland, aber erstens war es nicht so umfangreich, wie er es sich in seinen Träumen ausgemalt hatte und zweitens hatte er, als es zum Verkauf kam, schon mehr Schulden, für die er bereits Zinsen zahlte, als das Land wert war. Günther war ein unrealistischer Träumer.

Heute weiß ich, dass ich damals die Verlässlichkeit und Geborgenheit einer großen Familie gesucht hatte. Mein Vater sagte klipp und klar: „Du suchst ja nur eine Familie“.

Ja, auch, und was heißt hier „nur“ – eine Familie ist eine haltende und tragende Institution, sie ist gerade für junge Menschen, deren Familie aufgrund der Kriegs- und Nachkriegswehen in Deutschland auseinandergefallen war, sehr bedeutsam.

Es gab bei uns lange Zeit keine Nachrichten von den Verwandten, über die anderen Familienmitglieder wussten wir nichts, obwohl meine

Mutter noch sieben Geschwister und mein Vater drei Brüder hatte. Ich war alleine mit meinem Bruder – am „Ende der Welt", in Burghausen an der österreichischen Grenze, wo die anderen Kinder uns nicht mitspielen lassen wollten, weil wir die „Saupreißen" waren und ich auch lange ihre Sprache nicht verstand.

In Tübingen im Hause Waiblinger war der lange Esstisch zu jeder Tageszeit mit Familienmitgliedern besetzt. Zwei unverheiratete Tanten lebten mit im Haus. Stets waren auch Freunde, Nachbarn, Verwandte aus dem Umkreis zu Gast. Alle wussten immer Vieles über weitere Verwandte. Es war ein Kommen und Gehen und stets sehr umtriebig und unterhaltsam.

Ich fühlte mich sofort wohl in diesem Kreis, zumal ich auch freundlich aufgenommen wurde – weil ich keine „Katholische" war, seriös wirkte, zudem gut aussah, sogar einen Führerschein hatte und einen Scheck ausfüllen konnte.

Alles das hatte, bzw. konnte die Frau des älteren Bruders von Günther nicht, so dass ich auch bei den beiden – Günthers großem Bruder und dessen Frau – die noch ihre Mutter und deren ältere Schwester aus dem Rheinland mit nach Tübingen gebracht hatte, außerdem von Kochen und Haushaltführen nichts verstand, sondern nur auf eine liebliche Weise schön war – nicht sonderlich herzlich begrüßt wurde.

Sie konnten sich auch in der weiteren Zeit nicht recht an mich gewöhnen.

Und ab und zu war ich auch schon auf einem Pferd gesessen, denn in dieser Familie war der Reitsport Tradition. Den ich dann bereitwillig und gerne weiterführte. Ein weiterer Grund für die Distanz des Schwagers und seiner Frau.

Meine Schwiegermutter in spe war glücklich, dass ich keine „Ladenhopserin" war, denn sie sah ihren leichtlebigen Sohn schon mit einer Warenhausverkäuferin liiert, da Günther einmal kurzzeitig mit „so einer" befreundet war.

Die absolut volle Achtung der Familie – außer der meines Schwagers und dessen Frau – verhieß mir dann das Schicksal, indem mein erstes Kind ein Sohn war und ein gutes Jahr später bereicherte ich die Familie noch mit einem zweiten Sohn.

Dass nach einer Pause von 4 Jahren das gewünschte Mädchen zur Welt kam, brachte das Familienglück zur Perfektion.

Doch noch bevor unsere Tochter zur Welt kam, bedachte uns das Schicksal mit einer Provokation. Diese Geschichte will ich aber zurückstellen und zuerst ein anderes Thema zur Sprache bringen.

Ehefrau und Mutter-Sein

Die vernachlässigte Macht – der Familien

Dass Familien, wenn die einzelnen Familienmitglieder zusammenhalten, sehr mächtig sein können, wissen wir – nicht erst heute, aufgrund der aktuellen Debatte über die Macht der Clans aus den arabischen Ländern, die gerade in Berlin und anderen deutschen Großstädten, auffallen – bereits aus der Geschichte.

Sowohl aus den Religionsgeschichten:
Der alten ägyptischen Geschichten der Pharaonen;
der indischen Göttergeschichte um Gott Krishna und Ardjuna, dem Wagenlenker;
unseres Alten Testaments seit Abraham;
wissen wir, dass Familien-Clans einflussreich waren und die jeweiligen damals lebenden Menschen in Atem hielten, indem sie über Macht verfügten – sei es Land-, Gold- bzw. Geldbesitz oder dem Anspruch auf einen „einzigen" Gott, der sie liebt.

So sagen es die gläubigen Juden.
Ihnen wird von missgünstigen Nichtgläubigen vorgeworfen, sie hätten „Alles":
- Nämlich das Geld (ihnen hat man in der Frühzeit der Geschichte den Umgang mit dem Geld, das als „schmutzig" galt, zugewiesen und so sind sie die Geldwechsler – heute Beherrscher der Wall-Street in New York – geworden);
- Gott, denn sie sagen, sie seien das auserwählte Volk;
- Macht, denn sie leben seit ihrem Bestehen nicht in einem eigenen Land, sondern sind in der ganzen Welt verteilt, wo sie wichtige Posten besetzen (sie können dies, weil sie den Zusammenhalt in den Familien betonen);

- die Wissenschaften, weil sie als oberste Tugend in ihren Familien das Lernen und Anhäufen von Wissen anstreben – in der Liste der Nobelpreisträger stehen die jüdischen Wissenschaftler in großer Zahl ganz oben.

Das heißt, die Macht der Clans besteht in der Hierarchie und dem strikten Gebot des Zusammenhalts. Wo dies nicht gegeben ist, fällt eine Familie auseinander.

Mein Vater war einst als Erstgeborener, von seiner natürlichen Vitalität und der Protektion seiner Mutter her das Oberhaupt der Familie Petrich. Er hatte auch nach dem Krieg so nach und nach seine eigenen Brüder und die seiner Frau gesucht, gefunden und dafür gesorgt, dass jeder ein neues Ein-, bzw. Auskommen gefunden hatte.

Nachdem ich sein Erbe ausgeschlagen, und er meinen jüngeren Bruder nicht als Erben anerkannt hatte (er hatte sogar die Vaterschaft bezweifelt, weil mein Bruder als Siebenmonatskind zu früh auf die Welt gekommen ist; meine Mutter war in der siebten Schwangerschaftswoche gestürzt, mein Bruder war als „Frühchen“ gleich am chronischer Bronchitis erkrankt), ist die Familie auseinandergebrochen.

Mein ehemaliger Schwiegervater Adolf Waiblinger, der auch in der Familie seiner Frau als Familienoberhaupt und als „Rittmeister der Stadtgarde zu Pferd in Tübingen“ anerkannt war, hatte seine „Oberhaupt-Aufgabe“ an seinen älteren Sohn Adolf übergeben. Wobei die „Regentin seines Herzens“ seine Tochter Rosemarie war. Er sprach stets von „mei“ Rose“, der sein ganzes Herz gehörte und Marie hieß auch seine Frau). Sie war auch die Erstgeborene.
Wer derzeit Oberhaupt der Familie Waiblinger ist, weiß ich nicht.
Wie es derzeit in der Familie Seifert ist, weiß ich auch nicht, weil ich diese Familie zu wenig kenne.

In der Regel sind es die Erstgeborenen, die als Familienoberhaupt in spe gehandelt werden. Oftmals – wenn es mehrere Kinder in der Familie gibt, müssen sie auch Aufgaben für die ganze Familie übernahmen, vor allem, wenn die Mutter öfter schwanger wird. Sie versorgen dann die jüngeren Geschwister und kümmern sich um Vieles.
Interessant ist auch, zu beobachten, wie die Stellung in der Familie die späteren Partnerbeziehungen beeinflusst. Wenn der Mann der Erstgeborene in seiner Familie war, und die Frau auch die Erstgeborene in ihrer Familie, kommen zwei starke Menschen zusammen, woraus sich leicht Konkurrenzgefühle ergeben. Ist sie die ältere und er der jüngere gewesen, wird er es wohl mit einer dominanten Frau zu tun bekommen. Und umgekehrt.

Was gerade auch für Therapeuten bei der Behandlung ihrer Patienten wichtig ist zu beachten:

Wie sieht die Wertung des jeweiligen „Mutter"-, bzw. „Vater"- Komplexes (im jungschen Sinne) aus? Menschen mit positiven Elternkomplexen, also mit guten Erfahrungen, die sie mit ihren Eltern gemacht haben, sind leichter zu handeln, als solche, die negative Erfahrungen machen mussten.

Es heißt auch, dass Männer mit einem positiven Mutterkomplex und Frauen mit einem positiven Vaterkomplex «Gewinner» im täglichen Leben werden, während die armen Geschöpfe, die am Anfang ihres Lebens, vor allem mit der Mutter, schlechte Erfahrungen machen mussten, eher auf „Verlierer-Kurs" unterwegs sind.
Aber alles in allem: letztlich entscheidet das ganz individuelle Skript.

Das Jagdhaus

Jetzt kommt die angekündigte „Provokation des Schicksals“: Nach der Hochzeitsreise, zu Beginn unserer Ehe wohnten wir mitten in Stuttgart am Charlottenplatz, an genau der Stelle, wo ich mich einst spontan in diese Stadt verliebt hatte. Es wurde Sommer, es wurde heiß – in der Mitte Stuttgarts, im Zentrum des „Kessels“ wird es oft besonders heiß – und die Straße wurde aufgerissen, um irgendwelche Leitungen zu verlegen. Und ich wurde schwanger und mir wurde unendlich übel. Nicht nur morgens, auch mittags, abends und bei Nacht.

Und wir wohnten im ersten Stock eines Hauses, in dem sich im Erdgeschoss ein jugoslawisches Restaurant befand. Dort wurde mit Knoblauch gekocht und ich verabscheue Knoblauch.

Also: ich litt, ich spuckte, ich litt unendlich, hielt mich mehr auf der Toilette auf, als sonst irgendwo, konnte nichts mehr essen und wurde dünner statt dicker. Nur im Kino, wenn ich abgelenkt war, behielt mein Magen altbackenes Weißbrot. So saß ich jeden Tag in Stuttgart im Kino und kaute ein altbackenes Brötchen.

Bis Günther eine andere Wohnung für uns fand: in der Nähe von Gerlingen, außerhalb des Talkessels, auf der „Schillerhöhe“ – einem eher noblen Wohnviertel. Er mietete eine Haushälfte, zu der ein kleiner Garten gehörte und dort bekam unser im Mai geborener Sohn braune Haut und lernte das Laufen.

Günther hatte außer in Stuttgart auch in Pforzheim – ca. 50km entfernt in Richtung Karlsruhe gelegen – einen chemischen Reinigungsbetrieb, und fuhr an einem Tag nach Stuttgart Mitte, am anderen in den anderen nach Pforzheim Mitte – und zwar jeweils über die Autobahn A8.

Eines Tages entdeckte er auf der Heimfahrt kurz vor der Anschlussstelle Heimsheim/Mönsheim auf der linken Seite, auf einer kleinen Anhöhe, am Waldrand gelegen ein größeres Haus mit einem ausladenden Walmdach.

Er war neugierig, fuhr das nächste Mal, als er wieder auf dieser Strecke war, von der Ausfahrt Mönsheim nach Friolzheim, wo seiner

Ansicht nach, dieses Haus lag. Er ging ins Rathaus zum Wohnungsamt und erfuhr – mit Hilfe seines „Hallodri-Charms“ – dass dieses Haus einem Lederfabrikanten in der Kreisstadt Backnang gehörte. Er ließ sich die Adresse dieses Mannes geben und rief ihn an, um ihn zu fragen, ob dieser sein Haus in Friolzheim an ihn, Günther Waiblinger, verkaufen wollte.

Der wollte nicht, an niemanden. Aber Günther ließ nicht locker, fragte, ob der Herr Lederfabrikant vielleicht bereit sei, sich mit ihm zu treffen.

Ich weiß nicht, was dieser Mann sich gedacht hatte, vielleicht gefiel ihm ja die forsche Art von Günther und nach einigen Bitten erklärte er sich bereit, sich mit Günther zu treffen. Verkaufen wollte er sein Haus aber nicht.

Doch Günther ließ nicht locker, überredete den guten Mann schließlich dazu, mit ihm zum Essen zu gehen, lud ihn in ein feines, kleines Lokal – in die „Kiste“ in der Stuttgarter Altstadt – zum Essen ein, spielte mit seinem „guter-Verkäufer-Gen“, machte ihm ein Preisangebot, dem er noch drei Mal je DM 10.000,-- zulegte und erhielt nach einigen, hartnäckigen Verhandlungen endlich den ersehnten Zuschlag für DM 150.000,--.

Bei Licht gesehen, war dies wirklich ein „Schnäppchen“ – doch für Günther stellte sich dieses vermeintliche Schnäppchen als sein „Stalingrad“ heraus, wie er es später oft nannte. Weil er – schlicht und einfach – dieses Geld nicht hatte. Er musste es sich leihen.

Allerdings hatte er schon geliehenes Geld nicht auf seinem Konto, d. h. er stand bereits mit DM 130.000,-- im Soll. Die den Kredit gebende Bank ließ auch mich, die Ehefrau (die jedoch über kein eigenes Vermögen verfügte!), alle Kreditverpflichtungen unterschreiben.

Weil es Günther so wichtig, und ich so naiv, um nicht zu sagen: dumm war, außerdem Gefallen an der Vorstellung hatte, dass unsere Kinder – das zweite war gerade ein Jahr alt – in schöner, ungezwungener Natur aufwachsen würden, unterschrieb ich alles, was der Bankangestellte mir vorlegte.

Dem leisen Ziehen in der Magengegend maß ich keine Bedeutung bei. Hätte ich diese doch sehr ernst genommen, wäre mein Schicksal anders verlaufen. Doch darüber jetzt nachzudenken, ist müßig.

Wir besichtigten das Haus, das auf einem Hang, über der Ortschaft Friolzheim, vollkommen allein, an einem Waldrand liegt. Der eingezäunte Garten war eigentlich kein Garten im üblichen Sinne, sondern auch ein Waldstück mit einer Eiche, zwei oder drei Buchen und einigen Büschen.

Die Eingangstüre hinten am Haus öffnete sich in eine mit braunem Holz getäfelte Diele, von der aus eine Treppe ins Untergeschoss, eine Treppe ins Obergeschoss, eine Türe in die Küche mit Speisekammer, eine Türe in ein separates Zimmer und eine Türe in ein großes Wohn-Esszimmer ging und von dort aus auf eine weite offene Terrasse, die zur Hälfte verglast war. Es gab auf diesem Stock noch drei weitere Zimmer und ein Bad. Im Obergeschoss gab es fünf Zimmer mit je einem Waschbecken darin.

Der Vorbesitzer und Erbauer, der sehr gut situierte Lederfabrikant aus Backnang, hatte dieses Haus als seinen Jagdsitz, noch in der Nazizeit bauen lassen. Er war passionierter Jäger und hielt dort für seine Jagdgesellschaften Jagd-Wochenenden ab. Er und seine damaligen Freunde waren Nationalsozialisten, wie auch der damalige Bürgermeister der Gemeinde Friolzheim – nur deswegen erhielt er überhaupt eine Baugenehmigung, denn das Land war ausgewiesen als Landschafts-Schutzgebiet.

Das Haus „atmete" gediegene Eleganz und Großzügigkeit. Ich war sehr beeindruckt und sagte zu Günther: „Es ist wunderschön! – Aber wir können es uns nicht leisten." Das: „wunderschön" ließ er gelten, das: „können wir uns nicht leisten", nicht.

Er war absolut begeistert, ließ sich nicht halten und kaufte es – gegen meinen Rat. Sehr heftig wird mein „Gegen-Rat" wohl nicht gewesen sein, denn auch ich verliebte mich sofort in das Haus, – das als „Jagdhaus" in die Landkarte dieser Region eingetragen ist.

Später habe ich oft an diese Situation zurückgedacht und gewünscht, sie hätte nie stattgefunden. Ich wünschte, ich hätte mutiger und rigoroser Günther entgegentreten sollen – doch ich war auch von der Eleganz, vom „Zauber" dieses Hauses „gefangen" = widerspruchslos „verzaubert".Ich hatte es längst schon in der Fantasie eingerichtet und uns darin ausbreiten sehen.

Als erstes kauften wir einen Hund, einen Schäferhund, der die Kinder bewachen sollte, denn das Haus lag damals direkt am Waldrand und darum herum gab es keine anderen Häuser.

Heute steht dort eine ganze Siedlung mit vielen Einfamilienhäusern – von eher hoher gesellschaftlicher Klientel erbaut und bewohnt.

Ich bepflanzte mannshohe „Spindeln" mit Stiefmütterchen und stellte sie in den Gartenwald. Wir luden die Tübinger Verwandten ein und „hielten Hof".

Der Anfang vom Ende

Als es uns im Laufe der Jahre – der Anfangs-Hype der chemischen Reinigungsbetriebe hatte nachgelassen, Konkurrenz schmälerte die Umsätze, neue Steuergesetze traten erschwerend in Kraft – finanziell immer schlechter ging, schlug ich Günther vor, das Haus zu verkaufen – es wäre zu dieser Zeit sehr gut zu einem Höchstpreis möglich gewesen – und mit dem Geld eine Wohnung in Pforzheim zu mieten.

Das Geld für die Miete hätte für viele Jahre gereicht, wir hätten das Geschäft sanieren und weiter wirtschaftlich arbeiten können. Wir hätten zu dieser Zeit in Pforzheim leben können „wie Gott in Frankreich".

Da rief Günther die Kinder herbei (inzwischen hatten wir auch noch eine kleine Tochter) – die drei waren damals fünf, neun und zehn

Jahre alt – und sagte zu ihnen: „Eure Mutter will unser Haus verkaufen. Wollt ihr das?“ Natürlich riefen alle drei wie aus einem Mund: „Nein!“ Er stellte mich hin, als wäre ich eine „Rabenmutter“, die aus reiner Bosheit den Kindern schaden wollte.

Ich kann die Kinder verstehen: sie hatten in diesem Haus ein recht freizügiges Leben mit viel Platz zum Spielen und Herumtoben. Auch zum Angeben bei Schulkameraden. Unsere Tochter hatte damals 18 Katzen, die das Haus bevölkerten, es gab noch mindestens einen Hund, ein Baumhaus und einige Turngeräte im Garten. Wie sollte ich mich da durchsetzen?

Günther hatte dann die – scheinbare – Lösung: Er verlagerte die Kinderzimmer vom Obergeschoss in die unteren Zimmer und vermietete den ersten Stock an eine amerikanische Familie – die „Teeples“: Ein in Heimsheim/Heckengäu stationierter Soldat mit Frau und drei kleinen Kindern, sie gehörten der religiösen Sekte der Mormonen an und kamen aus dem Westen der USA. Es waren recht freundliche, bescheidene Menschen und unsere Tochter ging gerne zum Spielen mit deren drei Mädchen in ihr ehemaliges Zimmer nach oben – was ich auch gut fand und so arrangierte ich mich. Ich lernte auch, mit wenig Geld klug einzukaufen und trotzdem ernährungsbewusst zu kochen.

Im Reinigungsbetrieb mussten wir Personal einsparen und ich entschloss mich, regelmäßig, von morgens bis zum frühen Nachmittag im Betrieb mitzuarbeiten.

Zum Glück konnte ich unsere Tochter kurzfristig im Waldorf-Kindergarten in Pforzheim unterbringen, weil dort gerade eine neue Gruppe eingerichtet wurde. Für unsere Tochter war dies ein Glück, denn sie durchlief in dieser Waldorfschule eine unbeschwerte, fröhliche Kindergarten- und dann auch Schulzeit und erzählt heute noch begeistert von den Klassentreffen, die bereits seit vielen Jahren stattfinden und von den Ehemaligen gerne besucht werden, weil diese sich zu einer wohl ein Leben lang anhaltenden Gemeinschaft gefunden haben.

Dennoch war ich damals nicht glücklich. Denn der Betrieb lief immer schlechter, die äußeren Umstände wurden zu schwierig. Der Mietvertrag für die Räume, in der unser Betrieb untergebracht war, lief aus, der Hausbesitzer verlängerte ihn nicht, wir mussten ausziehen. Was hieß: Wir mussten den Betrieb auflösen. Was nicht so einfach ist, wenn es sich um eine chemische Reinigung handelt, in der es eine Menge Dampfleitungen gibt, die abgebaut werden müssen und wenn man beträchtliche Schulden hat.

Durch den ehemaligen Rechtsanwalt meines Vaters – mein Vater war inzwischen gestorben – gelang uns ein Vergleich. Mein Bruder zahlte mir aus dem Vermögen unseres Vaters DM 80.000,-- aus und behauptete, dies sei mein Erbteil. Das Geld reichte gerade zur Finanzierung des Betrieb-Abbaus. Ich wehrte mich nicht, obwohl ich überzeugt war, das Erbe meines Vaters – also der Betrieb meines Vaters, den mein Bruder verkauft hatte, habe mehr eingebracht.

Und ich entwickelte zunehmend eine ziemlich schwere Depression. Dann starb auch noch meine Mutter. Am 9. Juli 1969.

Das Programm

Damals wusste ich nicht, dass dieses Datum, der 9. Juli, vierzig Jahre lang einer der wichtigsten Tage in jedem Jahr in meinem Leben werden würde – es war der Geburtstag von Theodor Seifert. Aber noch war mir dieser Mann unbekannt. Manchmal ist das Leben auch hintergründig sehr einfallsreich – fast könnte man meinen, da versteckt sich ein kleiner Kobold und freut sich, wenn er dem Menschen, auf den er es gerade abgesehen hat, einen Streich spielen kann.

Am 9. Juli 1969 erlosch das Programm, nach dem ich bis dahin mein Dasein ausgerichtet hatte. Dieses Programm hatte mir meine Mutter gegeben – in Form eines scheinbar banalen Satzes, den sie irgendwann einmal zu mir sagte – natürlich ohne zu ahnen, dass er für mich folgenreich und schicksalhaft werden würde: „Erst wenn du eine Familie hast, werde ich eine richtige Familie haben", hieß der scheinbar banale Satz, der für mich aber schicksalsträchtig geworden ist, weil er in mir direkt mein „inneres Kind" ansprach, das sich – meinem Erwachsenen-Bewusstsein nicht bewusst – vorgenommen hatte, alles zu tun, damit meine Mutter glücklich ist. Und wenn sie sich so sehr eine Familie wünscht, in der ich die Mutter und sie die Großmutter ist, dann sorge ich eben dafür. Da meine Mutter ja schwer krank wurde, als ich noch ein Kind war, habe ich – mir nicht bewusst – die Rolle der sorgenden Mutter für sie übernommen.

Deshalb – auch! – meine frühe Heirat und frühe Mutterschaft.

Genauer: geheiratet hatte ich, weil ich dem Diktat meines Vaters entgehen wollte; sogleich Kinder auf die Welt gebracht habe ich, um meiner Mutter die gewünschte „heile Familie" zu schenken.

Und jetzt waren beide Maßgaben hinfällig geworden.

Vater und Mutter waren tot und mein Programm hatte sich aufgelöst, weil sinnlos geworden. So ging auch der Sinn in meinem Leben verloren.

Was ich damals nicht wusste: Dieser Sinn war nicht meiner, sondern der meiner Mutter, was mir aber damals nicht bewusst war.

Und ohne Sinn scheint das Leben nichts wert zu sein.

So einfach ist das! Beziehungsweise so tragisch.

Die Folge ist in solchen Fällen meistens ein totaler „breakdown"!

Am 24. 12. 1969 stürzte ich dann in dieses tiefe Loch:

An diesem „Heiligen Abend" konnte ich morgens einfach nicht aufstehen. Ich hatte keine Kraft mehr. So etwas hatte ich vorher noch nie erlebt. Mein Körper versagte seinen Dienst. So sehr ich mich bemühte: Stand ich mit einem Fuß auf dem Boden vor meinem Bett, schwanden sofort meine Sinne und ich fiel rückwärts ins Bett zurück.

Es gab keine Erkältungssymptome, wie Schnupfen, Husten oder gar Fieber – ich hatte nur keine Kraft mehr – überhaupt keine, ich konnte mich einfach nicht aus meinem Bett erheben. Nie zuvor in meinem Leben und auch nie mehr danach erlebte ich einen derartigen Zusammenbruch.

Günther packte die Kinder ins Auto und fuhr mit ihnen in den Reitstall nach Pforzheim, wo die Kinder regelmäßig an einer Voltigier-Gruppe teilnahmen. Erst als ich alleine zu Hause war, löste sich etwas in mir, was mich an diesem Morgen wie ein starkes Band zusammengehalten hatte und ein ungeheurer Schmerz brach mit einem Tränenschwall aus mir heraus.

Ich weinte um meine Mutter.

Mir wurde plötzlich bewusst, dass meine Mutter an diesem Tag – und den folgenden – nicht, wie bisher jedes Jahr, zu uns kommen würde, um im Kreis unserer – ihrer – Familie das Weihnachtsfest zu feiern.

Meine Mutter wird nie mehr zu uns kommen, wurde mir bewusst und der Schmerz, der mich bei diesem Gedanken durchfuhr, schien unerträglich, er schien mich zu töten.

Wie gelähmt lag ich so Stunden lang unfähig, mich irgendwie zu rühren. Nur ein, zwei mühsame Wege zur Toilette waren mir an diesem Tag noch möglich.

Günther bereitete irgendein Abendessen und die Weihnachtsbescherung brachten die vier auch irgendwie – ohne mich – zustande.

Am nächsten Tag, dem 1. Feiertag fuhren sie wieder in den Reitstall – er war für uns damals wie ein zweites Zuhause und am Weihnachtstag fand ein traditionelles Musik-Reiten statt, zu dem ja auch die Reiterfreunde kamen, so dass die Kinder mit vertrauten Menschen zusammen waren.

Damals hatte ich noch keine Ahnung von Psychologie, geschweige denn von Tiefenpsychologie. Heute weiß ich natürlich um die seelischen

Zusammenhänge, um die Ätiologie meines Einbruchs. Mit dem Tod meiner Mutter verlor ich meinen – damaligen – Lebens-Sinn. Und ohne Sinn, ohne Aufgabe im Leben fehlt auch der weitere Plan und überhaupt die Motivation für das Leben. Es ist, als seien plötzlich alle Lichter gelöscht und ich stehe im Dunkeln. Dann gibt es keine Orientierung mehr. Oder als ende plötzlich der Weg, auf dem ich unterwegs bin, oder als gehe auf einmal die Sonne unter und ich stehe in völliger Finsternis.

Diesen Zustand kann nur jemand nachvollziehen, der selbst einmal davon betroffen war. Ich hatte nicht nur meine Mutter verloren, sondern mit ihr mein Lebenskonzept und meinen Lebens-Sinn. Das wusste ich natürlich damals nicht – ich stand einfach nur irgendwie im Dunkeln.

Zu meinem Leidwesen behauptete mein Bruder, der inzwischen verheiratet war und einen kleinen Sohn hatte, meine Mutter hätte in Dortmund, wo er wohnte, begraben sein wollen. Ich glaubte ihm das nicht, aber ich hatte keine Kraft, mich dem in den Weg zu stellen.

Ich wäre so gerne immer wieder zu ihrem Grab gegangen.

Doch damals begann ich – ganz zaghaft – ab und zu ein Gedicht zu schreiben. Das half mir, wieder so halbwegs ein funktionierendes Alltags-Ich zu finden. Ich schrieb:

Liebe Mutter,
hätt, ich dein Grab in meiner Näh',
ich würd' es liebend gerne pflegen,
Maiglöckchen würden darauf steh'n,
Vergissmeinnicht und wilde Reben.

Zwei Rosenstöcke würd' ich pflanzen,
den einen weiß, den andern rot,
die Bienen könnten Hochzeit tanzen,
du wärst für mich nicht mehr so tot.

Ich könnte immer mit dir sprechen,
wenn ich danach Verlangen hab',
ich könnt' die Einsamkeit durchbrechen,
die ich in meinem Herzen trag'.

Ich würde alles dir erzählen,
was ich dir niemals sagen konnt',
es würde mich nicht länger quälen,
das Leid, das tief im Herzen wohnt.

Ein Stückchen Erde wäre mein,
ich hätt' nichts mehr verloren,
im Gefühl mit dir vereint zu sein,
wär' Lebenskraft in mir geboren.

Da ich ein ziemlich pflichtbewusster Mensch mit einer gewissen Strenge mir gegenüber bin – das verdanke ich meinem fordernden Vater! – konnte ich in den folgenden Tagen auch wieder aufstehen und eben meine Pflichten als Frau und Mutter erfüllen, aber ich erlebte von da an keine Freude mehr. Als hätte meine Mutter alle Freuden mit sich fortgenommen. Ich „schleppte" mich mehr oder weniger durchs Leben. Alles, was ich tat, tun musste (weil ich es von mir verlangte), fiel mir unendlich schwer. Das Leben war seither freud- und kraftlos.

Heute weiß ich, dass ich in eine Depression „gefallen" war. In der Fachsprache nennt man das, was ich am Heiligenabend erlebt habe, einen „depressiven Stupor". Später habe ich mit Erfolg Menschen behandelt, die Ähnliches erlebt haben.

Aber bis dahin lag ein langer Weg vor mir – von dem ich damals überhaupt keine Ahnung hatte.

Das Leben geht weiter

Das Leben ging weiter – es geht meistens irgendwie weiter – wenn auch wie „auf Sparflamme", was typisch für Depressionen ist. Ich wusste zu diesem Zeitpunkt nicht, dass der „absolute Tiefpunkt" noch kommen sollte. Und zwar bald. Ich entdeckte, dass mein Ehemann Günther, der „Hallodri", finanziell nicht nur am Ende, sondern total überschuldet war. Und noch schlimmer: er hatte keine Krankenversicherung für uns, vor allem auch nicht für die Kinder abgeschlossen. Mich erfasste Panik.

Zumal ein Gerichtsvollzieher bei uns auftauchte und pfändete, was noch zu pfänden war – Günther hatte schon alles Mögliche aus unserem bescheidenen Besitz verkauft, bzw. verpfändet, die orientalischen Teppiche z. B., die wir von einer Türkeireise mitgebracht hatten, auch meinen Schmuck, den er mir im Laufe der Jahre geschenkt hatte, auch den, der von meiner Mutter noch da war.

Alles, alles, was man nicht unbedingt zum Leben braucht, war schon verkauft, weggegeben, verpfändet.

Zum 7. Geburtstag meiner Tochter hatte ich nicht einmal mehr so viel Geld, dass ich ihr einen Kuchen backen konnte. Das hat mich damals sehr geschmerzt.

Was ich aber damals nicht wusste: Dass dieser absolute Tiefpunkt auch der Beginn eines neuen „Aufstiegs" war.

Wenn man ganz unten angekommen ist, kann es eigentlich nur bergauf gehen. Diese Rechnung hat schon Till Eulenspiegel aufgemacht: Der Narr, der sich so nannte, soll gejammert haben, wenn es bergab ging, weil er ja wusste, dass es, nachdem der Tiefpunkt erreicht war, nur bergauf gehen konnte, und das war mühsam. Und umgekehrt: bergauf habe er gesungen, auch wenn alle anderen heftig geschnauft haben, denn danach würde es ja bergab, also leichter, weiter gehen. Einem Narren hat man seit jeher eine verborgene Weisheit zugebilligt.

Das Fatale daran ist, dass man nie genau weiß, wann „ganz unten“ ist. Ich staune noch heute darüber, dass ich diese Zeit doch sehr gut bewältigt habe. Vielleicht, weil ich noch relativ jung und relativ „unverbraucht“ war – was auch immer das heißen mag.

Und nicht zuletzt gab es in mir immer auch, selbst in ziemlich dunklen Zeiten, eine Charakterqualität, die man „Humor“ nennt.

Sicher hat schon mein Elternhaus dazu beigetragen, dass ich diese Seite in mir entwickeln konnte – sowohl mein Vater als auch meine Mutter hatten einen lebendigen Bezug zum Heiteren, der sie viele widrige Lebenslagen überstehen ließ, oder/und ihnen noch die Qualität eines befreienden Lachens ermöglichte.

Menschen, die in schwierigen Lebenslagen keinen Humor aufbringen können, gehen oftmals unter. In der Psychoanalyse wird dem Humor auch große Bedeutung beigemessen. Der Patient, der auf Humor adäquat reagiert, bzw. ihn selbst hervorbringt, ist schon auf dem Weg zur Besserung.

Übrigens hat Günther damals ein Plakat in der Küche aufgehängt mit der Aufschrift: „Wir müssen uns einschränken, koste es, was es wolle.“

Seit ich in meinem Erwachsenenleben das Münchner „Original“, den Humoristen Karl Valentin, kennengelernt hatte, habe ich für seinen Humor geschwärmt. In unserem – sehr viel späteren – Buch „So ein Zufall!“ haben Theo und ich gleich zu Anfang seine Auffassung vom „Zufall“, zitiert, die eben seine ganz eigene war. Sehr gelungen finde ich auch seine Beschreibung seiner eigenen Geburt: „Als ich die Hebamme sah, die mich empfing, war ich sprachlos – ich habe diese Frau in meinem ganzen Leben noch nie gesehen.“

Sicher hat der Sinn für Humor auch mit einer differenzierten Denkfunktion, die ich für mich in Anspruch nehme, zu tun. Ich dachte also damals: „Ich brauche Geld“. Wenn es mir nicht mein bisheriger „Ernährer“, also Ehemann gibt, wo kann ich es sonst bekommen?

Natürlich von einem – anderen – Arbeitgeber. Also: muss ich arbeiten gehen, mir eine Stelle suchen. Aber was für eine Stelle? Was kann ich denn, was auf dem Arbeitsmarkt taugt? Nichts! Ich bin eine gute Mutter, koche ganz gut. Aber reicht dies, um damit Geld zu verdienen?

Ich schaute zuerst einmal ganz pragmatisch in die Tageszeitung unter der Rubrik „Stellenanzeigen“ nach und fand eine Ausschreibung der „Lungenheilstätte Schillerhöhe“ für den Verwaltungsbereich und bewarb mich – mehr verzweifelt, als hoffnungsvoll.

Doch sie nahmen mich und – da ich jedoch keinerlei Qualifikation nachweisen konnte – ich war ja „nur“ Hausfrau und Mutter – steckten sie mich in ein Büro und ließen mich Kolonnen von Zahlen zusammenrechnen.

Öde und trostlos und auch nicht gut bezahlt – aber was sollte ich machen – ich war froh, überhaupt etwas Geld zu verdienen und vor allem: mit meinen Kindern krankenversichert zu sein. Zwei lange Monate war ich dort – froh, aber nicht glücklich.

Aber ich hatte ja hiermit die Erfahrung gemacht, dass ich etwas bewegen kann, wenn ich aktiv werde. Also nahm ich mir vor: Hier will ich nicht die nächsten Jahre „versauern“ – ich will etwas Besseres machen, etwas, woran ich vielleicht sogar Vergnügen habe.

Und seither schaute ich täglich zuerst in die „Stuttgarter Zeitung“ unter „Stellenanzeigen“ und fand eines Tages eine Anzeige der „Forschungsstelle für Psychotherapie“ in Stuttgart-Sonnenberg. Sie suchten eine Sekretärin für den Leiter, Prof. Dr. Helmut Enke. Ich weiß nicht, welche inneren Kräfte mich trieben, aber ich hatte den Mut, mich dort zu bewerben. Denn die Begriffe „Forschung“ und „Psychologie“ wirkten auf mich zündend, waren es doch Bereiche, für die ich mich schon länger interessierte, damals zwar erst in der Auswahl von Büchern, die ich gerne las. Ich hatte mir einige Jahre zuvor schon ein „Lexikon der Psychologie“ gekauft – das allerdings nicht erschöpfend war, aber immerhin.

Außerdem, dachte ich: Sekretärin kann ich bestimmt besser, als Zahlen zusammen addieren. Denn ich habe gelernt, mit einem Vater zurecht zu kommen – warum also nicht auch mit einem Chef?

Zum Glück fragten die beiden Wissenschaftler, die mich begutachteten, als ich mich vorstellte, nicht viel – der Leiter, Prof. Dr. Enke, war selbst nicht anwesend, denn sein Hauptarbeitsplatz war an der Universität Ulm. Sie stellten mich einfach ein.

Am Montag, den 3. April 1972 fing ich dann meine Arbeit dort an. Da Prof. Enke auch dieses Mal nicht anwesend war, gaben sie mir eine Schreibmaschine, und ein Uher-Tonband-Gerät und ließen mich die Aufnahmen, die während einer Gruppen-Psychotherapie-Sitzung, die Prof. Enke geleitet hatte, aufgenommen worden waren, abschreiben.

Ich fand dieses Metier so interessant, dass ich mich schnell in die Technik „hören – schreiben“ einarbeitete und nach einigen Stunden überrascht feststellen musste, dass es Zeit war, nach Hause zu fahren.

Dort waren die Kinder vormittags in der Schule und nachmittags bei Günther in dem kleinen Teppich-Reinigungs-Betrieb, den er inzwischen eröffnet hatte. Günther brachte sie dann am Abend mit nach Hause. Und ich berichtete begeistert über meine interessante Tätigkeit, die außerdem relativ gut bezahlt wurde (für meine Verhältnisse).

So konnte ich bald von meinem Geld die Waldorfschule für unsere Tochter, die Reit- bzw. Voltigier-Kosten für die Söhne, eine Rückzahlung an eine Versicherung bezahlen und hatte auch noch etwas übrig für ein neues Kleidungsstück.

Aber das Beste war, dass ich schnell Kontakte knüpfte mit den Wissenschaftlern dort und sie über alles Mögliche – und manchmal wohl auch Unmögliche – ausfragte, was mich an psychologischen Inhalten gerade interessierte.

Ich legte eine Liste mit medizinischen und psychologischen Fachbegriffen an, diese deponierte ich in meinem Auto, mit dem ich ja jeden Morgen von Friolzheim, wo wir wohnten, zur Forschungsstelle nach Stuttgart an den Sonnenberg fuhr, auf den freien Nebensitz und immer, wenn ich an einer Ampel halten musste, lernte ich einige Begriffe auswendig.

Das war der Beginn meiner Weiterbildung, die ich im Laufe der Jahre bis zur Psychotherapeutin brachte. Und – in Abwandlung zu einem Lied, das Hildegard Knef einmal sang: „Von da an ging's bergauf".

Forschen im Geist des Eros

Ich füge dieses Kapitel jetzt noch ein (ich hatte diese Biografie schon so gut wie fertig!), weil ich heute, am 17. März 2019, in der ZEIT einen Artikel gelesen habe über das Attentat vor vier Jahren, am 7. Januar 2015, auf das Satiremagazin „Charlie Hebdo" in Paris. In diesem Artikel wird der Journalist Philippe Lancon interviewt:

DIE ZEIT: Wer oder was war Charlie Hebdo? Können Sie den Geist der Zeitung beschreiben, die am 7. Januar 2015 ausgelöscht werden sollte?

Philippe Lancon: Charlies Geist kommt direkt aus den Sechziger- und Siebzigerjahren. Es ist der Geist des französischen Volks, der über jede Autorität lacht und die trostlose Welt nicht ernst nimmt. Mit dem Lachen implodiert die Macht, das Lachen ist das Ende des Glaubens.

ZEIT: Charlie Hebdo kam aus der Gegenkultur der 68er-Bewegung, Sie kommen aus einer anderen, einer bürgerlichen Welt. Anfangs fühlten sie sich fremd bei Charlie.

Lancon: Ich habe bei der Libération gearbeitet, bei einer richtigen Zeitung, als richtiger Journalist. Die Leute bei Charlie waren Künstler, die einen Teil ihrer Kunst dem Journalismus zur Verfügung stellten, das ist etwas völlig anderes. In den Konferenzen der Libération ging es zu,

wie in allen seriösen Zeitungen. Bei Charlie konnten die Leute über alles Mögliche lachen. Sie durften auch Blödsinn reden, weil sie vielleicht nicht gut genug informiert waren. Ich fühlte mich oft wie der ehemalige Kleinbürger, der plötzlich Zugang zu einer anderen Dimension hat, die vielleicht nicht so wohlerzogen und kultiviert ist. Aber darum ging es nicht. Es ging um Wortgefechte, die nur dazu da waren, Witze und Ideen zu produzieren. Man machte neun schlechte Witze, und der zehnte war genial.
(Ende der Übertragung dieses Interviews.)

Hier steht schon, worum es mir geht, was ich noch über den Geist der Forschungsstelle schreiben möchte: Dieser wurde mir bewusst, als wir – die Wissenschaftler und ich – nicht die anderen Sekretärinnen, sie nahmen nur mich mit – als sie für drei Tage in eine Hütte auf der Schwäbischen Alb zu einer Klausur fuhren. Diese Hütte war relativ klein, aber es gab in der Nähe ein Hotel, in dem jeder ein Zimmer zum Übernachten hatte.

In der Klausur sollte es um eine neue Themenfindung gehen, an der die Wissenschaftler künftig gemeinsam arbeiten wollten.

So saßen wir viele Stunden am Tag um einen Tisch herum, zwei auf einer kleinen Couch, die anderen auf den Stühlen darum herum, sie hatten legere Hosen und Hemden mit Pullis an, die Schuhe blieben an der Eingangstür.

Ich hatte noch nie in meinem Leben an so einem Event teilgenommen und war glücklich, dabei sein zu dürfen – als einzige nichtwissenschaftliche Kraft. Aber ich war auch die Sekretärin des Leiters – und nicht mehr ganz so jung wie meine Kolleginnen.

Wir waren am ersten Tag gegen 10 Uhr am Vormittag angekommen und nach einer Anfangssitzung, in der erst einmal ein Programm gemacht wurde, womit die folgende Zeit gefüllt werden sollte, gingen wir alle miteinander zum Einkaufen in den einzigen Supermarkt, den es hier in der Gegend gab, denn wir wollten unsere Mahlzeiten (außer dem Frühstück im Hotel nach den Übernachtungen) selbst zubereiten. Mir imponierte es, wie locker und freundschaftlich diese – für mich doch sehr – ehrenwerten Forscher und eine Forscherin miteinander umgingen.

Auch hier – wie bei Charlie Hebdo – kam jetzt nicht am Ende des Beieinanderseins die eine große, alles verändernde Idee heraus. Es kam – ganz einfach – darauf an, intensiv miteinander gesprochen zu haben. Sich zu vergewissern, dass alle am gleichen Strang ziehen, im gleichen Geist sich um Zukünftiges bemühen. Darum geht es – auch in anderen Zusammenzuhängen und Lebenslagen: miteinander im gleichen Geist versammelt sein. Das war ja auch das, was einst Jesus seinen Jüngern gesagt haben soll. Es geht um den gleichen Geist.

Als wir dann wieder zu Hause waren, erzählte ich Günther begeistert von diesem Ausflug – er konnte aber – natürlich! – nicht die gleiche Begeisterung wie ich aufbringen. Ich bin – auch heute noch, ja, werde es immer sein – glücklich und dankbar, dass ich diesen und vielen anderen aufrechten Menschen begegnet bin, mit vielen zusammen im gleichen Geist geredet, geplant, agiert habe. Mein Geist ist der, den auch meine Freunde haben, der mich mit entsprechend anderen Menschen verbindet.

Wenn ich das jetzt hier schreibe und mich noch einmal in diese Zeit, erinnere, die so erregend für mich gewesen ist – nicht nur, weil ich finanziell aus der Not heraus war, sondern vor allem auch weil sich da Weichen für mein weiteres geistiges und seelisches Wachsen stellten, und noch die große Liebe meines Lebens auf mich wartete! Dann kann ich das nicht nur als Resultat eines Zufalls sehen. Oder doch?

Je nachdem, wie man den Begriff „Zufall" sieht. Wenn man ihn betrachtet, wie Karl Valentin, der darin einen Zufall erkennt, dass er in München auf der Maximilianstraße gerade dann einen Radfahrer sieht, wenn er an einen Radfahrer denkt – dann ist für mich etwas anderes passiert, als diese Art Zufall.

Doch es gibt noch eine speziellere Sicht: C. G. Jung berichtete aus einer eigenen Erfahrung: In einer Analysenstunde erzählt eine Patientin ihm einen Traum, in dem ein Rosenkäfer eine wichtige Rolle spielt. Aber dann, nachdem die Frau ihm ihren Traum erzählt hatte, fällt ihr nichts mehr ein, sie bleibt stumm, obwohl Jung sie wiederholt nach ihren Assoziationen fragt. Jung will die Stunde schon vorzeitig beenden, da sieht er plötzlich, dass am Fenster hinter ihnen etwas raschelt. Er schaut nach: Es ist ein Rosenkäfer. Genau so einer, wie der, von dem gerade im Traum die Rede war.

Eigentlich gibt es bei uns diese Käferart nicht und in der Jahreszeit sowieso nicht. Also schließt Jung: Es muss etwas zu bedeuten haben. Von da an beobachtet er Phänomene dieser Art und nennt sie: Synchronizität = ein inneres, seelisches Ereignis (Käfer im Traum) wird gleichzeitig (während des Erzählens) mit einem gleichen äußeren Ereignis (Käfer am Fenster) verbunden.

Und das heißt (nach Jung): Dieses gleichzeitige Auftauchen muss etwas zu bedeuten haben. Und meistens etwas Wichtiges, oft Schicksalsträchtiges. So war es auch. Nachdem Jung die Patientin auf diese Gleichzeitigkeit aufmerksam gemacht hatte, wich die Stockung bei ihr und sie konnte Wesentliches aus ihrer Leidens-Geschichte berichten. Und mit ihm zusammen bearbeiten.

Theo und ich haben später viele solcher Ereignisse studiert und darüber ein Buch geschrieben: „So ein Zufall! Synchronizität und der Sinn von Zufällen" (2001, Herder; 2012, opus magnum, freier download).

Das innere Ereignis bei mir war damals, dass ich geradezu danach gelechzt habe, sowohl aus dem finanziellen Schlamassel als auch aus der geistlosen Situation, in der ich steckte, heraus zu kommen.

Aber wenn wir das zu Ende denken, dann müssen wir doch fragen, wo oder durch wen wusste das Unbewusste von meiner Not? Wer oder was hat das gesehen, gespürt oder was auch immer und darauf reagiert? Ein gläubiger Christ würde wohl sagen: Jesus Christus, oder Gottvater persönlich, hat dich gesehen und entsprechend reagiert.

So kann das aber für mich nicht gelten, denn ich bin keine gläubige Christin.

Aber es gibt ein anderes Phänomen: Der französische Mathematiker und Philosoph Henri Poincaré, der um die Jahrhundertwende des vergangenen Jahrhunderts in Paris lebte, entdeckte, nachdem er selbst einmal große Schwierigkeiten beim Lösen eines Problems hatte, ein schöpferisches Prinzip, das hilfreich sein kann. Es funktioniert, laut Poincaré folgendermaßen:

Man versucht, das Problem durch ausgiebiges Nachdenken zu lösen. Gelingt dies nicht, lässt man es los und macht etwas ganz anderes, das nichts mit diesem Problem zu tun hat. Man lenkt sich ab, geht spazieren, schläft ein bisschen, oder was auch immer. Das heißt: man überlässt das Problem dem schöpferischen Unbewussten. Dann wendet man sich ihm wieder zu: Die Lösung taucht auf.

Dann schaut man, – das ist ganz wichtig! – dass diese Lösung auch moralisch zu vertreten ist, also nicht auf Kosten von jemandem geht.Dieser Prozess zeigt, dass etwas, was vom eigenen Tun nicht zu bewältigen ist, im Unbewussten des Betreffenden arbeitet, d. h. nach einer Lösung sucht und diese dann auch dem Bewusstsein zur Verfügung stellt.

Der Volksmund weiß es auch:

„Wenn du glaubst, es geht nicht mehr
kommt von irgendwo ein Lichtlein her.
Das hält dich fest und trägt dich weit,
so bleibt es bei dir all die Zeit.“

Genau das habe ich erlebt in den drei Jahren zwischen dem Tod meiner Mutter und dem „Auftauchen“ der Forschungsstelle, also von 1969 bis 1972.

Lindau im Bodensee

Nach einem Jahr Arbeit in der Forschungsstelle, sagte mein Chef, Prof. Enke, eines Tages im April: „Frau Waiblinger, Sie könnten in der nächsten Woche drei Tage nach Lindau fahren."

Zwar wusste ich, dass dort jedes Jahr im April eine große Weiterbildungstagung für Psychotherapie stattfindet, aber dass ich dorthin fahren sollte, versetzte mich doch in Aufregung. Prof. Enke meinte: „In Bezug auf meine „Enquète-Arbeit" müssen Sie ja einige bedeutende Wissenschaftler aus diesem Kreis anrufen und da kann es für Sie doch gut sein, Sie würden diese Menschen einmal leibhaftig sehen."

In der Tat existierten schon zwei dicke Leitz-Ordner mit Unterlagen für eine bundesdeutsche Untersuchung zur Lage der Gesundheit in Deutschland. Immer mal wieder bat Herr Enke mich, für ihn dieses oder jenes Papier herauszunehmen, das er gerade für eine Besprechung, sei sie per Telefon oder verbunden mit einer entsprechenden Reise brauchte, und ihm auf den Schreibtisch zu legen. Nach Lindau, zu dieser großen Weiterbildungsveranstaltung kamen immer viele von diesen bedeutenden Wissenschaftlern.

Ich war natürlich freudig berührt von seinem Angebot, an drei bezahlten Arbeitstagen plus Spesen zu den Lindauer Psychotherapie-wochen zu fahren. Das war das erste Mal, dass ich zu einer „Dienstreise" aufbrechen konnte.

Ich suchte mir ein Zimmer – was gar nicht so einfach war, denn die Tagung ist immer sehr gut besucht und Lindau im Grunde ausgebucht. Aber ich fand noch ein Zimmer in einem kleinen Hotel direkt am Bahnhof und startete dann voller freudiger Erwartung.

Damals wusste ich noch nicht, dass Lindau später über mehr als 20 Jahre hinweg fast so etwas wie eine zweite Heimat für mich werden würde. Doch darüber später.

Jetzt spazierte ich jeden Morgen, den ich dort verbrachte, mit einem Strom von Menschen, die den gleichen Weg von den Hotels direkt am

See nahmen, durch die malerische Altstadt zum Stadttheater, in dem der tägliche Hauptvortrag stattfand.

(Später, als Theo und ich in jedem April in Lindau waren, fanden die Hauptvorträge in der bis dahin neu erbauten „Inselhalle", an der Hauptstraße statt.)

An jedem Morgen referierte dort ein über seine Landesgrenzen hinaus bekannter Psychoanalytiker oder eine Psychoanalytikerin. Jeder hatte ein Thema, mit dem er/sie jeweils bundesweit oder gar international bekannt geworden ist. Wie z. B. damals Horst-Eberhard Richter aus Gießen über seine Familien-Forschungen. Ein Buch, das ihn weltberühmt hatte werden lassen hieß: „Patient Familie". Oder ein anderes: „Eltern, Kind, Neurose." Auch: „Flüchten oder standhalten". „Der Gotteskomplex" und vor allem, etwas später: „Lernziel Solidarität" wurden in hohen Auflagen verkauft und heiß diskutiert. Und ich durfte Herrn Richter nur ein paar Meter von mir entfernt beobachten, wie er souverän seinen Vortrag hielt. Es war ein wunderbares Gefühl.

Aber auch von anderen Kollegen und Kolleginnen erzählte mir Prof. Enke im Vorfeld der Lindauer Psychotherapiewochen. Über eine Berliner Kollegin meinte er schmunzelnd:

„Besuchen Sie unbedingt den Vortrag von Frau XXX und achten Sie darauf, was sie vor ihrem Vortrag macht. Sie hat eine bestimmte „Masche", mit der sie die Gunst des Publikums gewinnt. Ihr wird vor Beginn ein kleines Missgeschick passieren, sie wird sich dafür entschuldigen und das Publikum ist deshalb gut auf sie zu sprechen."

Und genau so geschah es: Die besagte Wissenschaftlerin war gerade dabei, die drei Stufen zum Podium hinaufzusteigen, da kippte ihre große Tasche um und alle ihre Papiere lagen verstreut auf dem Boden. Rasch eilten zwei Saaldiener herbei und halfen ihr, die Bögen einzusammeln. Die Wissenschaftlerin errötete ein wenig, entschuldigte sich – scheinbar – kleinlaut und hielt dann einen äußerst inhaltsreichen und wissenschaftlich anspruchsvollen Vortrag. Sie erntete stürmischen Applaus und von der scheinbar unsicheren Person war nichts mehr zu sehen. Das Publikum liebte sie.

Die drei Tage, die ich bei herrlichem Frühlingswetter in Lindau verbrachte und sah, wie die Natur zu neuem Leben erwachte, die Kastanien zwischen dem kleinen Bahnhof und dem weiten Bodensee zu blühen begannen, werden mir unvergesslich bleiben.

So wie später die weiteren 25 Jahre, die ich dann mit Theo Seifert zusammen alljährlich im April in Lindau weilte und auch meistens meinen Geburtstag dort feierte. Mit den drei weiteren Leitern der Psychotherapiewochen und deren Frauen, die bald gute Freunde wurden (und soweit sie nicht schon gestorben sind, auch heute noch zu meinen Freunden zählen) und weiteren Kolleginnen und Kollegen. Denn die unbeschwerten zwei Wochen in Lindau, die auch viel Platz ließen, Kontakte zu knüpfen und jedes Jahr zu vertiefen, ließen Lindau zu einem Freundschafts-Pool werden.

Weiter in der Forschungsstelle

Ich lernte ausgesprochen viel, war auch entsprechend wissbegierig. Mit den anderen Sekretariats-Kolleginnen – die meisten waren wesentlich jünger als ich – verstand ich mich gut und da die wissenschaftlichen Mitarbeiter uns nicht rund um die Uhr benötigten, hatten wir mitunter viel Zeit, auch einmal in den nächsten Supermarkt zu fahren, um etwas einzukaufen oder einfach nur in der kleinen Küche zu stehen und zu „ratschen". Wir verabredeten uns auch in unserer Freizeit, um zusammen in einem in der Nähe gelegenen „In-Lokal" zum Essen zu gehen. Eine noch jüngere Forscherin war im Hause, mit der ich mich sehr gut verstand – und sie sich mit mir – wir besuchten uns auch gegenseitig und es begann eine schöne Freundschaft zwischen uns, die heute noch besteht.

In der Forschungsstelle lernte ich auch Theodor Seifert kennen. Als ich eines Tages das Büro einer anderen Sekretärin betrat, um ihr etwas zu bringen, saß er dort auf dem Schreibmaschinentisch und baumelte mit den Beinen. Er begrüßte mich freundlich mit den Worten: „Schön, dass Sie da sind."

Ich hatte ihn bis dahin noch nicht gesehen, weil er nur sporadisch in die Forschungsstelle kam. Er war schon fertig ausgebildeter Psychoanalytiker und arbeitete in der Praxis in seinem Wohnhaus. Da er aber bei Prof. Enke noch promovieren wollte, kam er gelegentlich in die Forschungsstelle, um dort an seiner Promotionsschrift zu arbeiten.

Er war mir, obwohl er mit seinen schwarzen Haaren und dem Bart, den er trug, ein bisschen „wild" aussah, sofort sympathisch.

Später lernte ich ihn in den Wissenschaftskonferenzen, die in der Forschungsstelle regelmäßig abgehalten wurden und an denen ich auch als nicht wissenschaftliche Kraft teilnehmen durfte, näher kennen und erlebte, dass er oft sehr lange schwieg, aber wenn er etwas zur jeweiligen Diskussion beitrug, war dies immer äußerst schlüssig, und er trug es auch auf eine leidenschaftliche Art bei. Er genoss ein hohes Ansehen unter seinen Kollegen und Prof. Enke machte ihn zu seinem Stellvertreter. Was mir allerdings auffiel, war, dass er nie lachte. Ich zumindest sah ihn nie lachen. Er wirkte zwar freundlich, aber so richtig, aus vollem Hals heraus lachen, habe ich niemals gesehen.

Auch nicht, wenn wir uns später privat „en famille" trafen.

Manchmal, wenn er ein wenig Zeit hatte, kam er auch zu mir in mein Sekretariat, setzte sich an den kleinen Besuchertisch, und unterhielt sich einfach mit mir – über Alltagsdinge, dass er überlege, in Irland ein Ferienhaus zu kaufen, in dem er und seine Familie die Sommer über verbringen könnten.

Ich merkte schon damals, dass ich dies nicht wollte. Ohne mir weiter darüber Gedanken zu machen, spürte ich, dass ich nicht wollte, dass er längere Zeit unerreichbar sein könnte. Als er dann erzählte, dass er jetzt eines im Hohenloher Land gekauft hatte und er sich dort auf dem Land immer sehr wohl fühle, beruhigte mich das. Er lud mich und meine Familie ein, ihn, seine Frau und seine zwei Kinder (die etwas jünger sind, als meine), sie dort einmal zu besuchen.

Wir sahen uns dann in den kommenden Jahren immer mal wieder „en famille“ – wir kamen zu den Seiferts, die Seiferts kamen zu uns ins Jagdhaus – meine Kinder verstanden sich mit seinen Töchtern und umgekehrt.

Meine Beziehung mit Günther wurde jetzt auch besser, da ich keine Forderungen mehr an ihn stellte. Im Gegenteil: ich erzählte abends und an den Wochenenden viel und begeistert von meinem neuen Umfeld, merkte aber zunächst nicht, dass sich unsere Beziehung veränderte. Ich war tagsüber nicht nur ausgelastet, sondern erweiterte stetig meinen geistigen Horizont und ohne, dass ich es zunächst bemerkte, entfernte ich mich innerlich mehr und mehr von ihm. Zumal ich auch, auf einen entsprechenden Hinweis meines Chefs, Prof. Helmut Enke, ob ich schon einmal daran gedacht hatte, mich selbst einer Psychoanalyse zu unterziehen, inzwischen selbst zwei Mal in der Woche zu einem Analytiker ging.

Jeder in der Forschungsstelle arbeitende Wissenschaftler ging mindestens ein Mal in der Woche zu einem Analytiker – Stuttgart ist gut besiedelt mit zum Teil sehr bekannten und vor allem anerkannten Analytikern und in diesen Kreisen gehört es fast schon „zum guten Ton“ selbst eine Analyse zu machen. Selbst Theodor Seifert, der seine Analytikerausbildung längst abgeschlossen hatte, fuhr immer mal wieder in die Schweiz zu seiner Analytikerin, Dr. Marie Louise von Franz und auch Prof. Enke weihte mich – unter Betonung, dass es üblich sei, darüber nicht zu sprechen – ein, dass er alle vierzehn Tage nach Frankreich zu seinem ehemaligen Lehranalytiker fahre.

Ich hatte zunächst angenommen, eine Analyse zu machen, sei nur etwas für kranke oder irgendwie besondere Menschen und kam von mir aus nicht auf die Idee, mich so einer langjährigen Prozedur zu unterziehen. Für mich war es dann wie eine Ehre in den „Stand der Analysanden“ aufgenommen worden zu sein, nachdem ich beschlossen hatte, bei einem Analytiker nach einem Platz zu fragen. Ein bisschen war es für mich auch, als jetzt „geadelt" zu sein, zum „inneren Kreis der Auserwählten" zu gehören. Prof. Enke freute sich, als ich ihm erzählte, ich hätte jetzt auch einen Analyseplatz und meinte, ich könne diese ruhig während meiner Arbeitszeit durchführen.

Günther schloss sich in dieser Zeit vermehrt seinem „alten" Freund Hanns an und die beiden „verbündeten sich", ohne dass ich das zunächst bemerkte, gegen mich. Erst allmählich wurde mir klar, dass sich ein anderer, eifersüchtiger Ton bei Günther bemerkbar machte, wenn das Thema auf „Psychologie" oder auf „Forschungsstelle" zur Sprache kam.

Wenn es in der Forschungsstelle etwas zu feiern gab – in der Weihnachtszeit oder anlässlich der Promotion eines der Wissenschaftler, z. B. der von Theodor Seifert, traf man sich zum Feiern mit den Familien. Günther war stets mit eingeladen, auch die Kinder der befreundeten Paare kamen zu den Treffen – für mich war diese Zeit eine der gefühlsmäßig schönsten und ruhigsten in meinem Leben.

Leider währte sie nur relativ zwei Jahre.

Ein „Gentleman's Agreement"

Günther kam finanziell nicht wieder auf die Beine – er hatte nun mit einer Teppichreinigung begonnen, die aber nicht so gut lief. Er begann zu resignieren, vernachlässigte sich auch äußerlich, wurde zusehends unlustiger, mürrischer und depressiver.

Ich versuchte, mit ihm über unsere Beziehung zu sprechen, animierte ihn zu anderen Freizeitgestaltungen als die, welche er bevorzugte: abends fernsehen mit Rotwein, sonntags einen Waldspaziergang vor dem Mittagessen. Mir reichte das nicht.

Ich war, seit ich in der Forschungsstelle arbeitete und Zugang zu einer reich ausgestatteten Bibliothek hatte, „hungrig" geworden, hungrig nach geistiger Anregung. „Lass uns ab und zu ins Theater gehen oder in ein Konzert", schlug ich vor. Stuttgart weist ja ein kulturell reiches

Angebot auf. Ich blieb zunächst hartnäckig, machte immer wieder einen Vorstoß – mal in die eine, mal in die andere Richtung. Bis er entschieden und ausdrücklich von mir verlangte, ihn endlich in Ruhe zu lassen.

Was ich dann auch tat. Denn inzwischen merkte ich, dass bei mir eigentlich auch noch das bisschen Zuneigung der letzten Zeit erloschen war.

Ein letztes Mal verstanden wir uns, als wir vereinbarten, uns jetzt weiterhin in Ruhe und jeden sein Leben leben zu lassen – noch eine Zeitlang, bis die Kinder aus dem Haus gehen. Ich hatte ein bisschen Angst dabei – aber ich willigte ein.

Die Psychoanalyse

So war ich jetzt doch froh, dass ich einen Analyse-Platz hatte. Mein Analytiker erinnerte mich ein bisschen an meinen Großvater mütterlicherseits. Er war zwar noch nicht so alt, wie mein Großvater damals in meiner Kindheit gewesen ist, wirkte aber so freundlich, ruhig und mir wohlgesonnen, dass ich ausgesprochen gerne zwei Mal in der Woche zu je einer Stunde zu ihm ging, um einfach nur von mir zu erzählen. Ja, sicher, wenn der Analytiker – oder die Analytikerin – nicht freundlich wirken würde, bzw. freundlich ist, würde man ja auch nicht zu ihm – oder ihr – gehen.

Obwohl – inzwischen kenne ich diese Kreise gut – sozusagen auch von innen – es gibt durchaus Persönlichkeiten in diesem Beruf, die es ablehnen, zu Beginn einer Behandlung freundlich, vielleicht allzu freundlich, auf den/die Analysanden/in zu wirken, um eine möglichst „freie" Übertragung zu ermöglichen.

Die „Übertragung" ist nämlich das „A und O" bei einer klassischen Psychoanalyse. Wobei auch hier, die Analytiker, die nach der „Schule" von Freud arbeiten, strenger sind, als die, welche eine jungsche Schule durchlaufen haben. („Schule" meint hier „Arbeitsweise"). Bei einem sogenannten „Freudianer" liegen die Analysanden auf der Couch (meistens), bei einem sogenannten „Jungianer" (die weibliche Form ist hier jeweils mitgemeint) sitzen sich die beiden schräg gegenüber. Sie schauen sich also nicht direkt, vis à vis an.

Auch die „Technik" unterscheidet sich: Nach der Lehre Freuds spricht der Analytiker sehr wenig – vor allem zu Beginn der analytischen Situation. Er deutet ab und zu – nicht beliebig, sondern dem Prozess entsprechend. Bei einem nach Jung ausgebildeten Analytiker wird mehr gesprochen, er/sie stellt z. B. auch Fragen oder gibt gelegentlich eine kleine Zusammenfassung des Prozesses.

Bei einer Behandlung mit „Transaktionsanalyse" – das ist die Methode, die ich später lernen werde – geht es viel lockerer zu, da ist nicht so viel Befangenheit seitens der Klienten – die ganze Situation gestaltet sich lässiger. In der Regel praktizieren Transaktionsanalytiker auch meistens in Gruppen und da ist die Dynamik zwischen dem Leiter und den Gruppenmitgliedern naturgemäß anders.

Das, was bei einer Analyse eigentlich wirkt, ist die Einseitigkeit. Gleichgültig, ob der Analytiker/die Analytikerin viel oder wenig oder fast gar nichts sagt: der Analysand/die Analysandin weiß nichts über ihn/sie. Der Analysand / die Analysandin erzählt von sich, über sich, über sein/ihr Denken, sein/ihr Fühlen, seine/ihre Einfälle, Fantasien, Handlungen, Motivationen, Erinnerungen und Leiden; gleichgültig, was und wie auch immer.

Der Analytiker/die Analytikerin aber erzählt nichts von sich. Diese Art der Beziehung ist also einseitig. Was eine Freundschaft kaputt machen, in einer Ehe zur schweren Krise führen würde, wirkt in einer Analyse heilsam. Aber warum und wodurch? Durch die <u>Akzeptanz</u>, die der/

die Hilfesuchende erfährt. Der Analytiker/die Analytikerin ist nie unzufrieden, beklagt sich nicht, ist nicht beleidigt, klagt und mault nicht.
Er/sie ist einfach da. Wie eine gute Mutter, ein verständnisvoller Vater für ihr/sein Kind.

Natürlich hört er/sie nicht umsonst zu. Das wäre nichts wert. Nein, er/sie muss bezahlt werden, er/sie ist kein Pfarrer und selbst der wird von der Kirchensteuer bezahlt. In Analytikerkreisen wird bedauert, dass heute die Krankenkassen für die Analyse aufkommen, also die Hilfesuchenden indirekt über ihren Kassenbeitrag bezahlen. Es ist schon ein Unterschied, ob ich am Ende einer Analysenstunde jedes Mal einen bestimmten Geldschein hinlegen muss, oder ob ich einfach aufstehen und gehen kann.

Streng genommen handelt es sich bei den von den Krankenkassen bezahlten Analysen auch nicht um die klassische Analyse, sondern um eine Psychotherapie, also eine Behandlung, während die klassische Analyse das nicht ist. Sie ist viel mehr ein Reinigungs-, bzw. Läuterungsprozess. Dem ähnlich, was früher im klassischen Griechenland die Aufgabe der Dramen waren, die auf der Bühne aufgeführt wurden. An deren Stelle stand am Schluss immer die „Katharsis", die Läuterung der Seele, also eine „Seelenreinigung".
(So gesehen bin ich persönlich aus einer chemischen Reinigung für Kleidung in eine geistige Reinigung für Seelen gekommen.)

Ich hatte mich bei meinem Analytiker gleich wohl gefühlt. Bei der ersten Begegnung hatte er mich natürlich einiges zu meiner aktuellen Situation gefragt, u. a. auch, wie es um meine Ehe bestellt sei. Ohne lange zu überlegen, meinte ich locker. „Gut. Meine Ehe ist in Ordnung."

Ich sagte das einfach so und ich glaubte es zu diesem Zeitpunkt auch. Oder? Ich weiß heute nicht mehr, ob ich wirklich überzeugt war, oder ob nicht doch schon so etwas wie ein erster Zweifel in mir steckte.

Es ist ja oft so im Leben, dass man Vieles über sich selbst oder über das, was die Tage so allgemein ausfüllt, nicht weiter und gründlicher nachdenkt, sondern einfach agiert und davon ausgeht, dass ja alles ganz in Ordnung ist.

Später hat mich mein Analytiker auf diesen „blinden Fleck", den ich in Bezug auf meine Ehe hatte, hingewiesen. Auch, um mir damit zu zeigen, dass wir meistens doch nicht ganz sicher sein können im Beurteilen einer Situation, schon gar nicht einer Situation, die entsprechend zentral für unser Gefühl und unser Selbstverständnis ist.

Ich war sehr froh, dass ich während der nächsten Jahre einen Ort und einen Menschen hatte, bei dem ich „einfach sein" konnte. Wo ich ganz ich selbst, ganz einfach so sein konnte, wie mir jeweils wirklich zumute war, wo ich lachen und weinen, traurig und fröhlich, deprimiert und glücklich sein durfte, wo ich keine „*Persona*" brauchte.

Die Persona

Die „Persona" stellt nach C. G. Jung die äußere Persönlichkeit dar, die sich den jeweiligen äußeren Umständen anpasst. Es ist die Art und Weise, wie ich mich in meinem Alltag gebe und bewege, wenn ich nicht erst über mich und was mich bewegt, nachdenke.

Wenn ich z. B. in meinem Beruf tätig bin, fühle ich mich anders und stelle mich anders dar, als zu Hause in Pantoffeln und Freizeit-Look. Im Theater ziehe ich etwas anderes an, als im Garten; der Küchenchef bindet sich eine Schürze um, der Arzt zieht einen weißen Kittel an, der Richter eine schwarze Robe, der Pfarrer in der Kirche trägt sein Kirchengewand, die Krankenschwester ist auch an ihrer Berufskleidung zu erkennen. Jeder Mensch hat außer seinem ganz individuellen Aussehen viele Möglichkeiten, sich der jeweiligen Umgebung anzupassen. Und wer dies nicht tut, „fällt aus der Rolle" und wird meistens auch entsprechend darauf aufmerksam gemacht.

Aber wenn ein Analysand das Praxiszimmer seines Analytikers betritt, darf die Persona von ihm/ihr einfach abfallen – ja, er/sie darf wieder sein, wie ein Kind – unbedarft, natürlich, mit allen aktuellen Regungen und Gefühlen. Man nennt dies in der Fachsprache: regredieren. Ein Analysand/eine Analysandin muss regredieren – auf eine gesunde Weise. Das natürliche innere Kind muss sicht- und hörbar werden – auf eine natürliche Art.

Es gibt auch eine so genannte „maligne Regression" – eine ungesunde, aus der der Betreffende schlussendlich nicht gesund und von Belastungen befreit, sondern „gefangen" in seiner Neurose bleibt. Das kommt zum Glück selten vor – doch bei Menschen, die wirklich schon als Kind in ihrer natürlichen Entwicklung nicht nur gehemmt, sondern verstört wurden, kann die Analyse so einen Verlauf nehmen und sie entwickeln eine Psychose. Ein guter Analytiker/eine gute Analytikerin aber ist entsprechend ausgebildet, diese Gefahr frühzeitig zu erkennen und arbeiter dann entsprechend vorsichtig, so dass es nicht zu einem solchen Ergebnis kommt.

Ich spürte schon bald, dass etwas in mir zusammenbrach – wie ein baufälliges Haus, in dem Wand für Wand einfach einstürzt. Es fühlte sich schrecklich an, beängstigend. Ich wusste bald gar nicht mehr, wer ich eigentlich war: nicht mehr die renitente Tochter, nicht die naive Ehefrau, nicht die überlastete Mutter. Es gab äußerst verwirrende Momente, in denen es war, als löse ich mich auf, als gäbe es mich einfach nicht mehr. Ich bekam Angst. Rief meinen Analytiker zwischen meinen Terminen an, entschuldigte mich. Er reagierte freundlich und ermutigend. Ich fieberte geradezu der nächsten Stunde zu. Weil ich, wenn ich dort, in dem vertrauten Raum war, mich wieder als mich selber spürte.

Die – befreiende – Operation

Und dann brach meine Persona doch zusammen. Es passierte etwas, mit dem ich nicht gerechnet hatte: ich begann zu bluten – ununterbrochen, nicht nur alle vier Wochen. Ich war 38 Jahre alt, eigentlich noch zu jung für das Klimakterium. Natürlich ging ich zum Arzt, der mich in eine Klinik einwies. Dort wurden einige Myome in der Gebärmutter diagnostiziert. Der mich behandelnde Arzt fragte: „Haben Sie Kinder?" „Ja, drei." „Wollen Sie noch ein Kind?" „Nein, mir reichen meine drei." „Dann", sagte er: „lassen Sie am besten die Gebärmutter entfernen, dann haben sie Ruhe."

Ich bin seinem Rat gefolgt, man hat mir die Gebärmutter, nicht aber die Eierstöcke, entfernt.

Am Abend vor der Operation kam Günther mit den Kindern, die ziemlich erschrocken aussahen. Ich lag allein in einem Zimmer, das eigentlich für zwei gedacht war, sah durch ein großes Fenster auf einen Park hinaus: es wurde Herbst. Die Blätter färbten sich gelb und rot, es sah sehr schön aus. Die Kinder sahen ängstlich aus. Ich tröstete sie, sagte, ich komme bald wieder nach Hause. Wir verabschiedeten uns. Ich glaube, sie waren erleichtert, dass sie den Raum wieder verlassen konnten. Ich blieb allein und auf einmal war eine totale Ruhe in mir. Zuvor war ich eher ängstlich, erregt. Jetzt wurde ich ganz still und das Gefühl, das sich in mir ausbreitete, war absolute Ruhe und absolutes Vertrauen darauf, dass alles gut ist und alles seine Richtigkeit hat.

Ich sah hinaus in den beginnenden Herbst und einen Augenblick lang überwältigte mich eine tiefe, tiefe Traurigkeit. Mein „fruchtbares Leben" war zu Ende. In diesem Augenblick hätte ich auch sterben können – es hätte seine Richtigkeit gehabt. Aber ich wusste, ich werde nicht sterben. Ich werde weiterleben. Doch das konnte ich mir nicht konkret und auch nicht mit irgendwelchen „Wunsch-Phantasien" vorstellen. Irgendwie war da doch ein Ende. Nicht meines Lebens, aber meines bisherigen Alltags.

Bevor ich an diesem Abend einschlief, spürte ich noch die Schwere meines Körpers, der sich anfühlte, als hätte er viele Jahre lang Lasten getragen, die eigentlich zu schwer für ihn gewesen waren.

Nach der Operation, nachdem ich aus der Narkose aufgewacht war, wurde ich mit Träumen geradezu überschwemmt. Um diese Bilderflut irgendwie zu bewältigen, begann ich, als ich dann wieder zu Hause war, zu malen mit Wasser- und Ölfarben, mit Kreiden, auf trockenen und auf nassen Blättern, in vielen, vielen Arten und Variationen. Ich hatte mir – noch bevor ich ins Krankenhaus gegangen bin, ein eigenes Zimmer eingerichtet – was in unserer großen Wohnung ja leicht möglich war. Dahin zog ich mich jetzt, in der Rekonvaleszenz-Zeit zurück. Mit den Bildern und jenseits der Bilder reimten sich Gedichte – ich wurde von meinem Unbewussten geradezu überschwemmt mit Informationen.

Zwei Gedichte möchte ich an dieser Stelle bringen:

Seele lerne fliegen,
Geist erhebe dich
von deinem Schlaf,
der dich vor der Blindheit der Welt schützte.

Es dämmert der Morgen der Erkenntnis.
Wissend kannst du nicht tun,
als sähest du nicht.
Das Herz, von dem die Angst gewichen,
lässt dich erwachen.
Betrete schauend die Brücke des Lichts
und werde wozu du geboren: Frei!

Es war, als stülpe sich mein Inneres nach außen – und wieder zurück. Meine Forschungsstellen-Freunde besuchten mich und Theodor Seifert schickte mir ein Buch: „Spontan leben“ von Muriel James und Dorothy Jongeward. Eine Einführung in die Transaktionsanalyse.

Natürlich hatten weder er noch ich eine Ahnung davon, dass ich selbst einmal Transaktionsanalytikerin werden würde. Wie auch?

Aber hier ist deutlich zu erkennen, dass es bereits eine geheime Verbindung zwischen uns gab, von der wir jedoch beide überhaupt keine Ahnung hatten. Doch unsere Seelen wussten darum. Seelen wissen immer mehr, als deren Träger und Trägerinnen.

Meine Wurzeln liegen nicht im Erdreich des Landes,
verborgen im Sand und Gestein des Meeres. wo es am tiefsten,
der großen Stille und Einsamkeit ergeben,
den glühenden Feuern der Mitte nahe,
den starken Gewalten dienend.

Meine Seele tanzt auf den Wellen des ewigen Wassers,
umspielt und liebkost vom Südwind,
liebend und lachend,
ausgeliefert den Stürmen des Westens,
erstarrend unter der kalten Hand aus dem Norden,
hoffend auf die Sonne des Ostens.

Mein Geist war geworfen an Bord eines Schiffes,
mit hochgesetzten, weißlinnenen Segeln,
das das Leben durchquert,
reich beladen mit allerlei Kostbarkeiten,
die behütend verschlossen in Truhen und Kasten
dem Tag der Befreiung harren.

Sehr viel später, 2012, hat Theodor Seifert anlässlich des 51. Todestages von C. G. Jung einen Vortrag über „Die prospektive Funktion", geschrieben. Ich hatte sie am Anfang der Biografie schon erwähnt.

C. G. Jung war überzeugt, dass die Psyche sich selbst regulierend ist und dass die seelische Entwicklung im Menschen ihren Weg kennt, vorausahnend weiß, in welche Richtung sie sich bewegen muss. Der Mensch kann ihr vertrauend folgen, indem er ihre Hinweise beachtet, die in Träumen und Fantasien, aber auch im Alltagsgeschehen, sowie in Synchronizitäten zum Ausdruck gelangen.

Und mit jedem kreativen Strom fühlte ich mich wieder stärker und lebendiger. Das Programm, das ich von meiner Mutter übernommen hatte, löste sich nach und nach auf und ich entdeckte mich. Ich fühlte mich nicht mehr als Tochter, die alles gegen ihren Vater und etwas für die Mutter tut, nicht mehr als Mutter, die für ihre Kinder lebt, nicht mehr als Ehefrau, die auf ihren Mann bezogen ist. Zum ersten Mal in meinem Leben fühlte ich mich frei, nur auf mich selbst bezogen.

Es war ein so wunderbares Gefühl, ein Gefühl von so unendlicher Freiheit, Schönheit und Helle, dass ich mich fast wie betrunken fühlte – betrunken von Glück. Weil ich endlich frei war, vollkommen frei. Ich hätte zuvor nie geglaubt, dass es so ein wunderbares Gefühl überhaupt geben kann.

Doch noch wusste ich nicht, dass genau ein Jahr später ein – wirklich – neues Leben für mich beginnen wird.

Die Operation fand im Herbst 1976 statt. In der Vorweihnachtszeit war ich wieder in der Forschungsstelle und bei der kleinen Weihnachtsfeier, die ich in diesem Jahr als besonders innig empfand, tanzten Theodor Seifert und ich zusammen – als ein Traum-Tanz-Paar. Und jetzt waren es nicht die „love letters in the sand", auf die wir tanzten, sondern: „Yes, Sir, I can Boogie" und „Sorry, I'm a lady" – von Baccara.

Der 29. Oktober 1977

Die junge Wissenschaftlerin und einer ihrer schon promovierten Kollegen hatten geheiratet. Ich war Trauzeugin. Wir besuchten uns oft, bzw. ich besuchte meistens die beiden in Stuttgart, sie kamen eher selten zu mir nach Friolzheim. Ich war sogar sehr oft bei ihnen, half ihnen beim Umziehen von einer Wohnung in eine andere und vor allem beim Ausräumen eines alten Bauernhauses in Hohenlohe, das sie gekauft hatten, um dort ihre Wochenenden zu verbringen. Die Wohnung in Stuttgart war recht klein und beide wollten auch gerne zum Ausgleich ihrer wissenschaftlichen Tätigkeit ein wenig ländliches Leben mit Garten-Arbeit verbringen.

Wir richteten miteinander das idyllisch im Jagst-Tal gelegene Häuschen, das sie mit einem großen Garten-Grundstück darum herum von einer alten Einwohnerin gekauft hatten, ein, sie nahmen einen Hund – undefinierbarer Rasse, einem Jagdhund ähnlich – zu sich, der im Jagdhaus auf die Welt gekommen war, wir kochten, backten und aßen zusammen die erste Weihnachtsgans und verbrachten so viele Wochenenden miteinander. Manchmal nahm ich meine Tochter mit, denn sie hatte in der Waldorf-Schule einen anderen Ferienplan als die Söhne in der Staatsschule und ich wollte nicht, dass sie alleine zu Hause ist.

Es war eine sehr intensive Zeit. Ich lebte plötzlich in einer Welt, die ich bisher so nicht gekannt hatte. Eigentlich, wenn ich jetzt darüber nachdenke, waren es zwei Welten: die im Jagdhaus und die in der Forschungsstelle, die eng mit dem Leben meiner Freunde dort verbunden war. Ich weiß es nicht: Vielleicht erleben es die meisten Menschen ähnlich, die berufstätig sind – wahrscheinlich eher die Männer, weil doch für die meisten von ihnen die Berufstätigkeit eine zentrale Stelle einnimmt. Für mich war diese Art des Lebens neu – ich kannte ja bisher nur das in und mit meiner Familie.

Angela, 40 Jahre alt

Für mich hatte diese Zeit damals etwas Rauschhaftes. Denn es kam ja auch noch die Analyse dazu. Zwei Mal in der Woche über einige Jahre hinweg zu einem Analytiker zu gehen und über sich selbst, das eigene Leben zu sprechen, setzt eine enorme Dynamik in Gang. Da werden Valenzen frei, von denen man bisher keine Ahnung hatte.

Ich muss es wiederholen: Die Arbeit in der Forschungsstelle, die für sich schon war, wie ein Studium; das Beisammensein mit meinen neuen Freunden und die Familie: in alle drei Bereiche floss sehr viel Libido

(= Lust, Begehren, Lebenskraft) und verlieh mir eine bis dahin nicht gekannte Energie. Es war sozusagen der Höhepunkt meines Lebens – im Jahr vor meinem 40. Geburtstag.

An einem Samstag, dem letzten im Oktober, hatte der Freund Geburtstag und lud seine Frau, die Seiferts und mich zu einem Abendessen in ein uriges Lokal in der Nähe ihres Bauernhauses ein. Theodor Seiferts Frau war jedoch, weil Herbstferien waren, mit ihren Töchtern nach Berlin gereist, deshalb kam er alleine. Wir verbrachten einen genüsslichen und fröhlichen Abend zu viert. Danach fuhren die beiden in ihr Haus, Theodor Seifert und ich liefen zu Fuß zu einer Gaststätte in der Nähe, wo zwei Zimmer für uns bestellt waren.

(Das Seifertsche Bauernhaus wurde gerade renoviert, deshalb konnte er nicht bei sich zu Hause übernachten.)

In der Gaststätte war noch reger Betrieb – es war Samstag und viele Einheimische saßen an langen Tischen zusammen, tranken ihr Bier, unterhielten sich, lachten – es war laut, aber lustig. Wir gingen zu unseren Zimmern, doch ich hatte noch keine Lust, gleich schlafen zu gehen, die Lebendigkeit der Gastwirtschaft ließ noch keine Müdigkeit aufkommen, und ich sagte zu Theodor Seifert: „Ich gehe noch einmal runter in die Wirtschaft, ich habe noch Durst." „Eine gute Idee", meinte er, „ich komme mit".

Wir saßen dann noch eine ganze Stunde lang am Ende eines langen Tisches, tranken unseren Wein und unterhielten uns angeregt. Ich stellte fest, dass er schöne Hände hatte. Sie waren relativ groß, lang und feingliedrig. Wir unterhielten uns über das „Fingerspitzengefühl", und ich stellte erfreut eine Vertrautheit fest, die ich bisher so noch nicht gespürt hatte.

Zwar war Theodor Seifert, wenn er in die Forschungsstelle kam, oft in meinem Büro gewesen und wir hatten dort über Dieses und Jenes gesprochen, uns stets angeregt unterhalten – aber hier war es anders, wir waren uns sehr nahe, saßen nebeneinander an einem Tisch – wir waren auf einer total gleichen „Wellenlänge“.

Als sich das Lokal leerte, wurde es auch für uns Zeit, in die Zimmer zu gehen. Dann standen wir uns oben vor den Zimmern gegenüber und spontan, ohne dass ich es irgendwie beabsichtigt hätte, umarmten wir uns. Aber nicht nur rasch, wie man sich unter Freunden umarmt, wenn man sich verabschiedet, sondern mit einer Innigkeit und Zärtlichkeit, die ich auch von mir so noch nicht kannte.

Wir sprachen nicht. Ziemlich lange blieben wir so noch beieinander, miteinander stehen, bis ich fragte: „Einfach so?“ Er antwortete: „Einfach so.“ – Und damit schien alles gesagt zu sein. Es war weit nach Mitternacht, als wir uns endlich trennten.

Ich konnte in dieser Nacht nicht mehr schlafen – ich genoss einfach das neue Gefühl, das ich in dieser Nacht in mir entdeckt hatte: Es war ein wunderbar weiches, bis ganz tief in meine Seele hinein und hinunter reichend. Ich weiß nicht so recht, wie ich es beschreiben kann. Es war ein bisher nicht gekanntes, noch nie erlebtes Gefühl von absoluter Freiheit. Es füllte mich ganz aus, es war, als gäbe es nur noch dieses Gefühl – innen und außen – als wäre ich eingehüllt in dieses und von diesem Gefühl, das auch gleichzeitig eine Empfindung war – die totale Sinnlichkeit.

Und vor allem: Ich wusste: Ich bin frei!

Dieses Wissen, gepaart mit dem Erleben dieser allumfassenden, tiefen Sinnlichkeit in mir, war das Allerschönste, was ich je in meinem Leben bisher erlebt hatte.

Dieses „Hoch-Gefühl“ werde ich nie in meinem Leben vergessen – ich bin auch heute noch sehr dankbar, dass ich es erleben durfte. Vielleicht war dieses Erleben nur, sicher aber erst möglich nach all dem, was ihm vorausgegangen war, dem Leid, dem Schmerz, der Verzweiflung.

Wir waren am Morgen bei den Freunden zum Frühstück eingeladen. Als ich dort ankam, saß Theodor Seifert bereits bei den beiden am Frühstückstisch, ich wurden von den Dreien fröhlich begrüßt.

Bevor ich mit meinem Frühstück fertig war, ging Theo Seifert in sein Haus, um dort weiter zu arbeiten, ich machte mit dem Hund der Freunde noch einen langen Spaziergang, es war ein wunderschöner sonniger Herbsttag mit blauem Himmel und bunt gefärbten Blättern.

Ich überlegte, ob ich zu Seiferts Haus gehen sollte, um mich zu verabschieden, tat es aber nicht – vielleicht wollte ich seinen Zauber noch in mir bewahren – sondern fuhr am Spätnachmittag nach Hause – doch ich trug einen kostbaren Schatz in meinem Herzen.

Synchronizität der Ereignisse:

Für mich hat der Oktober inzwischen etwas Magisches:

- Vor genau 20 Jahren, am 29. Oktober 1957 hatte ich meinem erste Ehemann Günther esagt, dass ich ihn heiraten werde.
- Die Verbindung mit meinem zweiten Ehemann, Theodor Seifert, begann am 29. Oktober 1977 in Heimhausen.
- Meine Mutter hatte am 6. Oktober Geburtstag.
- Meine erste Enkelin hat genau 80 Jahre später, am 6. Oktober Geburtstag.
- Mein erster. Analytiker hatte Anfang Oktober Geburtstag.
- Rüdiger Rogoll, mein Lehrer der Transaktionsanalyse hat Anfang Oktober Geburtstag.
- Und: Der älteste Freund und Schwager von Theo hat Mitte Oktober Geburtstag.

Wer weiß, vielleicht werde ich in einem Oktober sterben?

Das absolute Gefühl von Stimmigkeit

Ich fühlte mich unsicher, als ich in der Woche darauf wieder in die Forschungsstelle fuhr, wusste ich doch nicht, wie die Begegnung dort mit Theodor Seifert nach dem gemeinsam erlebten Wochenende sein würde.

Er kam erst am Dienstag, begrüßte mich freundlich wie immer, sagte, er hätte gehofft, ich wäre am Sonntag, bevor ich nach Hause gefahren war, noch einmal bei ihm vorbeigekommen. Ich fühlte mich auch ein wenig befangen, sagte, ich hätte doch noch eine relativ weite Strecke vor mir gehabt, usw.

Er meinte: „Man müsste in den Löwensteiner Bergen wohnen (das ist die Gegend zwischen Hohenlohe und Stuttgart), wirkte ein bisschen unsicher und legte, bevor er mein Sekretariat verließ, einen Zettel in Form einer Hand von einem Abreißblock auf meinen Schreibtisch.

Als er gegangen war, nahm ich den Zettel: Er hatte „Die Welt wird transparent“ darauf geschrieben.

Er kam erst am Freitag wieder in die Forschungsstelle, klopfte gleich an meiner Türe und fragte, ob ich heute Abend ein bisschen länger bleiben könne, er sei um 18 Uhr fertig. Ich sagte zu. Mit Herzklopfen.

Es war ein heller, klarer Novemberabend. Die Forschungsstelle liegt am Waldrand, die Parkplätze davor sind mit Straßenlaternen beleuchtet. Wir sprachen nicht, er nahm mich einfach in die Arme, ich sträubte mich nicht. Noch nie hatte mich jemand mit so viel Zärtlichkeit umgeben, mit so viel Sanftheit und Respekt.

Nach diesem Abend war es keine Frage mehr, dass wir für immer zusammenbleiben. Wir waren uns so vertraut, wie ich nie zuvor und nie danach mit einem Menschen vertraut gewesen bin.

Wir waren Geliebte und hätten gleichzeitig Geschwister sein können, auch von den Proportionen unserer Körper her, die sich auf eine ganz natürliche und vertraute Weise zu kennen schienen. Dies blieb so bis in unser Alter hinein.

Theodor Seifert, 45 Jahre alt

Es war keine Frage, dass wir zusammenbleiben, weil wir zusammengehören. Es war, als kannten wir uns schon sehr, sehr lange, bereits über viele Leben hinweg. Uns durchströmte eine starke Freude, dass wir uns – endlich – wiedergefunden hatten.

Das Besondere, bzw. das Einfache, das, was unsere Beziehung in ihrer Tiefe und gleichzeitig in ihrer Einfachheit ausmachte, war eine gemeinsame Schwingung.

Er hat mir später erzählt, dass es viele außereheliche Beziehungen in seinem bisherigen Leben gab. In Schweden scheint dies fast zum guten Ton gehört zu haben. Auch wusste ich von einer Physiotherapeutin, die in der Psychotherapeutischen Klinik arbeitete – sie massierte mir anlässlich eines „Hexenschusses" eine Zeitlang den Rücken – dass „hier jeder ein außereheliches Verhältnis hat".

Trotzdem wusste ich, dass es bei Theo Seifert und mir anders war. Ich sagte es ihm auch. Er lachte und meinte: „Ja, es stimmt, hier in der Klinik läuft so einiges, ich hatte auch so eine Beziehung zu einer Kollegin – die habe ich gerade beendet und mir vorgenommen, nie wieder eine außereheliche Beziehung einzugehen."

Und ich wusste, dass er meinte, was er sagte und dass ich keine vorübergehende Liaison für ihn bin. Ich wusste es, die Art, wie er sich mir genähert hat, war nicht die, welches ein schnelles Ende der Affäre ahnen ließ. Woher ich das wusste? Vielleicht durch kurze, kaum wahrnehmbare Momente des Zögerns bei ihm vor der nächsten Geste, durch winzige Unsicherheiten, die ich an ihm bemerkte. Er wirkte nicht wie ein geübter Verführer – eher wie ein Pennäler, der sich das erste Mal verliebt hatte. Aber der Hauptgrund meiner diesbezüglichen Sicherheit war das untrügliche Gefühl in mir:

Das absolute Gefühl von Stimmigkeit.

Das kann man – eher frau! – spüren, ich habe es später Frauen, die zu mir in Therapie kamen, erklärt. Zu beurteilen, ob etwas richtig oder falsch ist, vermag nicht das Denken, sondern das Fühlen. Man spürt es ungefähr in der Magengegend – wenn man wach und aufmerksam dafür ist. Es hat bei mir immer funktioniert – nicht nur jetzt, in der Phase des Zusammenkommens, sondern auch in der Phase des Abschiednehmens, als die junge Ärztin sagte: „Er wird sterben". Da spürte ich den „Stich" in der Magengegend und ich wusste, dass es da Zeit war, ihn gehen zu lassen. Weil er nicht mehr leben konnte – seine Kraft, die Lebenskraft, seine Libido war verbraucht.

Ich wusste es schon eine Woche zuvor:

Er war auf Raten der Ärzte hier in ein Krankenhaus gebracht worden, von dem sie sagten, da erhalten die Kranken eine besondere Pflege.

Als ich ihn aber dort am 2. Tag besuchte, weinte er und sagte: „Ich habe keine Kraft mehr." Ich fragte: „Wozu hast du keine Kraft mehr?" Er antwortete: „Für's Leben."

Ich ließ ihn sofort nach Hause bringen, um für ihn 24 Stunden am Tag da sein zu können. Am nächsten Tag – es wäre Montag gewesen, hätte ich einen Palliativ-Arzt geholt. Aber er ist bereits am Sonntag gestorben.

Trotzdem haben wir hier aber nie über den Tod, oder das Sterben gesprochen. Ich hatte zwar Angst, dass er sterben könnte, aber ich hatte nicht geglaubt, dass er stirbt. Das schein widersinnig zu sein. Doch es war so. Obwohl der Tod quasi neben Theo's Bett stand, habe ich ihn nicht gesehen. Weil ich ihn nicht sehen wollte.

Zwei aufgeklärte, tiefenpsychologisch geschulte und auch geistig bewanderte Menschen im neunten Lebensjahrzehnt, schwerst-krank der eine, sprechen nicht über den Tod! Wie kann man so eine Realitätsverweigerung verstehen? Natürlich hatte ich Angst.

In der Psychoanalyse wird so ein Mechanismus, wie ich ihn in dieser Zeit angewandt habe, „Abwehrmechanismus" genannt. Die jüngste Tochter von Freud, Anna, die sich die Lehre ihres Vaters zu eigen gemacht und in seinen letzten Jahren mit ihm zusammengearbeitet hatte, entwickelte ein differenziertes Konzept dieser Abwehrmechanismen, die von der menschlichen Psyche eingesetzt werden, wenn dieser Mensch Angst hat. Unbewusst verdrängt er dann diese Angst, verleugnet sie oder setzt andere Mechanismen ein, sie nicht wahrzunehmen: Er rationalisiert, oder intellektualisiert, er verkehrt sie ins Gegenteil, spaltet sie ab oder projiziert sie auf jemand oder etwas anderes.

Ich erwähne sie hier, um mein Verhalten damals, kurz vor Theo's Tod verständlich zu machen. War das falsch, dass wir nicht über den Tod gesprochen haben, frage ich mich heute? Hätten wir darüber miteinander im Gespräch sein sollen? Fragen, die sich nicht mehr beantworten lassen.

Schwingungsmuster

Wenn das, was Menschen erleben, wenn sie miteinander in Kontakt sind, manchmal beschrieben wird in den Worten: „Die ticken gleichzeitig“, heißt das in einfachen Worten, sie befinden sich im gleichen Schwingungsmuster.

Da es nichts Festes, Konstantes, Starres gibt, sondern sich immer alles in verschiedenen Vibrationen in Bewegung hält, trifft man gelegentlich auf Menschen, die gerade auf der gleichen Ebene miteinander vibrieren. Ich werde zu diesem Sachverhalt später noch etwas schreiben, wenn ich berichte, wie Theo und ich Bekanntschaft mit psychoaktiven Substanzen machen konnten. Dieses so präzise „auf der gleichen Ebene miteinander schwingen“ hatte ich nie zuvor und auch nie danach mit einem anderen Menschen erlebt – und das vierzig Jahre lang.

Ich erlebe natürlich mit jedem Menschen, mit dem ich in Kontakt bin, ein bestimmtes „miteinander schwingen“. Das ist normal – wie könnte es anders sein. Doch es fühlt sich bei jedem Menschen anders an.

Im Verständnis der alten griechischen Welt, in der ja unsere Kultur überwiegend wurzelt, wurde ein schöner, junger Gott beschrieben, der nicht geboren wurde, also keine Eltern hat, sondern der einfach, aus sich selbst heraus aus dem Urmeer auftauchte und „Eros“ genannt wurde. Er trug einen Kasten voller Pfeile über der Schulter und wenn er mit einem dieser Pfeile einen Menschen getroffen hatte, erfasste diesen ein liebendes Begehren.

Die heutige Wissenschaft hat längst die Sympathie, die Menschen für- und zueinander spüren, aufgrund von bestimmten Hirnströmen und chemischen Markern untersucht, sie hat die geheimnisvolle Götter-Welt längst entzaubert. Aber sie vermag nicht, unsere Faszination für die Bereiche der Fantasie zu vernichten. Wie farblos wäre so ein Dasein.

Deshalb erfinde ich jetzt einmal ein Märchen. Vielleicht ist es auch eine wahre Geschichte – wer will das beurteilen: Vor langer, langer Zeit – oder, wer weiß: vielleicht findet es auch jetzt statt, immer wieder, vielleicht gibt es ja den Begriff und das Gefühl „Zeit" nur in unserem Erleben jetzt in diesem Universum, in diesem Bewusstsein, das uns auszeichnet.

Also: In einem unserem Bewussten nicht zugänglichen Sein werden Wesen nicht nacheinander geschaffen, sondern immer paarweise, aber zweigeschlechtlich, also männlich und weiblich, jeweils also ein Urpaar, dem die Aufgabe zufällt, sich durch Trennung und individuelle Entwicklung zu differenzieren und nach einer gewissen Zeit dieser Ausdifferenzierung – einigen Inkarnationen (falls man an „Wiedergeburt" glaubt) erneut zusammen zu kommen, sich zu vereinen, eine Zeitlang miteinander zu wachsen, sich dann wieder zu trennen, um sich später, inzwischen gewandelt, neu zusammenzufinden. Und dies viele, viele Male, bis endlich ein ganz feines, vollkommenes Paar entwickelt worden ist, welches in diesem Zustand ewig, in seliger Eintracht fortbesteht.

Ist das nur ein schöner Gedanke aus der Sehnsucht nach dem anderen geboren? Ja. Aber was heißt hier „nur"? Ich denke, jeder Gedanke, jede Vorstellung hat seine/ihre Berechtigung, denn jede Geistestätigkeit beruht auf objektivierbaren Hirnströmen. Insofern steht auch jeder Fantasie, jedem Märchen ihre Wahrheit zu. Man muss sie nur richtig dechiffrieren.

Im Übrigen verweise ich auf das Symbollexikon, das Anette und Lutz Müller mit vielen anderen Autoren im Internet eingerichtet haben, zu finden unter: www.symbolonline.de.

Dort schreibt der Theologe und Sachbuchautor Gerhard Wehr u. a., dass C. G. Jung mit dem Begriff Hermaphrodit auch die Aspekte Anima und Animus verbunden hat, also die weibliche Seite im Mann, die Anima, und die männliche Seite in der Frau, den Animus.

In der Tat lohnt es sich, auch in Psychotherapien mit diesem Gesichtspunkt, dass Männliches in jeder Frau und Weibliches in jedem Mann mitregiert, die Hilfesuchenden zu betrachten.

Sehr vereinfacht gesagt, muss zunächst einmal geschaut werden, ob diese geschlechtsandere Seite bei jemandem bereits differenziert oder noch undifferenziert geblieben ist.

Wenn eine Frau gut denken und klar sehen kann, wohin sie will und auch realistische Vorstellungen von ihrem Weg hat, ist ihr Animus wahrscheinlich schon gut differenziert. Bleibt sie aber im Unklaren, Undifferenzierten oder im weinerlich anklagenden Ton, ist er noch undifferenziert.

Wenn ein Mann mehr oder weniger „herumeiert", also gar nicht weiß, was er will oder in seinen Äußerungen stets im Ungefähren, nebulös bleibt, ist seine Anima ebenfalls unentwickelt. Das sind die Männer, die meistens ein nicht besonders gutes Verhältnis zu ihrer Mutter gehabt hatten.

In unserer Zeit heute, vor allem auch im Namen Gleichberechtigung haben die meisten Frauen einen gut differenzierten Animus und die Männer entweder eine undifferenziert gebliebene Anima oder eine, die gleich bei jeder Schwierigkeit einen persönlichen Angriff vermutet, also eine paranoide.

Mehr oder weniger vereinfacht lässt sich zusammenfassen: Je reibungsloser und vor allem beglückender ein Leben verläuft, je wohler und bejahender sich ein Mensch fühlt, desto besser integriert, also mit positiver Außenseite und gut differenzierter Innenseite ist er/sie. Dann spricht man von einer integren Persönlichkeit.

Doch alles in allem: die Tiefenanalyse der innwendigen Figuren ist nicht einfach, man kann sich da leicht verheddern, man muss die Lehrgänge der jungschen Schule schon intensiv besucht und auch ziemlich viel Erfahrung gesammelt haben. Man kann sie natürlich auch einfach weglassen und sich anderweitig die Abläufe der Seele aneignen. Up to you!

Wer sich auf klare und nicht zu schwierige Weise mit dieser Thematik befassen will, kann „Die Psychologie von C. G. Jung" von Jolande Jacobi lesen, das Buch, das für Theo eine schicksalhafte Fügung bedeutete (vgl. S. 176) und das bis heute immer neu aufgelegt wird.

Endlich bist du da!

Zurück zu Theo Seifert und mir. Bis kurz vor Weihnachten mussten wir für unser Beisammensein mit Theos Arbeitszimmer in der Forschungsstelle nach Dienstschluss vorliebnehmen. Dann kamen die Weihnachtsferien. Theo's Frau fuhr einige Tage vor dem Fest mit den Kindern in ihr Bauernhaus im Hohenloher Land. Und Theo fragte, ob ich ihn bei sich zu Hause besuchen käme, er würde zwei Tage, bevor er ebenfalls ins Bauernhaus fahren würde, arbeitsfrei sein, um die restlichen Sachen für den Weihnachtsurlaub zusammen zu packen. Da die Kinder schon schulfrei hatten und in der Forschungsstelle in dieser Woche nur halbtags gearbeitet wurde, sagte ich – natürlich und gerne! – zu.

Es war schon ein herrliches, aufregendes Gefühl, zu ihm zu fahren, die Seiferts wohnten am anderen Ende der Stadt. Ich war früher schon öfter bei ihnen im Haus. Als er mir aber jetzt die Türe öffnete, sagte er den überraschenden Satz: „Endlich bist du da!"

Er sagte diesen Satz so inbrünstig, dass ich fast erschrak – über diese Kraft und Nachdrücklichkeit, die in seiner – schönen, tiefen, ausdrucksstarken! – Stimme klang. Er war sich ganz sicher. Jetzt wusste ich endgültig, dass diese Beziehung ernst ist, dass sie nicht auf einer derzeitigen Verliebtheit gründet, dass sie auf Dauer ausgelegt ist.

Als ich an diesem Abend nach Hause kam, hatten die Kinder schon begonnen, den Weihnachtsbaumschmuck heraus zu holen und meine Tochter hatte ihr in der Waldorfschule angefertigtes Weihnachtsbild unter den Tannenbaum gelegt, der schon aufgestellt im Wohnzimmer stand. Sie hatte die Jungfrau Maria, die Hirten und den Engel gemalt, und in ihrer noch ungeübten Schrift daruntergeschrieben: „Fürchtet euch nicht!"

Ein passenderes Weihnachtsgeschenk hätte sie mir nicht machen können. Fürchtet euch nicht! Natürlich fürchtete ich mich. Ich wusste, es wird noch viel Unerfreuliches auf uns zukommen. Man, bzw. Mann und Frau beenden 20-jährige Ehen nicht einfach so. Auch nicht, wenn „einfach so" unser Leitspruch war.

Schließlich gab es die fünf Kinder. Und diese waren für uns beide sehr, sehr wichtig. Wir wollten beide nicht, dass die Kinder leiden müssten. Ich fürchtete mich sehr.

Doch ich bin sicher, ich hätte das alles nicht erlebt, bzw. hätte es nicht zulassen können, wenn nicht die Zeit davor gewesen wäre, die Zeit, in der das Programm, das meine Mutter mir gab, erloschen ist; die Zeit meiner Depression; die Operation.

Ich verstehe das heute so, dass diese Zeit ein allmähliches Absterben des bis zu diesem Zeitpunkt gewesenen Lebens war. Es fand sozusagen eine Häutung statt.

Meine erste Lebenshälfte näherte sich ihrem Ende zu. Ich war fast 40 Jahre alt.

In meinem Leben scheint ein gutes Timing zu wirken: Nach 20 Jahren Jungfrauen-Dasein folgte eine 20jährige Ehe und danach eine zweite 40jährige Beziehung, davon waren auch 20 Jahre Ehe, die in meinem 80.Lebensjahr durch den Tod des Partners beendet wurde.

Dazwischen, wiederum nach etwa 20 Jahren, erhielt diese Ehe allerdings einen neuen Stellenwert, eine andere Qualität. Diese trat kurz nach meinem 60. Geburtstag auf. Da begann Theo's Leidenszeit – er wurde so schwach, dass er von einem Stuhl nur aufstehen konnte, wenn zwei, drei oder auch mehr Kissen darauf lagen. Es war mühsam, mit ihm unterwegs zu sein. Zwei Jahre später, im Januar 2000 wäre er fast gestorben, wenn es die ärztlichen Kapazitäten des Robert-Bosch-Krankenhauses in Stuttgart nicht gegeben hätte, die bis zum Schluss seine schwere Erkrankung auf einem gut zu lebenden Level gehalten hätte.

Es muss einen Regisseur in meinem Leben geben, der eine bestimmte Struktur und klare Grenzen liebt.

Gegensätze ziehen sich an – gleich und gleich gesellt sich gern

Ich lernte also in Theodor Seifert einen Menschen näher, ganz nahe, kennen, mit dem es viele Übereinstimmungen gab und der sich doch auch sehr stark von mir unterschied.

In der Psychologie C. G. Jungs – diese Richtung vertrat Theodor Seifert – leidenschaftlich – tief von ihr angezogen und überzeugt! – gibt es vier verschiedene Funktionstypen und 2 verschiedene Einstellungstypen. Das heißt: jeder Mensch hat eine ganz bestimmte Art, auf die Welt zuzugehen oder sich zurückzuziehen, das, was er sieht und erlebt, einzuordnen in ein bestimmtes vorgegebenes menschliches Grundmuster, das aus vier verschiedenen Funktionen besteht:
der Empfindung = ich sehe, rieche, schmecke, taste, dass etwas da ist;
der Intuition = ich ahne dieses oder jenes;
dem Denken = ich denke dieses oder jenes;
dem Beurteilen = ich bewerte dieses oder jenes.

Diese vier Grundmuster können nun extra- oder introvertiert zum Ausdruck gelangen – je nach Grundveranlagung eines jeden Menschen. Diese von Jung aus alten Schriften gefundene und dann von ihm differenziert dargestellte Typenlehre kann hilfreich zum Verständnis eines Menschen sein; sie sollte allerdings nicht zu schematisch oder zu eng aufgefasst werden. Doch eignet sie sich gut, um einen Menschen grob zu charakterisieren.

Auf uns beide, Theo und mich bezogen, lassen wir uns zum Zeitpunkt des Beginns unserer Beziehung so beschreiben:

Ich war damals ganz eindeutig introvertiert, ging eher zögernd und etwas ängstlich, mich absichernd auf die Welt zu; während Theo sich genau so eindeutig extravertiert, freudig und erwartungsvoll der Welt zuwandte. Wir ergänzten uns also.

Mit Günther Waiblinger war es übrigens ähnlich: auch er war ausgesprochen extravertiert und ich introvertiert.

Es gab sowieso einige Gemeinsamkeiten zwischen meinen beiden Ehemännern – wie könnte es auch anders sein. Die Grundzüge im Leben gleichen sich immer.
Bei den Einstellungen gab es allerdings Unterschiede zwischen Theo und Günther:

Auch Günther ging wie Theo spontan intuitiv auf das Leben zu, doch Theo benutzte als zweite, starke Funktion sein Denken, während Günther dem Fühlen nahestand und das Fühlen ist bei einem Mann – zumindest in unserer Gesellschaft – eher problematisch. Er hatte, was Dr. Marie Louise von Franz, die Lehranalytikerin von Theo, eine „unentwickelte Anima" nannte.

Bei mir war / ist es auch die Intuition, die als erstes anspringt und ebenso, wie bei Theo, das Denken.

Ich erwähne diese jungsche Diagnostik hier – nur sehr kurz, um das Agens, die treibende Kraft, zu beschreiben, die dazu führte, dass ich schließlich meine Ehe verließ.

Damals, vor 20 Jahren, als ich beschloss, mit Günther eine gemeinsame Zukunft aufzubauen, war es der Wunsch und die Fantasie, mit ihm zusammen eine gemeinsame Existenzgrundlage zu schaffen, um meiner Mutter die Familie zu schenken, die sie sich gewünscht hatte, also Ehefrau und Mutter zu werden.

Jetzt ging meine – mir damals noch unbewusste – Fantasie darum, mich zu „verwirklichen". (Die „Selbstverwirklichung" war damals in vieler Frauen Bewusstsein, war vieler Frauen größter Wunsch.) Mein Körper hatte sich verwirklicht – ich hatte drei Kinder geboren! – doch mein Geist befand sich fast noch im Zustand der „tabula rasa".

Im gleichen Geist verbunden sein

Ich habe den Augenblick nie vergessen, als ich kurz vor Weihnachten 1977 das erste Mal in Theodor Seiferts Praxiszimmer im zweiten Stock seines Reihenhauses stand und die Wände mit Bücherregalen vom Boden bis zu Decke sah: Es hatte mir beinahe den Atem verschlagen vor Staunen und Begeisterung. Schon in der Forschungsstelle hielt ich mich, wann immer es meine Arbeit zuließ, in der Bibliothek auf, las manchmal stundenlang oder nahm mir auch mal dieses oder jenes Buch mit nach Hause. Dass eine solche Institution über eine Bibliothek verfügt, war klar, aber dass es in einem privaten Raum solch eine Fülle von Büchern geben kann, versetzte mich in Begeisterung.

Schon als Kind habe ich mir eine eigene Bibliothek gewünscht, zu jedem Geburtstag war mein größter Wunsch: ein Buch. Und als ich fünf oder sechs beieinanderhatte, habe ich angefangen, sie zu „katalogisieren“. Leider bin ich damals nicht weit gekommen.

Jetzt hier diese Fülle von Büchern – nicht nur rein wissenschaftliche, sondern vor allem philosophische und auch religiöse – ließ mein Herz höherschlagen.Tatsache damals war: mein ausgehungerter Geist „fing sofort Feuer“, ich „entbrannte“ geradezu vor Begeisterung.

„Hast du die alle gelesen?“ fragte ich naiv. Er lachte: „Nein, doch dass sie hier stehen, ist mir wichtig. Suche Dir einfach welche aus, lies, was du magst.“

Der Geist war das, was uns damals miteinander verband, der Geist und die Zärtlichkeit. Um es mit den jungschen Begriffen zu sagen: Die Intuition (die den Geist ahnte) und die Empfindungsfunktion (welche auf Zärtlichkeit aus war).

Bei Günther ahnte ich die gemeinsame Lebensgestaltung durch den Beruf, bzw. den Reinigungsbetrieb, in dem ich mich auskannte. Ich erwartete von ihm ein gemeinsames Tun, er aber wollte mich nur im Haus – als Ehe- und nicht als Geschäftsfrau haben. Das musste schiefgehen.

Das, was Theo und mich zusammentrieb, waren unerfüllte Wünsche aus unseren bisherigen Ehen. Es war das, was in unseren bisherigen Ehen zu kurz gekommen war. Es musste ja etwas geben, was uns zu einander hinzog, etwas, was wir vermissten in unseren Ehen, sonst hätten wir uns nicht gefunden, hätten nicht beide gespürt, dass jeder von uns etwas hatte, was der andere bisher vermisst hat, was jetzt offensichtlich an der Reihe war, es zu bekommen, es zu leben.

Er erfüllte mich mit geistiger Nahrung, ich ihn mit meiner Zärtlichkeit, die ich bis dahin nur den Kindern gegenüber leben konnte. Wir waren beide – auf verschiedenen Ebenen – Bedürftige, die sich gegenseitig „fütterten".

„Wenn nicht jetzt, wann dann?" war ein Slogan, den wir oft miteinander verwendeten.

(Später hatten wir miteinander eine so umfangreiche Bibliothek aufgebaut, dass wir sie immer wieder aussortieren mussten, damit sie noch in die dafür aufgestellten Regale passten; ca. 500 Bücher umfasste unsere private Bibliothek.)

Mit Beziehungen respektvoll umgehen

In der ersten Zeit unseres Zusammenseins, als wir noch bei unseren Familien wohnten, nahm Theo Seifert gerne die vielen Einladungen an, die er aufgrund seines großen Bekanntheitsgrades erhielt, um Selbsterfahrungsgruppen anzubieten, Vorträge zu halten oder an Fachausschüssen und -sitzungen teilzunehmen.

Dies gab uns die Möglichkeit, dort in seiner freien Zeit beieinander zu sein. Für mich war es nicht immer einfach, aus meinen Arbeits- und Familienverpflichtungen heraus zu kommen, aber ich entwickelte differenzierte Strategien, alles „unter einen Hut" zu bekommen. Darin sind Frauen ja bekanntlich sehr kreativ, müssen doch die meisten Haushalt, Arbeit, Kinder und das, was für sie persönlich wichtig ist, miteinander vereinbaren.

Nach ungefähr zwei Jahren aber stellte Theo's Frau die Bedingung an ihren Mann, dass er aus der gemeinsamen Wohnung ausziehen möge. Sie hatte natürlich geahnt, dass da eine andere Frau war. Auch ich hatte Günther über meine Verbindung zu Theo in Kenntnis gesetzt.

Zufälligerweise wurde gerade die andere Hälfte des Reihenhauses, in denen die Seiferts wohnten, frei, Theo erwarb sie und zog ins Nebenhaus, wo er seine Praxis und Wohnung einrichtete. So konnte er seinen Töchtern morgens weiter das Frühstück zubereiten und sie zur Schule fertig machen helfen. Das war ihm sehr wichtig. Den Kontakt zu den beiden wollte er auf keinen Fall verlieren. Im Gegenteil, er richtete seinen Alltag so ein, dass er möglichst viel Zeit, mehr als zuvor, für die Kinder frei ließ. Denn Vater zu sein, war äußerst bedeutungsvoll für ihn.

Auch für mich wurde es einfacher, mich mit ihm zu treffen, als er seine eigene Wohnung hatte – ich konnte ja, wann immer es meine Zeit erlaubte, zu ihm fahren, möglichst zu den Zeiten, zu denen meine Kinder selber etwas vorhatten und beschäftigt waren.

Theo erzählte mir, dass er ja schon einige außereheliche Liebesbeziehungen gehabt hätte – in Schweden keine Seltenheit. Aber er wusste immer, dass er sich ohne seine Kinder nie ganz auf so eine Beziehung eingelassen hätte. Die Kinder hätte er nie verlassen.

Für mich waren sie kein Problem – im Gegenteil: Ich wäre ja auch nicht bereit gewesen, meine Kinder zu verlassen. Und auch nicht, in eine andere Stadt zu ziehen, um dort ein gemeinsames Leben aufzubauen. Wir spekulierten einmal kurz, ob wir nach München ziehen könnten, weil es Theo dort so gut gefiel und er aus dem Klatsch und Tratsch heraus gewesen wäre, der in der Psychotherapeutischen Klinik lief, nachdem unsere Beziehung bekannt geworden war. Doch wir verwarfen diesen Gedanken. Unsere Kinder waren uns beide wichtig – zum Glück kannten sie sich ja auch und verstanden sich sogar gut.

Ich möchte dies betonen: es war uns beiden sehr wichtig, unsere Beziehung so zu leben, dass wir unseren Partnern nicht mehr Schmerzen zufügten, als nötig, d. h. als nicht zu vermeiden war, dass sie litten, denn sie fühlten sich – zu Recht – „ausgebootet", sie hatten ja zu dieser Zeit keine anderen Partner.

Uns war bewusst, dass es nicht möglich war, unsere Beziehung zu leben, ohne, dass unsere Partner deshalb litten und auch unsere Kinder unberührt davon waren. Trennungen tun immer weh. Und jeder Mensch reagiert anders auf eine Trennung und auch unterschiedlich, von wem die Trennung ausgeht.

Es war uns wichtig, keine „schmutzige Wäsche zu waschen", d. h. jeweils den anderen irgendwie ungünstig zu schildern oder ihm/ihr etwas anzulasten. Auch wenn wir beide ganz unter uns waren, haben wir uns nie abwertend über den bisherigen Ehepartner geäußert. So respektvoll wie möglich mit dem jeweiligen Noch-Partner umzugehen, war uns wichtig.

Da wir später, nachdem die Trennungen dann auch amtlich waren, mit jeweils dem anderen Partner vernünftig – und damit meine ich: respektvoll von Erwachsenem zu Erwachsenem – reden konnten, ist uns dies auch gelungen. Günther konnte mir, wenn er mich beispielsweise an meinem Geburtstag anrief, auftragen, auch Theo zu grüßen und umgekehrt.

Theo's erste Frau und ich stellten einmal fest: „Wenn wir uns nicht in dieser Konstellation getroffen hätten, hätten wir Freundinnen sein können – so gut verstanden wir uns eigentlich, oder glichen uns in gewisser Weise.

Und so war es auch – und ich glaube, das ist bei vielen Paaren so, die eine zweite Beziehung eingehen: Die jeweils zweiten Partner sind meistens nicht so stark vom ersten Partner unterschieden. Es ist fast immer nur eine „winzige Kleinigkeit", die für einen anderen Partner spricht.

Aber auch die Lebensbedingungen und Lebenserwartungen sind zwischen der ersten und der zweiten Lebenshälfte unterschiedlich: In der ersten erwachsenen Lebenszeit geht es darum, sich beruflichh, bzw. in der Gesellschaft zu etablieren, eine Karriere aufzubauen und/oder Eltern zu werden und Kinder in die Welt zu bringen, während es dann in der zweiten Lebensphase darum geht, sich selbst zu verwirklichen, sich selbst den „letzten Schliff" zu geben und sich danach „gesättigt" auf das beginnende Alter vorzubereiten.

Theo sprach oft von einem „Lebensabschnitts-Partner" und meinte, er würde es als Bereicherung betrachten, wenn es üblich wäre, im Leben zwei Partner zu haben – eben einen für die erste, einen für die zweite Lebenshälfte.

Ich finde, es ist eine reizvolle Vorstellung, wenn es im Alter nicht nur zwei, sondern vier Personen und mehrere Kinder in einer Familie gäbe. Diese würden die heute so hoch gepriesene „Großfamilie" ablösen.

Ich bin glücklich, dass uns – Theo und mir – dies doch ansatzweise möglich geworden ist:

Zu besonderen Anlässen waren Theos geschiedene Frau und ich, oft auch mit allen Kindern, beieinander. Günther hat sich dem allerdings entzogen, denn er konnte seine Aversion gegen das „Psychologische", das in unserem, Theo's und meinem Leben stets präsent war, nicht überwinden. Er hatte schließlich auch noch eine Frau gefunden, die sein Leben bis zu seinem Ende (das erst kürzlich, ein halbes Jahr nach Theos Tod gewesen ist) mit ihm geteilt hat.

Doch jetzt ist es Zeit, dass ich diesen Menschen, mit dem ich bis vor einem Jahr vierzig Jahre lang mein Leben geteilt habe, von seinem Beginn an vorstelle.

Theodor Johannes Seifert

Theodor Johannes Seifert, geboren am 9. Juli 1931 in Zwickau, steht im Familienbuch der Familie Louis Woldemar Seifert und Ernestine Emma, geborene Dreher, beide wohnhaft in Zwickau.

Was nicht in diesem Familienbuch der Familie Louis Woldemar Seifert steht, ist, dass er bereits eine Tochter hatte – Lotte Ruth Seifert, die am 16. August 1912 in Zwickau als Tochter des Kaufmanns Louis Woldemar Seifert geboren wurde. Von ihrer Mutter steht nichts darin. Es steht nur noch da, dass Louis Woldemar Seifert der evangelisch-freikirchlichen Gemeinde angehört.

Und hiermit sind schon die Daten für eine lebenslange Feindschaft gegeben: Die erste Frau des Woldemar Seifert wurde verleugnet, lediglich seine Tochter wird benannt, während sein nachgeborener Sohn Vater und Mutter hat.

Theo hat später einmal erzählt, dass ihn nachts im Traum immer einmal wieder ein sehr beängstigendes Bild erscheint: Ein Kinderbettchen mit einem kleinen Jungen darin (= er), über dem sich das hasserfüllte Gesicht einer jungen Frau beugt. Es jagte ihm Todesangst ein.

Er war sich sein Leben lang sicher, dass seine um 19 Jahre ältere Halbschwester enorm gekränkt auf seine Geburt reagiert hatte und ihn wahrscheinlich am liebsten getötet hätte. Es blieb immer ein Rätsel, was einst mit ihrer Mutter in der Familie Woldemar Seifert geschah. Es wurde gemunkelt, dass diese Frau psychisch krank gewesen war und schließlich selbst ihrem Leben ein Ende gesetzt hätte.

Doch da nie darüber gesprochen wurde, wohl aus einer Art „Familienscham" nicht darüber gesprochen werden durfte, weil es sich um eine pietistisch ausgerichtete Familie handelte, deren „Oberhaupt" sogar Prediger in der Gemeinde war, wurde dieses Ereignis „totgeschwiegen".

Theodor Johannes Seifert, 3 Jahre alt mit Teddy „Purzel"

Die traurige Folge war eine lebenslange schwere Depression, die Lotti, so wurde sie genannt, das Leben schwer und einsam werden ließ. Sie wurde später auch über viele Jahre somatisch krank und hatte keine Beziehung zu irgendeinem Mann.

Obwohl Theodor Seifert in seinem Erwachsenenleben sehr kritisch über den Pietismus urteilte, wurde er ihn doch nicht wirklich los. Religionen sind bindend. Deswegen heißen sie so: Re = zurück, legere = binden. Ist man erst einmal mit einer vertraut, lässt sie denjenigen nicht wieder los.

Zudem war die Familie, in die Theo Seifert hineingeboren wurde, in sich gestört durch die erste Ehe seines Vaters und durch das geheimnisvolle

Sterben der ersten Frau. Ein Geheimnis in einer Familie wirkt immer auf alle Familienmitglieder verstörend, weil ja niemand etwas wirklich weiß, aber alle spüren, dass etwas nicht stimmt. In Familientherapien wird stets darauf hingewiesen, dass Familiengeheimnisse Störfelder in der entsprechenden Familie bedeuten.

Theo erinnerte sich an einen Sonntag – er war zwei oder drei Jahre alt – die Eltern ließen ihn alleine zu Hause, um in ihre Gemeinde zu gehen, als ihn ein starkes Angst- und Verlassenheitsgefühl erfasste – was ja kein Wunder ist bei einem so kleinen Kind alleine zu Hause.

Und plötzlich, als er so ganz verzweifelt in sich selbst war, geschah es, dass er ein „Bekehrungserlebnis" hatte, wie seine Eltern es dann nannten, nachdem er es ihnen erzählt hatte. Er wusste plötzlich, dass er „ein Schäflein Jesu" war.

Klar, seine Mutter hatte ihm das immer wieder erzählt; schließlich wurde dies für ihn wie ein Schutz. Die Erinnerung daran half ihm, seine Angst auszuhalten – seine kindliche Seele hatte eine Hilfe gegen die Angst gefunden – das „Schäflein Jesu".

Nur, dass dieses „Schäflein" für seine Mutter, der er sein Erlebnis erzählte, daraufhin dann „nicht von dieser Welt" war, sondern „Jesus allein" gehörte und später auch nicht auf den Fußballplatz durfte, als „Schalke 04 gegen Dresden" spielte. Das war für den aufgeweckten Jungen Theo doch nicht so bekömmlich.

Seinen Vater erlebte dieser Junge abends und an den Wochenenden nur in seinem Sessel sitzend in den „Schriften" vertieft. Später nahm sich Theodor, der junge Mann vor, er wolle die „Tiefen Gottes erforschen". Vielleicht mit dem unbewussten Wunsch, dort dem Vater näher zu sein.

Selten durfte er seinen Vater, der mit dessen Bruder zusammen eine Holzhandlung betrieb, in den Wald gehen, um die gefällten Bäume zu markieren, die verkauft werden konnten. Diese seltenen Verbindungen mit dem Vater waren für den Jungen „Highlights".

Dann aber starb sein ernster, in sich gekehrter Vater. Für den Sohn, der längst noch nicht „genug" Vater hatte, brach eine Welt zusammen. Er war doch erst 12 Jahre alt. Er hat es oft erzählt, wie bitterlich er weinen musste, als der Sarg mit dem toten Vater in die Tiefe gelassen wurde.

Von da an war er der „Haushaltungsvorstand" und sah es als seine Pflicht an, jetzt für die verwitwete Mutter und die schwer depressive Schwester zu sorgen, als – wenn auch noch kindlicher – „Mann im Haus".

Schon bald unterrichtete er die Kinder in der Sonntagsschule und nachdem er in die Schule gekommen war, lernte er zur Freude seiner Mutter so fleißig, dass er immer wieder eine Klasse überspringen durfte und mit einem 1er Abitur die Schulzeit beendete.

Doch zuvor noch muss dieser empfindsame Junge, dem der Schmerz mehr vertraut ist, als die Freude, sein Schaf, das er in dem großen Garten, der das Wohnhaus umgab, von klein auf großgezogen hatte, eines Tages auf den Leiterwagen binden und zum Schlachter bringen. Es ist Krieg, nicht nur seine Mutter und seine Schwester hungern, auch die Verwandten unterstützen sich gegenseitig in dieser unbarmherzigen Zeit, in der der Hunger stärker ist, als die Gefühle eines Jungen ohne Vater zu seinem Schaf sein dürfen.

Später, wenn Theo diese Szene erinnerte und erzählte, rannen Tränen seine Wangen hinunter. Er hat dieses Erlebnis, das eines der stärksten seiner Kindheit war, nie vergessen – und auch nie überwunden.

Er hätte nur bei der Beisetzung seines Vaters so geweint, wie später, als er mit dem auf dem Leiterwagen festgebundenen Schaf zum Schlachter gegangen ist.

„Wo war da deine Mutter?" fragte ich. Er schüttelte den Kopf. Er wusste es nicht.

Mir ist die Haltung dieser Mutter unverständlich. Bei allem Leid – ich als Mutter wäre, wenn es denn schon sein musste, selber zum

Schlachter gegangen. „Vielleicht", dachte ich noch, „hätte sie weniger beten, dafür verständnisvoller mit ihrem Jungen umgehen sollen", sagte es aber nicht. Denn seine Mutter hatte Theo immer verehrt.

Auf einen entsprechenden Traum, den Theo hatte, – das war dann schon in der Zeit, in der wir zusammen lebten – sagte seine Analytikerin, Dr. Marie-Louise von Franz: „Sie sehen Ihre Mutter wie durch ein Kirchenfenster."

Vielleicht, weil er so früh seinen Vater verloren hatte, vielleicht auch, weil seine Mutter ihn wirklich liebevoll – außer bei der Sache mit dem Schaf! – großgezogen hatte, oder einfach, weil sie stets freundlich war, und natürlich, weil Theo ein Mensch mit einem unerschöpflichen Reservoir an Liebesfähigkeit war.

Theo's Freund und Schwager, Wolfgang Hofsommer, sagte über sie: „Ja, sie war immer lieb – sie konnte nicht anders."

Ich hatte sie auch kennen gelernt, als ich Theo zwei Mal begleitete, wenn er in die DDR fuhr, um sie und seine 19 Jahre ältere Schwester zu besuchen. Ja, seine Mutter war freundlich, auch zu mir.

Als ich das erste Mal in die damalige DDR mitfuhr, war ich sehr erschrocken, über diese Tristesse, dem Grau überall, dem Verfall, der Schwermut, die über allem lag. In dem Hotel, in dem wir übernachtet haben, weigerten sie sich, uns ein Doppelzimmer zu geben, weil wir da noch nicht verheiratet waren. Beim zweiten Besuch übernachteten wir bei einer Cousine von Theo.

Emma Seifert, Theo's Mutter, hat mich freundlich aufgenommen. Und beim Abschied gab sie uns aus ihrem „guten" Silberbesteck ein verziertes Salatbesteck und eine ebenso elegante Suppenkelle mit. Sie wollte uns damit sicher zeigen, dass sie Theo's Verbindung mit mir billigt, dass sie einverstanden ist mit mir. Ich hatte mich auch spontan darüber gefreut und sie in den Arm genommen, worüber sie fast ein bisschen erschrocken war. Ich erinnere: Es handelte sich um eine Familie mit pietistischem Glauben.

Leider hat uns an der Grenze zur BRD ein sehr unfreundlicher, seinen Dienst überkorrekt versehender DDR-Grenzpolizist nicht erlaubt, dieses lieb gemeinte Geschenk Theo's Mutter mit über die Grenze zu nehmen.

Er tat so, als wollten wir wertvolles DDR-Eigentum in die verhasste BRD ausführen. Wir mussten es – noch an der Grenze – zurückschicken.

Mir hat das für Theo's Mutter leid getan – sie hatte es so gut gemeint.

Später habe ich Theo, weil ich wusste, dass er von russischen Ikonen so fasziniert war, zu zwei Geburtstagen je eine Ikone geschenkt, auf der jeweils die Gottesmutter Maria mit dem kleinen Jesus im Arm dargestellt war. Er hatte sich stets sehr gefreut über diese Geschenke. Jetzt werde ich sie seinen Töchtern übergeben.

Theo selbst hatte eine starke mütterliche Seite – bei ihm konnte man sich – habe auch ich mich – sicher und geborgen fühlen. Deshalb war er auch in seinem Arbeitsbereich, sowohl bei Patienten und vor allem Patientinnen, aber auch bei Analysanden, (beiderlei Geschlechts) deren Arbeit er kontrolliert hatte, beliebt und begehrt. Was natürlich seinem „Ego" wiederum gutgetan hatte.

So wird das, was in großem Maß vorhanden ist, noch von außen gefüttert, d. h. es verstärkt sich selbst.

Und Theo hat es auch gebraucht, denn was Theo's Horoskop betrifft, so ist er im Zeichen Krebs geboren und die Krebse, sagt Claus Riemann, „werden gleichsam ohne Haut geboren."

Er brauchte also Schutz in Form von Anerkennung, hat dazu das nötige Rüstzeug von sich aus mitgebracht, und es konnte so von der Umwelt noch verstärkt werden.

Eigentlich genial von der Natur, bzw. der Bestimmung eines Menschen.

Wenn ich mir heute die Fotos von Theodor Seifert als Jugendlichen und jungen Erwachsenen anschaue, dann sehe ich einen sehr ernst

Theodor Johannes Seifert, 18 Jahre alt

blickenden jungen Mann mit leicht nach unten geneigtem Kopf. Man ahnt, dass ihm der Ernst des Lebens nähersteht als die Unbeschwertheit der Jugend.

Nicht nur der Ernst, auch seine Bereitschaft, sich seinen Nächsten liebevoll zuzuwenden, war von Anfang an sehr hoch. Gerne hat er später ein Kindheitserlebnis berichtet, das diese Hinwendung zum anderen – schon im kleinen Jungen – beschreibt:

Zu seinem Elternhaus gehörte ein großer Garten mit einer Wiese, auf der im Frühjahr viele Blumen, vor allem Gänseblümchen blühten. Das Gänseblümchen blieb für ihn ein Leben lang ein lebendiges Symbol erwachenden Lebens, immer wiederkehrend von Jahr zu Jahr.

Er erinnerte sich, dass er vor einem drohenden Gewitter einmal in seiner Kinderschürze alle Gänseblümchen eingesammelt hatte, um sie zu schützen, damit ihnen nichts passiert. Er sah den kleinen Jungen noch vor sich, wie er den Inhalt seiner Schürze seiner Mutter brachte.

Wie sie reagierte, wusste er nicht mehr, aber für ihn war es sehr wichtig und das Erlebnis ist ihm stets lebendig geblieben.

Nach dem Abitur geht er nach Berlin an die Freie Universität, um Psychologie zu studieren, nicht ohne zuvor von einem Onkel belehrt worden zu sein, der ihm sagte: „Ich hoffe, es ist eine gottgefällige Psychologie."

Zumindest ist es eine, die er in der kürzest möglichen Zeit absolviert. Zu Ende bringen muss, denn er lebt mit seiner Mutter und Schwester in der damaligen DDR und da er kein „Arbeiter-und-Bauern-Kind" ist, dürfte er eigentlich gar nicht studieren. Er bekommt aber – ich weiß nicht, aufgrund von was – eine Sondergenehmigung mit der Auflage, dieses Studium erstens in der kürzest möglichen Zeit mit zweitens Fleißarbeiten nach jedem Semester zu absolvieren.

Da ihm dieses Studium so wichtig ist – er konnte nicht mehr sagen, woher er überhaupt den Begriff „Psychologie" hatte, und er wusste eigentlich auch nicht so genau, was er bedeutet – unterwarf er sich diesen Bedingungen. Er wusste nur, er wollte genau das studieren. Und tat es.

Und was er noch tat, dieser damals eher schmächtige Junge? Um seine minimalen pekuniären Verhältnisse aufzubessern, geht er in seiner Freizeit zum amerikanischen Bahnhof in Berlin, um für die ankommenden und abfahrenden Soldaten die Koffer zu tragen, denn die Amis zahlen gut.

Ich wurde immer ganz traurig, wenn Theo davon erzählte. Ich dachte: Das hätte er nicht tun müssen. Das hätte seiner Seele und auch seinem eher ausgehungerten Nachkriegs-Körper nicht angetan werden sollen.

Wie es in pietistischen Kreisen üblich ist, gibt es fast überall auf der Welt Glaubensbrüder und -schwestern. So auch in Berlin, wo er in einer Familie Anschluss findet, in der er seine erste Ehefrau kennen lernt und auch seinen besten Freund, der nach dessen Studienzeit – ebenfalls Psychologie an der Freien Universität in Berlin – die ältere Schwester seiner Frau heiratet. Die beiden jungen Männer verstehen sich auf Anhieb, werden Freunde für's Leben und dann auch Schwäger.

(Ich habe ganz am Anfang dieser Biografie berichtet, wie tief berührt Wolfgang Hofsommer, so heißt dieser Berliner Freund, einen Nachruf auf seinen „alten" Freund Theo gehalten hat. Ich bin mit ihm und seiner jetzigen Frau – auch er hatte sich von seiner ersten Frau getrennt) – sehr gut befreundet und habe sie vor wenigen Wochen in Bremen, wo sie jetzt leben, für einige Tage besucht.)

Schließlich, weil es in Deutschland nach dem Krieg für einen Psychologen keine Stelle gibt, Theo und sein Freund sich aber auch noch in Graphologie ausbilden ließen, finden beide – nach und nach – eine Stelle als Graphologe in Schweden.

Und so reist Theo mit seiner jungen Frau, eine Woche nach der Eheschließung, nach Stockholm, in ein Institut für angewandte Psychologie. Er lernt in kürzester Zeit schwedisch und unterrichtet bald junge Leute oder auch Waldarbeiter in den Weiten Nordschwedens psychologisches Wissen, für diese gebrauchsmäßig aufbereitetes Grundwissen.

Theodor Seifert 1954, unterrichtet bereits in Schwedisch

Stockholm

Theo fühlt sich wohl in Schweden, in diesem freien, offenen Land. Vor allem die Sommer gefallen ihm, wenn die Abende lange hell sind, wenn die jungen Leute um Stockholm herum sich nach Feierabend gerne auf ihren Booten in den Schären vergnügen, dort essen und trinken und lieben – in Schweden wurde damals sehr viel Alkohol konsumiert – manchmal die ganze Nacht dort verbringen, um am Morgen direkt zu ihrem Arbeitsplatz zu gehen. Nach den kargen Kriegsjahren in Deutschland fühlt sich Theo Seifert wie im Paradies. Die Schweden im Sommer leben und lieben ein freies Leben, auch frei in der Liebe. Bald hat er auch die eine oder andere Frau in seinem Boot – mehr oder weniger gewusst von seiner Ehefrau, eher geahnt, aber doch weitestgehend toleriert. Wer weiß – vielleicht hat ja auch sie ihre Geheimnisse.

Das pietistische Elternhaus ist längst vergessen. Was ihn nur stört, sind die Fragen einiger Kollegen, die immer wieder von ihm wissen wollen, warum die Deutschen, seine Landsleute, damals so viele Juden umgebracht haben. Und ob er wirklich nichts davon gewusst habe.

Dann fühlt er sich schuldig. Kollektiv schuldig. Dann leidet er. Theodor Seifert's Seele ist empfindsam, sein Potenzial an Liebesfähigkeit und Menschfreundlichkeit hoch. In diesem Zusammenhang fällt mir ein Erlebnis von ihm ein, er hat es mir einmal erzählt:

Es war während des Krieges, wohl irgendwann 1944. Am Ortsende von Zwickau waren sog. „Kriegsverbrecher" am Galgen aufgehängt worden – zur Abschreckung aller, die meinten sich irgendwie dem Irrsinn dieses Krieges entziehen zu können. Die Kinder in den Schulklassen wurden von den Lehrkräften aufgefordert – nein, ihnen wurde befohlen! – nachmittags dort hin zu gehen und diese Gehenkten zu betrachten.

Theo Seifert widersetzte sich dem innerlich und rief nach dem Mittagessen seine besten Freunde an und sagte: „Gell, da gehen wir nicht hin!" Obwohl diese wie er wussten, dass es sich hierbei um eine Befehlsverweigerung handelte, brachten alle den Mut auf, nicht hinzugehen. Glücklicherweise wurde dies dann nicht bemerkt oder die entsprechenden Lehrer waren innerlich auch der Meinung ihrer Schüler.

Seine Empfindsamkeit wird er sein Leben lang behalten. Aber auch sein Potenzial an Lebensfreude und -genuss ist hoch. Diese verscheuchen die trüben Gedanken. Er und seine Frau lassen es sich hier gut gehen. Und zeugen ein Kind.

Vater sein

Theodor Seifert freut sich unbändig, als seine Frau ihm sagt, dass sie schwanger ist – zur gleichen Zeit, wie ihre Schwester, die Frau von Theo's Studienfreund und Schwager. Welch ein glücklicher Zufall, dass die beiden nun auch, nach gemeinsamen Studientagen, gleichzeitig ein Baby in ihren Armen halten werden. Sie freuen sich zu viert und sind glücklich. Zumal sie auch noch Haustür an Haustür wohnen – es hat sich so ergeben, dass beide eine Wohnung im gleichen Haus gefunden hatten. Doch das Schicksal meint es anders, das Glück ist ein unbeständiger Geselle.

Der letzte Schwangerschaftsmonat bricht an, da fühlt Theo's Frau sich nicht wohl, der Arzt, den sie konsultiert, macht ein ernstes Gesicht. Das Herz des kleinen Wesens in ihrem Bauch ist bedenklich still. Die Geburt wird eingeleitet. Das Kind ist tot. Ein kleiner Junge. (Florian oder Felix sollte er heißen – ich weiß es nicht mehr genau.)

Eine Welt bricht zusammen für Theodor Seifert, der so gerne Vater geworden wäre. Weil er einen Vater, der mit ihm gespielt und Faxen gemacht hätte, so schmerzlich vermisst hat.

Aus der Wohnung nebenan klingt helles Babyschreien. Eine kleine Tochter hat das Licht der Welt erblickt. So glücklich und dankbar diese Eltern sind, so sehr trauern sie mit der Schwester, dem Freund und Schwager.

Aber, wie immer: das Leben geht weiter. Das kleine Mädchen nebenan gedeiht und nach einiger Zeit ist Theo's Frau erneut schwanger. Beide trauen sich jedoch nicht, sich zu freuen, sondern warten ab, ob es dieses Mal gut geht. Nein. Das Schicksal ist dagegen. Nach einer zu früh abgegangenen Frucht stellt sich heraus, dass Theo's Frau unter einem bisher nicht entdeckten Diabetes leidet. Ihre Insulinproduktion ist gestört und sie wird ihr Leben lang insulinpflichtig bleiben.

Jetzt brauchen die beiden etwas länger, um wieder ins normale Leben zurück zu finden. Doch sie sind noch jung und wollen eine Elternschaft nicht aufgeben. Sie beschließen, ein Kind zu adoptieren.

In ihrer pietistischen Gemeinde in Berlin gibt es eine Möglichkeit dazu und so reisen die beiden dann dort hin und finden auch bald ein kleines Mädchen, das nur einige Wochen alt ist und auf liebevolle Eltern wartet.

Hier sind sie: Theodor Seifert und Frau.

Theo hat es mir später erzählt, und ich merkte auch da noch an seiner Stimme, wie bedeutungsvoll diese Aktion für ihn war: „Es war der glücklichste Tag in meinem Leben, als wir von Berlin nach Stockholm zurückfuhren und auf dem hinteren Sitz das kleine Bündel lag und schlief, unsere Tochter. Ich war so glücklich damals wie noch nie in meinem Leben. Ich werde diese Fahrt nie vergessen!"

Nach einem weiteren Jahr konnten sie dann noch die kleine Schwester holen und ihr „Vierer-Glück" war perfekt.

Theodor Seifert war mit „Leib und Seele" Vater, trug die Kleinen auf seinem Rücken, wenn sie unterwegs waren und spielte mit ihnen, wann immer es seine Zeit in seinem Beruf zuließ. Er musste und wollte ja auch genügend Geld verdienen, um seiner Familie ein gutes Leben, in dem sie nichts entbehren mussten, zu ermöglichen.

Vor allem die Ferienzeiten haben sie zusammen verbracht, Theo hat stets lange Sommerurlaube in seiner beruflichen Tätigkeit gemacht – sowohl, als er in der Psychotherapeutischen Klinik, als auch in der eigenen Praxis arbeitete. Ein oder zwei Mal fuhren er, seine Frau und die beiden Töchter auch nach Irland, wo sie – so viel ich weiß – einen wunderbaren Urlaub in einem Pferdewagen verbracht hatten. Ich erinnere mich, dass er begeistert davon erzählte, als er danach wieder in die Forschungsstelle kam.

Er hat auch später, nach der Scheidung über die Unterhaltsgrenze hinaus für seine Frau und die Töchter gesorgt, auch seine Rente, die er noch aus Schweden bezog, erhielt zur Gänze seine geschiedene Frau.

Zürich

Nach einigen Jahren, in denen er sich an das Leben in Schweden gewöhnt hatte, spürte er plötzlich aber auch wieder so etwas wie Heimweh. Und es fällt ihm ein Erlebnis aus seiner Berliner Studienzeit ein:

Da war ein Buchwagen in der Berliner Bolzmannstraße. Er stand vor der einzigen Buchhandlung, in der antiquarische Bücher zu einem ihm erschwinglichen Preis angeboten wurden. Warum er dort gerade das Buch „Die Psychologie von C. G. Jung“ von Jolande Jacobi herausgegriffen hatte, konnte er sich nicht erklären.

Er wird – sehr viel später – in einem Vortrag über „die prospektive Funktion“ eine Erklärung formulieren. Jetzt las er das Buch in einem Zug durch und wusste: Ich will die dort beschriebene Ausbildung in Zürich einmal machen. Dieses innere Wissen stand mit seiner damaligen finanziellen Wirklichkeit in krassem Gegensatz, doch es schien sofort wieder auf, als es nach Jahren hier in Schweden darum ging, neben der arbeitspsychologischen Tätigkeit eine therapeutische Methode in die Beratung mit einzubeziehen.

Sofort fiel ihm dazu die „Analytische Psychologie“ nach C. G. Jung ein. Er bewarb sich in Zürich, die Ausbildung dort fraktioniert durchführen zu dürfen: ein halbes Jahr – im Sommer – in Zürich und ein halbes Jahr – im Winter – um Geld zu verdienen in Stockholm.

Sowohl das Institut in Zürich als auch sein Chef, ein überaus toleranter und großzügiger Mann, tolerierten dieses Arrangement, das einmalig war und ist – das gab es nur für Theodor Seifert – es ist niemand bekannt geworden, der ein ähnliches Procedere durchgeführt hat. Und auch kein anderes Institut hat sich auf so eine Ausnahmesituation eingelassen. Das Stuttgarter Institut, wo Theo zuerst angefragt hatte – denn Stuttgart ist zu Stockholm doch noch ein Stückchen näher, als zu Zürich – hat dies abgelehnt.

Für Theo war es ein weiteres Zeichen für die schicksalhafte Verknüpfung der Analytischen Psychologie und seinem persönlichen

Leben. So ist es kein Wunder, dass er später auch als einer der wichtigsten und bekanntesten Vertreter dieser Psychologie in entsprechenden Fachkreisen wahrgenommen wurde.

Es war allerdings für ihn nicht ganz einfach, dieses Arrangement durchzuführen, denn er wollte nicht, dass die Familie, jetzt, da sie komplett war, ein halbes Jahr ohne ihn sein sollte. Aber zwei Wohnungen – eine in Schweden, eine in Zürich – konnten, bzw. wollten sie sich nicht leisten. Doch wenn etwas vom Unbewussten her konstelliert ist, dann finden sich Wege, das scheinbar Unmögliche zu realisieren.

So auch in der Wohnungsfrage. Es fanden sich in Zürich Menschen in der pietistischen Gemeinschaft, die stellten der kleinen Familie ein größeres Zimmer oder eine kleine Wohneinheit in Zürich über die Sommerzeit zur Verfügung und in einem Sommer konnte Theo auch einen Wohnwagen und einen Dauercampingplatz am Zürichsee mieten.

In diesem Sommer, es war der letzte vor seiner Prüfung, rasierte sich Theodor Seifert seinen dunklen Bart ab. Das Prüfungsgremium wollte ihn aufgrund seines dunklen Aussehens – er hatte schöne, dichte, leicht gewellte schwarze Haare, dunkle Augen und eine markante, ausdrucksstarke Nase – so nicht zur Prüfung zulassen.

Es spielte dabei wohl eine – allerdings so nicht benannte – Aversion gegen einen jüdischen Touch mit: C. G. Jung und Sigmund Freud, die zwar in den frühen Jahren, in denen Jung als Nervenarzt zur Psychoanalyse fand, befreundet waren, entzweiten sich im Laufe ihrer unterschiedlichen Entwicklungen. Jung legte Wert darauf, nicht mit der „jüdischen Psychoanalyse“ zusammen genannt zu werden.

In der Tat waren es ausgenommen jüdische Ärzte, die sich Freud und seiner Lehre anschlossen. Und in Deutschland und Österreich breitete sich der Nationalsozialismus in der Zeit, in der die Psychoanalyse ihren Siegeszug angetreten hatte, gerade sehr stark aus.

„Ich werde es nie vergessen“, erzählte Theo mir später, „wie ich damals im Wohnwagen stand und meinen Bart abrasierte.“ Anschließend musste er seine nun hellen Backen noch mit einer selbstbräunenden Creme bestreichen, sonst hätte er gar zu unansehnlich ausgesehen.

Er nannte diese Prozedur: „Mein Haaropfer.“ Er spielte damit auf die alten Bräuche verschiedener Religionen an, in denen es üblich ist, dass der Adept sein Haupthaar opfert, wenn er sich ganz in den Dienst des jeweiligen Gottes stellt.

Im Gegensatz, oder besser: zur Ergänzung Freuds, hat Jung nicht nur vom persönlichen Unbewussten gesprochen, also von den in die Unbewusstheit geschobenen Inhalte des Bewusstseins, die dem betreffenden Menschen peinlich sind, von denen er nichts mehr wissen will; sondern Jung hat auch ein kollektives Unbewusstes postuliert, das alles, auch im einzelnen Menschen enthält, was je auf der Welt, gleichgültig zu welcher Zeit und an welchem Ort, von Menschen erlebt worden ist.

So gesehen betrachtete Theodor Seifert, der angehende „Jungianer,“ sich mit seinem „Haaropfer“ für die Prüfungssituation als würdiger Adept des Faches, das er für sein kommendes Leben gewählt hatte.

Dass sich auch die Wohnungsfrage immer wieder geklärt hat, war für Theodor Seifert ein Zeichen, dass für ihn das Studium der Jung’schen Psychologie absolut stimmt, dass es für sein Leben konstelliert ist, und dass sich immer dann etwas wie von selbst ergibt, wenn man die Gewissheit hat, dass es zu seinem Schicksal gehört.

Marie-Louise von Franz

Eine seiner Lehranalytikerinnen war die auch außerhalb der Jung'schen Psychologie durch ihre Bücher zu Märchen und Mythen bekannt gewordene Mitarbeiterin von C. G. Jung: Dr. Marie-Louise von Franz.

Ich erinnere mich noch gut an mein erstes Treffen mit Frau von Franz: Es war im Sommer 1978. Theo hatte mich mitgenommen nach Zürich, wo er eine ganze Woche lang für jeden Tag eine Analysenstunde bei Frau von Franz gebucht hatte. Wir wohnten in dem wunderschönen, trotz Stadtmitte ein wenig abgeschieden und ruhig gelegenen Hotel „Florhof" (für mich damals schon wie ein Zauberort!).

Ich lernte in dieser Woche Zürich intensiv kennen, hatte ich doch Zeit, wenn Theo bei Frau von Franz in Küsnacht war und hinterher an seinen Aufzeichnungen arbeitete. Trotzdem hatten wir viel, viel Zeit füreinander – für uns beide damals „ein Traum".

Zu seinem letzten Termin bei Frau v. Franz nahm er mich mit – er hatte mich avisiert. Ich kannte Frau von Franz bis dahin nur aus ihren Büchern. Für mich war sie eine verehrungswürdige Kapazität:

Ich fühlte mich geehrt, sie persönlich kennen lernen zu dürfen.

Mein Herz klopfte vor Aufregung, als wir vor ihrem Haus parkten: auf einer Anhöhe oberhalb des Zürich-Sees, zwischen Villen mit großen Gärten, in denen gerade die Rosen blühten. Zur vollen Stunde, zu der wir angesagt waren, läuteten die Glocken vom Städtchen unter uns – Küsnacht – herauf.

Wir stiegen zwei Treppen hinauf, Theo öffnete die schwere Türe und wir traten in einen eher dunklen Raum.

Gleich bellte uns ein kleiner dicker Hund an, dem es offensichtlich nicht nach Besuch zu Mute war. Doch Frau von Franz rief ihm aus dem Zimmer, das halb offenstand, zu, er solle Ruhe geben. Mürrisch knurrend zog er sich zurück, und wir betraten einen nicht sehr großen Raum mit Bücherregalen an den Wänden und lederbezogenen Stühlen, die knarrten, wenn man sich daraufsetzte oder auch – vor Nervosität – unruhig darauf herumrutschte, was – mir – ein bisschen peinlich war.

Theo stellte mich vor und Frau von Franz lachte herzhaft mit einer etwas rauen, dunklen Stimme. Sie reichte mir die Hand und meinte: „Die junge Hexe besucht die alte Hexe!" Wieder ein herzhaftes Lachen!

Was wir in dieser Stunde gesprochen haben, weiß ich nicht mehr, aber es war wohlwollend und wohltuend. Zum Abschied sagte sie dann noch – sehr ernst, ein wenig warnend: „Lassen Sie es nicht zu hell werden."

Sie meinte wohl, dass wir im Glück über unsere Beziehung den – auch nicht widerstandsfreien – Alltag vergessen sollten.

Ich war später noch öfter alleine bei ihr, um einige, mir sehr wichtige Träume zu besprechen. Und als sie dann krank wurde und es abzusehen war, dass sie nicht mehr lange zu leben hat, besuchten wir sie auch noch einige Male zu zweit und einmal auch mit Theo's Kollegen und Freund Paul Schmidt zusammen, der Frau von Franz über Theo kennengelernt und auch einige Male mit ihr gearbeitet hatte.

Jeder Besuch bei ihr war bedeutungsvoll und absolut lohnend. Ich bin meinem Schicksal dankbar, diese wirklich weise Frau nicht nur kennengelernt, sondern auch mit ihr zusammen an meinen Träumen gearbeitet zu haben. Auch Theo hatte ihr sein Leben lang „die Treue gehalten" – insofern, dass er sich bei seinen Träumen, die er als besondere erlebt hatte, stets fragte: „Was würde Frau von Franz dazu sagen?" Das hat ihm zu deren Verständnis immer geholfen.

Markdorf

Zurück von meinem kleinen Abstecher in die Züricher Vergangenheit, in das Jahr 1978. Theo lebte damals noch mit seiner Frau zusammen, und wir hatten nur dann eine gemeinsame Zeit, wenn wir miteinander verreisten. Im Herbst hielt er auf Einladung der „Internationalen

Gesellschaft für Tiefenpsychologie“ einen Vortrag über Aggressionen mit dem Titel „Schöpfung, Erhaltung, Zerstörung“.

Dieses Thema hatte er auch für seine Thesis, seine Abschlussarbeit zum Psychoanalytiker am C. G. Jung-Institut Zürich, gewählt. Was insofern erstaunlich war, da Theo eigentlich von seiner Grundausstattung her ein eher aggressions-gehemmter Mensch war. Vielleicht gerade deshalb. Er bediente sich in seinem Vortrag der Bilderwelt des Hinduismus, der ältesten Religion der Welt in Indien. Dort wurden, neben vielen anderen Göttern, – die indische Götterwelt ist äußerst vielgestaltig und bunt – die Gottheiten:

„Brahman“, der Schöpfer;
„Vishnu“ der Erhalter; und
„Shiva“ der Zerstörer
als die „Trimurti“, die Vereinigung der drei kosmischen Funktionen der Schöpfung, Erhaltung und Zerstörung beschrieben.

Kenner dieser alten indischen Philosophie meinen, dass wir heute in der Zeit von Shiva leben; dass Shiva gerade dabei ist, unsere Welt zu zertanzen. Das leuchtet mir unmittelbar ein, wenn ich mir das anschaue, was täglich in der Tageszeitung steht oder in den Nachrichten im Fernsehen gesendet wird.
Nachdem ich Theo gegenüber einmal erwähnt hatte, dass mich die Gestalt und die Symbolik des Shiva sehr interessiere, hat er mir eine etwas 10cm große Bronzegestalt dieses tanzenden Gottes mit den vielen Armen, von einem Feuerkranz umgeben, geschenkt.
Shiva ist einer der ältesten Götter Indiens, er wird in vielen Gestalten, oft zusammen mit seiner Gemahlin „Parvati“, dargestellt, er trägt viele Namen und ist für Vieles, was Menschen bewegt, worum sie kämpfen, was sie lieben, was sie ängstigt, worüber sie sich freuen, was sie begehren, wovor sie sich fürchten, u.v.a.m. zuständig.

Mich hat diese Vielgestaltigkeit eher ein bisschen verwirrt, als Klarheit über die Symbolik des „Gottes" Shiva gebracht. Aber ich bin eine Europäerin, keine Inder. Diese sind im Gegensatz zu uns kein bisschen verwirrt, wenn gleiche Gestalten, gleiche Götter viele verschiedene Bedeutungen haben. Deshalb werden heute gerne Inder in großen Rechenzentren beschäftigt. Sie können offenbar sehr gut „um die Ecke" denken und sind nicht verwirrt, wenn Gleiches viele verschiedene Bedeutungen hat.

Doch zurück zu der Veranstaltung, zu der Theo mich mitgenommen hatte: Diese einmal jährlich stattfindende Tagung der „Internationalen Gesellschaft für Tiefenpsychologie», die in Stuttgart, bzw. heute in München, zu Hause ist, fand viele Jahre lang in immer wieder anderen Städten statt; heute residiert sie jährlich eine Woche lang, immer im Herbst, Ende Oktober, in Lindau/Bodensee.

Damals war der Tagungsort Augsburg. Theos Vortrag wurde ein großer Erfolg – wie jeder Vortrag, den er, wo auch immer, hielt. Seine temperamentvolle Art, sich dem Publikum zuzuwenden, seine angenehme, sonore Stimme, kamen immer sehr gut an, und er wurde nach jedem Vortrag von begeisterten Zuhörern, nein, meistens waren es Zuhörerinnen, mit vielen Komplimenten und auch Fragen bestürmt.

Einer der Zuhörer war damals in Augsburg, Dr. Rüdiger Rogoll, der auch mit Theo befreundet war, weil er mit ihm, dessen Frau und anderen Paaren in einem Paar-Seminar gearbeitet, das er in seiner Praxis in Markdorf am Bodensee vor einiger Zeit veranstaltet hatte.

Theo wusste natürlich, dass ich als Sekretärin in der Forschungsstelle in Stuttgart unterfordert war und gerne noch einen Beruf erlernt hätte, und er fragte Rüdiger, ob dieser mich nicht in seine Ausbildungsgruppe nehmen könne, um mir die Transaktionsanalyse aneignen zu können. Rüdiger sagte: „Wer von dir kommt, ist o.k." und zu mir gewandt: „Am kommenden ersten Wochenende des Monats findet wieder die Gruppe statt – da kannst du kommen."

(Da die Transaktionsanalyse aus Amerika kommt – dort wurde sie von dem ursprünglich mit der klassischen Psychoanalyse arbeitenden Arzt Dr. Eric Berne entwickelt – und es dort nur die Anredeform „du" = „you" gibt, sprechen sich alle, die mit dieser Methode zu tun haben, mit dem Vornamen an.)

Ich war natürlich sehr glücklich, freute mich, endlich eine Perspektive zu haben, um nicht mein ganzes Berufsleben lang in abhängiger Position arbeiten zu müssen; aber ich war auch sehr aufgeregt und reservierte gleich in einem kleinen Hotel in Meersburg ein Zimmer für dieses Wochenende. (In Markdorf gab es kein kleines, geeignetes Hotel.)

Am entsprechenden Freitagabend fuhr ich also in das Hotel, das von einer älteren, freundlichen, ein wenig betulichen Frau geführt wurde, wo ich auch am Samstagmorgen ein reichhaltiges Frühstück serviert bekam, nach dem ich dann – leiblich gesättigt, geistig hungrig – zur Ausbildungsgruppe nach Markdorf fuhr. Der Gruppenraum in Dr. Rogolls Haus liegt im Souterrain des Hauses, das man durch einen etwas verwilderten Garten hindurch betreten kann.

Dieser Raum, in dem ich dann über viele Jahre hinweg sechs Mal in jedem Jahr für ein Wochenende – stets mit wechselnden, mehr oder weniger starken Gefühlen durchströmt – saß, war hell und mit ausrangierten bunten Garten-Liegestühlen möbliert. Sie waren weder schön noch bequem, aber das störte niemanden der 12 oder 15 anderen Gruppen-Mitglieder*innen.

Ich war eine der ersten damals an diesem Samstag und suchte mir einen Stuhl aus, der halbwegs intakt war – der Eingangstür gegenüber in einer Ecke. Ich sitze nicht gerne mit dem Rücken zu einer Tür – das entspricht wohl einem gewissen Kontroll-, bzw. Sicherheitsbedürfnis.

Rechts neben mir an der Wand hing ein Plakat (mit dem Hinweis auf eine Ausstellung), welches eine ein Meter hohe, goldfarbene zierliche ägyptische Frauenfigur namens „Selket" zeigte. Ich las auf dem Plakat, dass sie im ägyptischen Museum in Kairo steht und die Schutzgöttin darstellt, die den jeweiligen toten Pharao in dessen Sarkophag bewacht. Auf dem Kopf trägt sie einen Skorpion mit aufgestelltem Stachel. Ihr Name bedeutet: „Die, die atmen lässt." Sie ist auch die Schutzgöttin der Heilkundigen.

Ich war sofort fasziniert von dieser Gestalt und erzählte später Theo von meinem Erlebnis. Einige Jahre später, nachdem ich meine TA-Ausbildung abgeschlossen hatte, kaufte Theo mir diese Gestalt beim Versandhandel „ars mundi" und ich stellte sie vor die Türe meines Behandlungszimmers in der inneren Gewissheit, dass die Kraft meines Glaubens an diese Schutzgöttin auch meine psychotherapeutische Arbeit beschützt.

Später erzählte mir Rüdiger Rogoll, dass seine Frau ihm einmal das Plakat von einer Reise mitgebracht hatte. Da Theo ja schon mit Rüdiger befreundet war, freundeten wir uns dann auch zu viert an und die Rogolls und wir trafen uns öfter einmal privat.

Ich dachte und denke immer noch sehr gerne an diese Ausbildungszeit zurück, zumal ich bei Dr. Rogoll an einen Lehrer gekommen bin, der einst selbst an der „Quelle" im Westen (Kalifornien) der Vereinigten Staaten die Transaktionsanalyse erlernt und als erster mit nach Deutschland gebracht hatte.

Auch die gemeinsame Zeit des Lernens mit meinen Komilliton*innen war eine unbeschwerte, fröhliche Zeit; es gab meistens viel zu lachen, vor allem an den Samstagabenden, an denen dann eine kleine Gruppe – die sich im Laufe der Zeit freundschaftlich zusammengefunden hatte – irgendwohin im Umkreis noch zum Abendessen trafen. Ich war die Älteste unter den Lernenden, aber das störte weder mich noch die anderen.

Inzwischen – vor jetzt schon vielen Jahren – ist Rüdigers Frau gestorben, was er nur sehr schwer und langsam verkraftet hatte. Theo und ich haben ihn damals auch stützend und tröstend begleitet, ihn auch einmal zu Samuel Widmer nach Solothurn (über ihn schreibe ich später noch) mitgenommen.

Doch nach langen Jahren der Trauer fand er wieder eine – sehr schöne und liebenswerte – Frau, mit der er heute in glücklicher Ehe lebt.

Und auch ich habe mich mit ihr angefreundet. Sie selbst hat sich einer besonderen, noch eher unbekannten, doch faszinierenden Wissenschaft verschrieben: den Archetypen des Weiblichen. Wann immer ich mit ihr über dieses Spezialgebiet der Psychologie und Ethnologie in Verbindung bin, fasziniert mich das Material, mit dem sie auf so kompetente Weise umgeht und arbeitet.

Studienzeit

Ich machte mich mit „Feuereifer“ ans Lernen der Transaktionsanalyse. Die Aussicht, doch noch einen Beruf zu haben und eigenes Geld zu verdienen, gab mir die nötige Kraft. Endlich unabhängig zu sein! war ein starkes „Zugpferd“ und vermittelte mir die dazu erforderliche Energie. Die Auswahl an Büchern über die Transaktionsanalyse war damals noch begrenzt, doch ich wollte mir sowieso eine breitere Grundlage für meinen künftigen Beruf schaffen und las auch die wichtigsten Werke aus dem Bereich der Psychoanalyse und der psychosomatischen Medizin. In der Forschungsstelle saß ich ja an der Quelle.

Und ich hatte in meinem Chef, Prof. Dr. Helmut Enke, einen wohlwollend unterstützenden „Förderer“, der sich mit mir freute, dass ich noch eine Möglichkeit gefunden hatte, mich beruflich zu verwirklichen.

Prof. Enke sah sich auch gerne als Unterstützer und Wegbereiter für die Menschen, mit denen er arbeitete, bzw. für die, welche auch für ihn arbeiteten. So hatte er mich ja auch in meiner Anfangszeit bei ihm zur eigenen Psychoanalyse „geschickt“.

Die Ausbildung in Transaktionsanalyse bei Dr. Rüdiger Rogoll fand in der Gruppe folgendermaßen statt:

Entweder: Ein Gruppenmitglied wollte ein eigenes Problem lösen und fragte, wer sich dafür als „Therapeut“ zur Verfügung stellt. Diese „Sitzung“ erfolgte dann in der Mitte des Gruppenraums mit einem/einer Auszubildenden, der/die sich zur Verfügung stellte.

Anschließend wurde diese „Sitzung“ von den Umsitzenden „supervidiert“, also unter psychologischen Gesichtspunkten besprochen, bzw. korrigiert.

Oder: Ein Gruppenmitglied brachte – geschrieben oder auf Tonband aufgenommen – einen Abschnitt aus einer von ihm/ihr zu Hause erbrachten therapeutischen Arbeit mit und jeweils ein anderes Gruppenmitglied „spielte“ den Therapeuten/die Therapeutin.

Das bedeutete aber, dass jeder auch Klienten brauchte, um die eigene Arbeit „supervidieren“ (= begutachten und beraten) zu lassen.

Nachdem ich einige Male die Ausbildungsgruppe besucht hatte, fühlte ich mich in der Lage, selbst die Arbeit mit Klienten zu probieren. Als Raum bot Theo mir sein Zimmer in der Forschungsstelle an. Er war ja nur an zwei Tagen in der Woche und da auch nur eine begrenzte Stundenzahl in seinem Zimmer.

Jetzt brauchte ich nur noch Klienten und dann konnte es losgehen. Zuerst über Mundpropaganda, dann über entsprechende schriftliche Angebote, die ich entwarf und an entsprechenden Stellen auslegte, kamen allmählich Menschen zu mir, die Hilfe in seelischen Nöten benötigten. Ich saß ja gewissermaßen an der Quelle.

Alle diese Aktivitäten verursachten viel Herzklopfen bei mir, doch es gab so viele hilfsbereite Menschen um mich herum – außer bei mir zu Hause! – dass ich bald – neben meiner Arbeit in und für die Forschungsstelle – Überstunden machen musste. Doch das tat ich gerne. Arbeitete ich doch für mich und für meine Zukunft.

So gingen schnell zwei Jahre ins Land und ich zählte zu den Fortgeschrittenen in meiner Ausbildungsgruppe.

Dann musste ich mich mit Blick auf einen möglichen Abschluss meiner Ausbildung entscheiden, in welchem Bereich ich diesen machen wollte. Die internationale Gesellschaft für Transaktionsanalyse bietet drei Möglichkeiten an: Psychotherapie, Pädagogik, Unternehmensberatung. Pädagogik kam für mich nicht in Frage, weil ich keine Lehrerausbildung hatte, Organisationspsychologie lockte mich auch nicht, weil ich zu wenig von diesem Metier wusste. Ich wollte am liebsten Psychotherapeutin werden.

Da in Deutschland jedoch nur Kranke behandeln darf, wer entweder Arzt/Ärztin oder Heilpraktiker/Heilpraktikerin ist, meldete ich mich in

Stuttgart in einer Schule zur Ausbildung von Heilpraktikern an und absolvierte diese in Wochenend- und Abendkursen bis zur Prüfung, die ich auch auf Anhieb bestand – was durchaus nicht selbstverständlich ist, denn die Standards steigen von Jahr zu Jahr. (Weil eben hier viele Menschen eine Berufschance sehen.)

Jetzt fehlte mir noch der letzte Schritt. Da Transaktionsanalyse überwiegend in Gruppen stattfindet (Eric Berne, der diese der Psychoanalyse abgewandelte Methode kreierte, fand, dass die Gruppentherapie bessere Resultate zeigte, als die Therapie in Einzelsitzungen), brauchte ich noch eine Gruppe, deren Arbeit ich mittels Tonbandaufzeichnungen in meiner Ausbildungsgruppe vorstellen konnte. Aber ich hatte keinen Raum für eine solche Gruppe.

Da es in der Forschungsstelle, im Souterrain, einen Gruppenraum gab, der zu Forschungszwecken für die Gruppensitzungen von Prof. Enke genutzt wurde, ging ich also zu meinem Chef und fragte, ob ich ein Mal in der Woche, wenn er nicht darin ist, den Raum benutzen dürfe. Er sagte spontan: „Ja – wenn Sie die Gruppe beforschen."

Au weia!

Damit hatte ich nicht gerechnet. Doch ich war so entschlossen, die Ausbildung mit Transaktionsanalyse zur Psychotherapeutin zu Ende zu machen, dass ich – ebenso spontan sagte: „Ja!"

„Gut," meinte er, „dann legen Sie mir das nächste Mal ein entsprechendes Design vor."

Da saß ich dann in meinem Büro und sah schon „alle meine Felle davon schwimmen."

Aber, wie sagt unser Freund und Astrologe Claus Riemann: „Ein Widder trifft eine Entscheidung und führt sie aus."

Ich setzte mich also an meinen Schreibtisch und dachte mir ein Forschungsdesign aus, das ich meinem Chef in einer Woche, wenn er wieder nach Stuttgart kommt, auf den Schreibtisch legen könne.

Er reagierte – beeindruckt! – ich trug ihm mein Design vor – er fand es gut und ich durfte den Gruppenraum an einem Abend in der Woche für meine Ausbildungsgruppe nutzen.

Zwar war es nur eine „kleine“ Untersuchung, die ich durchführte, eine, deren Ergebnis voraus zu sehen war, deren Hypothese sich bestätigen würde, doch für mich, als auf diesem Gebiet ein „nobody“,

war es eine anzuerkennende Leistung und wurde als solche auch später vom Team der Forschungsstelle aufbereitet und errechnet.

Meine Forschungsarbeit hieß:

Gute Fee und böse Hexe. Objektivierung der Eltern-Ich-Zustände und ihre Veränderung während einer transaktionsanalytischen Gruppen-Therapie.

Alle meine Kolleginnen gratulierten mir, und freuten sich mit mir. Ich war ja – trotz meines Ausbildungsstatus – immer noch Sekretärin von Prof. Enke und wurde als solche auch respektiert – und ehrlich bewundert. Vor allem wegen meines Mutes. Es gab ja damals noch kein Internet, wo ich mir Hilfe holen konnte.

Ich wusste auch noch nicht, dass eine empirische Arbeit, deren Hypothese sich zunächst nicht bestätigte, sondern erst nach der Änderung und Wiederholung bewahrheite, viel grundlegender und „wertvoller“ ist, doch ich war ja nicht als Forscherin unterwegs, sondern wollte Psychotherapeutin werden und in meiner Arbeit zeigen, dass die Menschen, die mit mir ein Jahr lang in einer Gruppe gearbeitet hatten, nach dieser Zeit zufriedener und glücklicher in ihrem Leben waren.

Ich bekam mit Hilfe dieser Gruppe also auch meine zwei Tonbänder, um mich zur Prüfung anmelden zu können.

Doch zuvor gab es in meiner Ausbildungsgruppe einen Tag, an dem eine Art Vorprüfung stattfand, die den Betreffenden zeigen konnten, ob sie wirklich bereit für die „große Hauptprüfung“ waren, die jeweils während eines internationalen Kongresses stattfand. Ich meldete mich dazu an und zeigte den „Vorprüfern“ mein Können. Es waren Kollegen, bzw. Kolleginnen, die bereits ihre Hauptprüfung abgelegt hatten und wussten, worauf es bei dieser Prüfung ankommt.

Ich bekam ein gutes, bestätigendes feedback mit einer zusammenfassenden Bemerkung einer bereits erfahrenen Kollegin, und sie fügte noch hinzu: „Du bist gut organisiert.“

Mich überraschte diese Bemerkung, denn ich hatte nie vorher so über mich gedacht, und ich freute mich sehr über diese Feststellung.

So meldete ich mich mutig zur Hauptprüfung an.

Die Transaktionsanalyse

Ich bin mit der Transaktionsanalyse das erste Mal in Berührung gekommen, als Theo mir nach meiner Gebärmutter-Entfernung mit seinen Genesungswünschen das Buch von Muriel James und Dorothy Jongeward „Spontan leben“ geschenkt hatte. Ich finde den englischen Titel der Originalausgabe so schön: „Born to win“ („Geboren um zu gewinnen“).

Weil mich diese Art Menschen und ihre Kommunikationsweisen zu sehen, interessiert hatte, kaufte ich mir damals das Buch „Spiele der Erwachsenen“ von Eric Berne, das gerade bei uns hier in Deutschland Furore gemacht hatte. Die Buchhandlungen stellten es gerade mit deutlichen Kaufhinweisen aus.

Ich las es in einem Zug durch, fand es toll – so wie die meisten Leser damals und verstand es doch nicht wirklich – so wie die meisten Leser.

Die griffige, freche Sprache, in der es geschrieben war, die Psychospiele, die „Jetzt hab' ich dich endlich, du Schweinehund!“ und „Kick me“ („Wirf mich raus“) und ähnlich, hießen, machten viele Menschen an,

Sie kauften es wie ich, aber sie verstanden die psychische Dynamik dieser Spiele wahrscheinlich genau so wenig wie ich. Mich haben dann auch später, als ich mich ernsthaft mit der Dynamik dieser Art des menschlichen Verhaltens beschäftigte, nicht so sehr die Psychospiele begeistert, sondern die Skript-Theorie, die Berne in die Psychologie und Psychotherapie eingeführt hatte.

Diese besagt, dass sich jedes Kind, wenn es einige Jahre auf der Welt ist und sich in seiner Welt – mit Mutter und Vater, Großeltern und anderen Personen seiner Familie erlebt hat, wenn es weiß, wie die anderen „ticken", wenn es herausbekommen hat, wie es Mutter gängeln und Vater „auf die Palme" kriegen kann – dann ist es ungefähr vier oder fünf Jahre alt – eine Entscheidung trifft (die in der TA „Überlebensschlussfolgerung" genannt wird), wie es sich weiterhin verhalten wird, damit es gut und sicher (vor allem „sicher") durch sein weiteres Leben kommt. Dazu sucht es sich die am besten geeigneten Mitspieler aus und führt fortan sein Stück / Skript auf der Bühne seines Lebens auf.

Später, als Therapeutin, habe ich meiner Klientel öfter folgende Übung empfohlen: „Stellen sie sich vor, Sie sitzen im Theater, wissen aber nicht, wie das Stück heißt, das gleich aufgeführt wird. Sie sind gespannt. Da geht der Vorhang hoch ... schauen Sie genau hin!"

Dann ließ ich sie eine Weile „innerlich schauen" und fragte danach: „Na, was wurde gespielt? Was haben Sie gesehen?" Und nachdem die Betreffenden das vor den inneren Augen Gesehene beschrieben haben, ließ ich sie noch einen Titel für dieses Stück finden.

Die amerikanische Transaktionsanalytikerin Fanita English hat vorgeschlagen, nach den drei Lieblingsgeschichten zu fragen: eine aus der Kindheit, der Vorschulzeit; eine aus der Zeit der Pubertät; eine aus den vergangenen zwei bis drei Jahren.

Im Laufe meiner transaktionsanalytischen Arbeit habe ich vieler solcher Geschichten erfragt und immer – sehr zur Verblüffung der entsprechenden Person – das Muster, nach dem er / sie sein/ihr Leben aufgebaut hat, mit absoluter Sicherheit aufgedeckt.

Für mein eigenes Skript hatte ich damals die Märchen „Dornröschen" aus der Kindheit, „Vom Winde verweht" aus der Pubertät und „Kassandra" von Christa Wolf aus den vergangenen zwei, drei Jahren gewählt. Die Analyse ergab das Skriptwort „Ungehorsam". Und der hat, in der Tat, mein Leben maßgeblich bestimmt. Man kann aber auch sagen: „Selbstbestimmung". Stimmt!

Villars

Der nächste internationale Kongress fand in der Schweiz statt, in Villars, einem kleinen Ort oberhalb des Genfer Sees. Ich meldete mich zur Prüfung an. Für mich war es bedeutungsvoll, dass ich meine Prüfung zur Psychotherapeutin ebenso wie einst Theo seine Psychotherapeuten-Prüfung in der Schweiz machen konnte. Da ich die Schweiz erst durch Theo kennen und lieben gelernt hatte, war sie für mich etwas Besonderes. Das ist sie um so mehr geworden, als es später noch weitere spektakuläre Erlebnisse für mich dort gab – sowohl in Küsnacht bei Zürich als auch noch später in Solothurn.

Mit Herzklopfen fuhr ich in Begleitung von Theo also nach Villars. Die Nacht vor der Prüfung verbrachte ich schlaflos.

Da ich, wie meine mir überlegene Kollegin bei der Vorprüfung bestätigte, „gut organisiert" war, hatte ich zuvor eine Art Synopsis, also eine zusammenfassende Gegenüberstellung verschiedener psychotherapeutischer Persönlichkeits- und Krankheitslehren sowohl aus dem psychologischen wie dem somatischen Bereich zusammengestellt, die mir außer einem guten Überblick auch eine gute Verständnisgrundlage für eine umfassende Kenntnisse dieser Bereiche vermittelte. Einige meiner Kolleg*innen waren dankbar für diese „Pionier“-Arbeit, gab sie doch auch ihnen noch einen „letzten Schliff“ für ihren Abschluss.

Zum Glück war ich für den Vormittag des nächsten Tages zur Prüfung eingeteilt und ich hatte auch Glück mit den Prüfern: Jeweils vier schon „alte Hasen“, also bereits selbst geprüfte TA-Therapeuten waren für mich eingeteilt. In dem entsprechenden Raum baute ich also mein Tonbandgerät auf, legte die drei Bänder, die ich zum Vorspielen ausgesucht hatte, bereit und packte meine Protokolle der vorbereiteten Sitzungen, je eines für jeden Prüfer, aus.

Es gab unterschiedliche Kriterien, die „abgeprüft“ wurden und ich ging für mich noch einmal alle durch, ob ich auch jedes für mich berücksichtigt hatte. Danach fühlte ich mich sicher und war auch ruhig und konzentriert, als es los ging.

Plötzlich fand ich so viel Vergnügen, mein Wissen und Können darzustellen, dass ich ziemlich enttäuscht war, als die Prüfer „uno sono“ sagten, sie hätten genug gehört, um ihr Urteil abgeben zu können. Auch in ihrem Urteil waren sie sich einig: bestens bestanden!

Meiner Enttäuschung, dass ich nicht mehr von meinem Wissen darstellen konnte, wich ein starkes Glücksgefühl, das dann Theo mit mir gerne teilte.

Nachdem der Prüfungsvormittag zu Ende war, ging ich zu Rüdiger Rogoll und berichtete ihm, wie es gelaufen ist. Er schaute mich an und sagte einen Satz, der von da an für mein weiteres Leben leitend wurde und mir später in vielen schwierigen Lebenssituationen Kraft und Mut gegeben hat.

Er sagte: „Du hast power!“
Es klang liebevoll.

Ermutigt und erneut begeistert von meiner jetzigen Profession, entschloss ich mich, noch nicht mit der Gruppe aufzuhören, sondern weiterzumachen und mir noch die Lehrbefugnis zu erarbeiten. Ich blieb weitere fünf Jahre bei Rüdiger Rogoll, stellte eine eigene Ausbildungsgruppe zusammen, legte zwischendurch auch noch – während einer entsprechenden Tagung in den Niederlanden – mit Bravour die Eignungsprüfung für die Lehrbefugnis ab, und beendete diese Arbeit sieben Jahre später (1991). Allerdings machte ich keine Prüfung für die Lehrbefugnis, weil etwas total Neues in mein Leben kam, vor dem die zuvor angestrebte Lehrbefugnis sich in Luft auflöste.

Doch davon später, denn in diesen sieben Jahren geschah noch viel mehr Bedeutungsvolles im Leben von mir und Theo. Zum Beispiel unsere gemeinsame Zeit bei den Lindauer Psychotherapiewochen.

Lindauer Psychotherapiewochen

Diese psychotherapeutische Weiterbildungseinrichtung wurde bereits vor dem 2. Weltkrieg für Ärzte gegründet – ich erspare mir hier die umfangreiche Geschichte, sie ist bei Wikipedia ausführlich beschrieben. Die Lindauer Psychotherapiewochen finden jedes Jahr während zwei Wochen in Lindau statt und bestehen in jeder Woche aus je einem Hauptvortrag und einigen Nebenvorträgen an jedem Vormittag und zahlreichen Übungsveranstaltungen an den Nachmittagen. Für jede Woche gibt es ein Leitthema. Als Theo und ich noch dabei waren, von 1978 bis 1989 (ich sogar noch 2 Jahre länger), zählte jede Woche ca. 3000 Teilnehmer. An meinen Workshops nahmen ca. 15 bis 20 Personen teil, zum größten Teil waren es Ärzte oder Psychologen.

Als Helmuth Stolze sich entschlossen hatte, seine langjährige Leitung an Nachfolger abzugeben, übernahm Helmut Remmler 1978 die Aufgabe in Abstimmung mit dem Vorstand, ein neues Leitungsteam zu bilden, indem er seine Freunde Theo Seifert und Peter Buchheim zur Mitwirkung einlud.

Die Idee für das neue Leitungskonzept war, dass erfahrene Psychotherapeuten und Psychoanalytiker künftig aus unterschiedlichen Berufsbereichen in der Leitung vertreten sein sollten und damit auch die Mitarbeiter und Teilnehmer der Psychotherapiewochen aus diesen Berufszweigen repräsentieren. Somit repräsentierten Helmut Remmler als Allgemeinmediziner und Peter Buchheim als Psychiater die ärztlichen Psychotherapeuten und Theo Seifert als Psychologe und jungianischer Psychoanalytiker die psychologischen Therapeuten, was ein Novum in der Leitung der Psychotherapiewochen war. Das führte zunächst zu Bedenken und Zweifel im Vorstand und in der Vereinigung, die Helmut Remmler aber gut entkräften und beiseite wischen konnte, weil er Theo einfach im Team mit dabeihaben wollte.

Bisher waren Psychologen als Mitarbeiter und auch als Teilnehmer in der Tagung noch nicht entsprechend ihrer Qualifikation anerkannt und einbezogen worden.

Ich war damals auch als Teilnehmerin bei dieser Tagung, und erlebte, wie sich eine Gruppe von Psychologen zusammenschloss und lautstark gegen ihre Ausgrenzung aus dem psychotherapeutischen Tagungskonzept protestierten.

Aus ihrem Verständnis heraus sollte es in Lindau nicht um rein ärztliche Psychotherapie, sondern um Psychotherapie verschiedenster Schulen gehen.

Damals beherrschten ärztliche und psychiatrische Standesorganisationen das Gebiet der Psychotherapie und jeder Psychologe, der eine psychotherapeutische Behandlung, sei es in Einzel- oder Gruppentherapie, durchführen wollte, musste diese Behandlung von einem Arzt bestätigen und kontrollieren lassen. Erst seit 1999, als eine neue Gesetzesregelung in Kraft trat – eben aufgrund massiver Proteste seitens des Psychologenverbandes – konnten behandelnde Psychologen ihre Arbeit direkt mit den Krankenkassen abrechnen.

Dass Theo als zwar promovierter und analytischer Psychologe in der Leitung der Lindauer Psychotherapiewochen fungierte, löste auch in ihm zwiespältige Gefühle aus: einerseits fühlte er sich im Kreis der ärztlichen Kollegen – persönlich sehr gemocht und rundum anerkannt – aber doch nicht ganz gleichwertig – andererseits betrachtete er es auch als seine Aufgabe und sein Schicksal, persönlich etwas für die Psychologie und seine Psychologen-Kollegen tun zu können

Helmut, Theo und Peter fanden schnell zu einer kreativen, effektiven und auch vergnüglichen Arbeit in der Leitung zusammen und erreichten, dass die Teilnehmerzahlen von Jahr zu Jahr bis auf drei- und sogar viertausend in beiden Wochen anstiegen und immer mehr qualifizierte Mitarbeiterinnen und Mitarbeiter aus allen Fachbereichen und auch aus dem Ausland gewonnen werden konnten.

Die Lindauer Psychotherapiewochen werden eröffnet von(von links nach rechts:) Dr. Theodor Seifert, Dr. Helmut Remmler,Prof. Dr. Peter Buchheim

Ich verstand mich mit seinem Freund Helmut Remmler, sehr gut, Helmut akzeptierte mich sofort, und es gab zahlreiche Gebiete, die uns verbanden. Vor allem die Astrologie. Durch Helmut lernten Theo und ich auch Helmuts Freund, Claus Riemann, kennen – ich hatte ihn schon erwähnt. Helmut war begeisterter Musiker, er spielte ausgezeichnet Klavier und arbeitete einige Opern, vor allem die von Mozart, zu einmaligen, psychologisch gefärbten Musicals um, die er dann auch bei den Lindauer Fortbildungsveranstaltungen vortrug.

Später lernte Helmut noch eine junge Frau, Lehrerin, kennen, die er heiratete – wir verstanden uns zu viert sehr gut und unternahmen viel Schönes miteinander. Ich bin heute noch mit ihr befreundet.

Der dritte im Bunde mit Helmut und Theo bei den Lindauer Psychotherapiewochen war – wie schon erwähnt – Peter Buchheim,

Psychiater und Psychoanalytiker in München, der sich in der Psychiatrie habilitierte und später dann eine Universitätsprofessur in der Psychosomatik am Klinikum rechts der Isar übernahm.

Mit Peter kam seine so liebenswerte Frau, Dr. Marianne Buchheim, Nervenärztin und psychoanalytische Psychotherapeutin, mit in die Runde und schon recht bald lernten Theo und ich auch noch deren attraktive Tochter, Anna, kennen – die damals schon als Schulmädchen immer in Lindau dabei war und dann bald dort die ersten Ausstellungen organisierte. Heute ist sie Universitäts-Professorin für klinischen Psychologie und Dekanin der Leopold-Franzens-Universität in Innsbruck mit dem Schwerpunkt klinische Bindungs- und Persönlichkeitsforschung. Als äußerst liebenswerte und lebensfrohe Frau, gehört sie mit ihren Eltern zu Theos und meinen – heute leider nur noch meinen – besten Freunden.

Es war eine wunderbare Zeit, in der Theo und ich, Helmut und Ute Remmler, Marianne, Anna und Peter Buchheim uns alljährlich in Lindau trafen und in den beiden Hotels direkt am Bodensee, im Hotel Reutemann und im Bayerischen Hof „residierten".

Wir genossen diese jeweils vierzehn Tage in Lindau sein und arbeiten zu dürfen. Die Kurse, die wir anboten, wurden zudem gut honoriert. Helmut, Theo und Peter bekamen darüber hinaus eine monatliche Aufwandsentschädigung für ihre verantwortliche Tätigkeit in der Leitung der Lindauer Psychotherapiewochen. Helmut, Peter und Theo trafen sich das Jahr über jeden Monat einmal in München bei Helmut oder oft auch in Gauting bei den Buchheims, wo Theo meist in Begleitung von unsrem Hund Terry kam, um die jeweils nächste Tagung vorzubereiten.

Nach einigen Jahren gemeinsamer Arbeit hörte allerdings Helmut bei den Psychotherapiewochen auf und für ihn wurde Prof. Dr. Manfred Cierpka aus Ulm in die Leitung geholt. In welcher Konstellation auch

S. 200: Inselhalle, Lindau während eines Vortrags (von links nach rechts:) Dr. Helmut Remmler, Angela Waiblinger, Dr. Theodor Seifert, Dr. Marianne Buchheim, Prof. Dr. Peter Buchheim

immer die drei Leiter zusammenarbeiteten, sie verstanden sich stets gut und wir alle bildeten eine feste Freundesgruppe, die sich gegenseitig auch privat zu Geburtstagen und anderen Anlässen traf. Selbst Terry, unser Airdaleterrier – er hat später noch seinen Auftritt hier – wurde vom Sekretariat in Lindau auf's Beste versorgt.

Soviel von den Äußerlichkeiten rund um Lindau. Jetzt noch zu dem, was intern geschah.

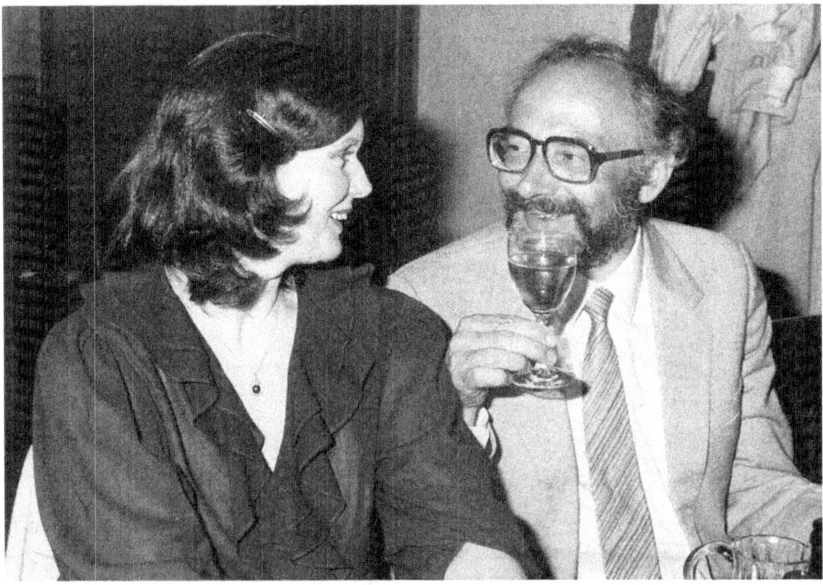

1979: Angela Waiblinger und Theodor Seifert bei den Lindauer Psychotherapiewochen am Abend, nach den Veranstaltungen

Der Glanz von Lindau

Es ist vor allem Peter und Marianne Buchheim zu verdanken, dass bei den Lindauer Psychotherapiewochen der Kontakt mit den Mitarbeiterinnen und Mitarbeitern in einer so guten und persönlichen und gegenseitig wertschätzenden Atmosphäre möglich war. Marianne, einige Jahre älter als ich, die heute mit Peter und Anna in Innsbruck lebt, strahlte in Lindau und strahlt auch heute noch – wo immer sie steht und geht – einen unvergleichlichen Charme und eine freundliche Zuneigung aus und besticht durch ihre menschliche Haltung und ärztlich-psychotherapeutische Kompetenz. Zusammen mit ihrem Mann, Peter, der seinerseits neben seiner psychiatrischen und psychotherapeutischen Tätigkeit ein sehr begabter, feinsinniger Fotograf ist mit viel Sinn für Kunst und Zukunftsträchtiges, verliehen beide damals der gesellschaftlichen und mitmenschlichen Seite der Psychotherapiewochen in Lindau eine unvergleichliche Bezogenheit und Gelassenheit, die bei uns in Deutschland für eine Weiterbildungsveranstaltung etwas Besonders war.

Ich habe es von einigen der eingeladenen Mitarbeiter öfter sagen hören, dass es für die meisten eine Ehre war, hier als Mitarbeiter eingeladen worden zu sein. Wer einmal als Referent teilgenommen hatte, wollte meistens im nächsten Jahr wieder eingeladen werden und bot sich und seine Arbeit gleich wieder für das nächste Jahr bei den Organisatoren an. Alle äußerten sich, wenn sie nicht mehr eingeladen wurden, stets als sehr enttäuscht.

Die Tagungen begannen jeweils an einem Sonntagabend Mitte April, um 19 Uhr mit einem Eröffnungsvortrag eines bedeutenden Wissenschaftlers des betreffenden Themas dieser Woche. Zuvor sprachen noch die Stadthonoratioren der Stadt Lindau. Anschließend begaben sich dann die jeweiligen wissenschaftlichen Mitarbeiter, also die Vortragenden der kommenden Woche sowie die Leiter der jeweiligen

Kurse, die angeboten waren, zum Alten Rathaus, wo im großen Festsaal delikate Häppchen und Sekt, Organgensaft, Weiß- und Rotwein, Mineralwasser von Kellnern und Kellnerinnen des Bayerischen Hofes gereicht wurden. Die Leiter der Lindauer Psychotherapiewochen, Helmut Remmler, Peter Buchheim, Theo Seifert, begrüßten die Gäste und wir alle miteinander waren stets gut gelaunt und voller Begeisterung für die kommenden Highlights.

Dann lief die erste Woche wie im Nu ab, man traf sich zum Essen oder auf der Straße, bei den Vorträgen und Kursen, oder im Gartenrestaurant des Hotel Reutemann, auf einer Bank am See, abends bei den angebotenen Abendveranstaltungen im Stadttheater, bei einer Weinverköstigung im Weinhaus Lammers, beim Tanzabend am vorletzten Tag, beim Sonnenuntergang am See oder beim Abschlussfest am letzten Abend.

Am Freitagabend, nach der letzten Veranstaltung versammelten sich dann die Mitarbeiter in einem Raum im dritten Stock des Bayerischen Hofs zu einer Abschlussbesprechung, in der sie ihre Eindrücke, ihre Anmerkungen, Kritik und Lob, Hinweise auf Verbesserungen oder was auch immer vorbringen konnten.

Anschließend strebten alle in den Speisesaal im Erdgeschoss des Hotels, verteilte sich in bereits vorher ausgehandelten Gruppen um die Tische, lauschten den Dankesreden des Vorstands und der Leitung und stürmten das warm/kalte Buffet. Alle waren zufrieden, alle waren glücklich. Die meisten verabschiedeten sich mit der Bitte, doch wieder eingeladen zu werden und die drei Leiter nebst Frauen sahen zwar etwas erschöpft, aber doch wieder erwartungsvoll nach einem Erholungswochenende der nächsten Arbeitswoche entgegen.

Nach der zweiten Arbeitswoche, an der das Ganze noch routinierter, nicht mehr ganz so aufregend ablief, verabschiedeten sich dann alle noch glücklicher voneinander, versicherten sich ihrer gegenseitigen

Zuneigung oder Liebe und dass sie sich schon auf das nächste Jahr freuten, in dem es ein wiederum glückliches Miteinander geben werde.

Wenn dann, auf dem Heimweg ins Hotel oder bei einem „Absacker-Abstecher" in der Hotel-Bar, über dem See der Mond leuchtete, waren Theo und ich glücklich wie an unserem ersten Tag.

Das blieb auch viele Jahre so und lässt auch jetzt, viele, viele, viele Jahre später, nach ganz anderen, viel weniger aufregenden, viel weniger schönen Erlebnissen, ein tiefes Gefühl der Dankbarkeit in mir entstehen, dankbar für dieses Leben, das so reich an Extremen, aber auch an ganz alltäglichen Dingen ist und eines Tages gewesen ist.

Wimsheim

Ich war ja inzwischen – wie weiter oben beschrieben – geprüfte Transaktionsanalytikerin und wollte entsprechend mit Klienten arbeiten. Dazu brauchte ich natürlich einen Arbeitsraum, der nicht nur, wie Theo's Zimmer in der Forschungsstelle, zu bestimmten Zeiten zur Verfügung stand. Ich wohnte ja noch im Jagdhaus, wenngleich ich oft in Theo's Wohnung war, wo er allerdings seine Praxis hatte.

Während eines wunderbaren Urlaubs an der Küste von Kroatien, im malerischen Städtchen „Dubrovnik" (Helmut Remmler hatte es uns empfohlen, er war schon öfter dort gewesen), malten Theo und ich unser künftiges, gemeinsames Leben aus:

Theo wollte unbedingt noch einmal ein altes Bauernhaus – nicht nur besitzen, sondern auch renovieren (er sagte, halb ernst, das könnte er noch zu seinem Beruf machen!). Er hatte sein vor wenigen Jahren gekauftes Haus seiner ersten Frau überlassen.

Und ich meinte: ich brauche dringend eine Praxis, sonst könnte ich ja meinen jetzt erworbenen Beruf nicht ausüben.

Also vereinbarten wir, dass wir sowohl nach einer Praxis für mich als auch nach einem alten Bauernhaus Ausschau halten wollten. Ich hatte aber auch als Bedingung, dass meine Praxis in der Nähe des Jagdhauses sein müsse, weil ich meine Tochter nicht allein in dem „Männerhaushalt" (Vater und zwei Brüder) lassen, ich in ihrer Nähe bleiben wollte.

Das Glück war mit uns und wir fanden beides: zuerst das Haus in Wimsheim, fünf Kilometer vom Jagdhaus in Friolzheim entfernt und das alte Bauernhaus im „Hohenlohischen" ein bisschen weiter, als fünf Kilometer von Theo's altem Bauernhaus entfernt, dafür mit einer großen Scheune und einem weitläufigen Grundstück ringsherum. Theo verkaufte seine Haushälfte in Stuttgart und erwarb das Haus in Wimsheim, das aus fünf Zimmern im oberen Bereich; sowie zwei Zimmern, plus Wartezimmerbereich in der Eingangsdiele bestand.

Theo und Angela auf dem „Cäutschle" vor dem Kachelofen in Wimsheim

Es ist ein Haus am Hang, den Wohnbereich betrat man von der Straße aus und zur Praxis, in der je ein Zimmer für Theo und eines für mich lag, kam man über eine Treppe, die auch in den Garten führte.

Wir waren sehr glücklich über diese Lösung und begannen – vor allem ich, begeistert als „Neuling" – mit der psychotherapeutischen Arbeit.

Theo blieb aber auch noch in der Psychotherapeutischen Klinik, Stuttgart, jetzt als stellvertretender Leiter – erstens, weil er die Arbeit mit den doch psychisch stark eingeschränkten Patienten dort liebte; zweitens sich im Kollegenkreis gut aufgehoben fühlte; und drittens, diese Arbeit sehr gut bezahlt wurde.

Wir arbeiteten viel: Theo in der Psychotherapeutischen Klinik und auch noch in der privaten Praxis zu Hause oder er fuhr zu Supervisionen in andere Kliniken. Ich baute meine Praxis auf, die bald sehr gut lief – wir waren glücklich miteinander.

Ich arbeitete auch sehr viel: die Patientenpraxis, sowohl was Gruppen- als auch was Einzelarbeit betraf, lief recht bald gut an und auch meine Ausbildungsgruppe war voll besetzt. Es war damals eine gute Zeit für Psychotherapeuten, vor allem für Gruppenarbeit – diese boomte geradezu, denn alles, was auf diesem Gebiet aus Amerika kam, wurde hier in Deutschland begeistert aufgenommen. So behandelten wir auch Paare in einer Paartherapiegruppe, die wir beide leiteten.

Später änderte sich dies auch wieder, dann wollten die Patienten lieber zur Einzeltherapie kommen – Moden unterliegen eben einem gewissen Wandel.

Theo brauchte auch relativ viel Geld, weil er seiner geschiedenen Frau mehr Unterhalt bezahlte, als er von Gesetzes wegen musste – die Töchter waren ja noch nicht volljährig und er fühlte sich als guter Vater, der er sein wollte und auch weiterhin war, verpflichtet – nicht nur finanziell – sondern auch von seinem Verantwortungsgefühl als Vater und seiner Liebe her – gut für alle zu sorgen. Wir wussten nicht, dass er wohl doch von seinen Kräften her überfordert war.

Nachdem wir auch „unser Haus" in Hohenlohe gefunden hatten – ich berichte noch darüber, erfüllte ich Theo einen Herzenswunsch:

Ich kaufte einen Hund. Einen Airdale-Terrier.

Theo hatte sich schon lange einen Hund gewünscht, in seiner bisherigen Familie war dies wohl nicht möglich gewesen, auch, weil er selbst ja mit Berufsaufbau zu beschäftigt gewesen ist. Jetzt hatte er mehr Zeit, und ich wollte ihm gerne seinen Hunde-Wunsch erfüllen.

Hiermit hatte ich zum zweiten Mal in meinem Leben meinen Lebens-Sinn – ohne dies damals zu erkennen – realisiert:

Ich bin gekommen, um Freude in Dein Leben zu bringen.

Ich habe es weiter oben schon geschrieben: Als ich Theo in der Forschungsstelle kennen lernte, fiel mir auf, dass er nie lachte. Er sah

Trixe und Terry

zwar freundlich aus, aber auch ernsthaft und fast ein wenig traurig. Und schon bald, nachdem wir uns emotional einander angenähert hatten, nahm ich mir vor, ihm lange Spaziergänge zu ermöglichen – denn darüber hatte er voller Sehnsucht gesprochen: über lange Spaziergänge. Und ich dachte gleich: Am besten mit einem Hund.

Theo war begeistert, als ich mit ihm eines Tages als Überraschungsfahrt zu einem Züchter fuhr.

Wir fanden einen jungen Rüden, der sich spontan an Theos Beine schmiegte und kauften ihn. Ich hatte Theo zuvor noch nie so glücklich gesehen, wie jetzt, wenn er sich mit seinem „Terry“, so nannten wir den Kleinen, beschäftigte. Er kaufte ihm Leckerli und erzog ihn so spielerisch zu einem sehr auf ihn bezogenen Begleiter.

Wir hatten 14 Jahre lang sehr viel Freude mit ihm, kauften aber nach einem Jahr noch eine kleine Hündin dazu. Coco nannten wir sie. Leider hatten wir sie nur vier Jahre, denn sie erkrankte an Leberkrebs und bevor sie allzu sehr leiden musste, ließen wir sie einschläfern. Wir trauerten sehr und lange um diese Hündin, die ausgenommen schön gewesen war.

Zufälligerweise wurde einige Zeit nach Cocos Tod eine andere Airdaleterrier-Hündin Waise, weil ihr Frauchen starb und sie kam zu uns.

Dieser Hund wurde mein Hund. Ich nannte sie Trixe. Sie lernte, was sie bis dahin nicht gelernt hatte, tadellos an der Leine zu Fuß zu gehen und war so liebevoll auf mich bezogen, dass mich das sehr rührte. Manchmal allerdings, wenn ich sie auf einem unserer Spaziergänge freilaufen ließ, fand sie am Waldrand einen Igel und brachte ihn mir als Geschenk.

Sie konnte nicht verstehen, warum ich ihr Geschenk nicht annehmen mochte: wegen der Läuse. Soweit reichte ihr Hundeverstand leider nicht. Sie verstand auch nicht, warum ich nicht so begeistert war wie sie, wenn sie sich in einem der nahen Felder wälzte, nachdem dieses mit „Gülle“ besprengt worden waren.

Theo verstand sie da eher und meinte: „Trixe ist extra zum „Douglas“ gegangen und hat ein Parfum für dich ausgesucht. Jetzt gefällt dir das nicht!“

Wir hatten sehr viel Freude mit den Hunden. Wenn wir zum Einkaufen in ein Kaufhaus gingen, ließen wir beide am Eingang sitzen, stellten noch eine schon gefüllte Tasche daneben, sagten ihnen, dass sie gut darauf aufpassen sollten und gingen dann weiter durch das

Geschäft. Sowohl die Hunde als auch die Taschen waren stets noch da, wenn wir wiederkamen.

In Restaurants suchten wir uns, wenn möglich, einen Tisch mit einer Bank, unter die sich im Nu die beiden großen Hunde „zusammenlegten." Wenn wir später wieder aufbrachen, wunderten sich die im Umkreis sitzenden Gäste jedes Mal, wenn zwei große Hunde zum Vorschein kamen, die bis dahin nicht zu sehen oder hören gewesen waren.

Trixe musste zu unserem großen Leidwesen nach einigen Jahren qualvoll an einer Vergiftung sterben, was vor allem Theo sehr mitgenommen hat. Terry schlief im Alter von 14 Jahren friedvoll auf seiner Decke ein, nachdem er kaum noch laufen konnte. Theo hatte seine Hand auf Terrys Herz gelegt, das nach einigen Minuten aufhörte zu schlagen – eine halbe Stunde, bevor die Tierärztin kommen sollte, um ihn einzuschläfern.

So lag dann auch viele Jahre später meine Hand auf Theo's Herz, als er umringt von seinen Lieben, für immer einschlief.

Doch soweit ist es jetzt noch nicht. Zuvor konnten wir noch über viele Jahre ein glückliches, nicht ganz gewöhnliches Leben genießen. Mit einem eigenen Bauernhaus. Es war nicht unbedingt mein Wunsch, ich hätte es nicht gebraucht, mich hat das Landleben nie gelockt, ich habe es auch nicht unbedingt als bereichernd erlebt.

Im Gegenteil: Mich störte der ziemlich widerliche Geruch – nicht der Kuh-, eher der Sauställe von den Nachbarhäusern und vor allem der Silos mit den für den Winter eingelegten Rüben. Und die vielen, vielen Fliegen störten mich im Sommer sehr.

Aber Theo nahm das alles mit bewundernswerter Geduld und beneidenswerter Gleichgültigkeit hin. Hauptsache, er war auf dem Land – im einfachen Leben. Und weil er so glücklich war in seinem Bauernhaus, hatten wir es auch gefunden und gekauft. Und ich war glücklich, dass er glücklich war.

Herrentierbach

Das Haus gehörte einst einem Schneider. Deshalb hatte es im Erdgeschoss ein großes Zimmer mit vier großen Fenstern, durch die das Tageslicht es erleuchtete. Daneben gab es noch einen kleineren Raum, eine große Küche und einen ziemlich großen Stall. Eine relativ breite Treppe führte ins Obergeschoss, wo sich eine weitläufige Diele und drei weitere Räume befanden.

Es war ein lang gestrecktes Fachwerkhaus mit einer Natursteinmauer – doch ziemlich grau und heruntergekommen. Da Theo schon das erste Bauernhaus, ein wesentlich kleineres, damals renoviert und ihm dies viel Spaß gemacht hatte, bestellte er auch jetzt die entsprechenden Handwerker, die er ja schon kannte, und ließ dieses Haus auf das Feinste renovieren und fachgerecht herrichten. Es wurde ein richtiges „Schmuckstück".

Ich versuchte, so gut ich konnte, aus dem ehemaligen Misthaufen vor dem Haus ein Blumenbeet anzulegen. Neben einer sehr großen Scheune, die dann zur Doppelgarage wurde, gehörte noch ein weitläufiges Grundstück, das erst an den Kornfeldern der Bauern im Westen endet und wo am Ende des Tages die Sonne in den Weiten unterging.

Wir liebten die Sommerabende unter einem alten Birnbaum, unter den wir den Tisch zum Abendessen gestellt hatten.

Wir richteten es mit alten Bauernmöbeln ein, die Theo bei einem dort ansässigen Antiquitätenhändler kaufte und genossen die freien Wochenenden.

Die scheinbar freien Wochenenden – denn Theo hatte meistens noch eine dicke Aktentasche voller Arbeit dabei. Er war ein gefragter Supervisor, hatte aber die Woche über keine Zeit, Supervisionsarbeiten zu lesen und mit seinen Anmerkungen zu versehen.

Das tat er dann dort vor dem Haus auf einer Bank.

Auch las er für einschlägige Fachzeitschriften von verschiedenen Autoren eingereichte Artikel und korrigierte sie bei Bedarf. Ich saß oft

Theo auf der Terrasse vor dem noch unrenovierten Bauernhaus, er schreibt das letzte Kapitel in seinem Buch: „Lebensperspektiven der Psychologie“.

neben ihm, las ebenfalls meistens Fachliteratur, weil ich diese einfach spannend fand, und freute mich, wenn der Abend heraufzog und Theo seine Artikel beiseitelegte, seine Pfeife anzündete und die Hunde sich unter die Bank verzogen.

Bis eine Katze um die Ecke lugte. Dann war Terry wie ein Blitz hinter ihr her. Weder Coco noch später Trixe waren an Katzen interessiert. Nur Terry. Doch erwischt hat er keine. Weil diese ja meistens blitzschnell auf den nächsten Baum sprangen. Er gab aber auch nie auf, er lernte nicht aus seinen Erfahrungen, sondern stürmte immer wieder, japsend, erfolglos hinter einer her.

Manchmal, in warmen Sommernächten schliefen wir auch die ganze Nacht im Garten hinter dem Haus unter den hohen Bäumen, eingehüllt in unsere warmen Lamahaar-Decken. Dann sorgten die Käuzchen für ein Gute-Nacht-Lied.

So vergingen die Wochenenden meistens viel zu schnell. Die große Wiese um den alten Birnbaum herum mähte Theo aber immer selber. Das ließ er sich nicht nehmen. Das war für ihn der körperliche Ausgleich zu seiner sitzenden Tätigkeit.

Deshalb mussten wir auch – so lange wir dieses Grundstück hatten – gleich am ersten Wochenende nach den Lindauer Psychotherapiewochen nach Herrentierbach fahren, um das Gras Anfang Mai nicht allzu hoch werden zu lassen.

Wir pflegten in Herrentierbach auch ein reges Gästeleben. Meistens während der Sommermonate, fuhren unsere Freunde gerne einmal an einem Samstag ins Hohenloher Land, um uns zu besuchen.

Aber auch stets am ersten Neujahrstag kamen die engeren Freunde – vor allem die, welche auch Ferienhäuser in dieser Gegend hatten – um das neue Jahr mit uns zu begrüßen.

Unsere Neujahrsgäste waren z. B. Familie Volk, ein Ehepaar mit zwei Kindern, die in Mulfingen, einem Ort, nicht weit entfernt von Herrentierbach, ebenfalls ein Bauernhaus gekauft und selbst renoviert hatten. Walter Volk war Mediziner, er arbeitete in der Forschungsstelle an seiner Habilitation. Sehr zum Leidwesen seiner Frau und der beiden Kinder ist er bereits vor 20 Jahren verstorben. Seine Frau Gabriele ist Kinder- und Jugendlichen Psychotherapeutin, heute jedoch im Ruhestand und lebt jetzt wieder in Stuttgart. Wir treffen uns dort ab und zu einmal und tauschen alte Erinnerungen aus.

Das andere Neujahrsgästepaar waren Rosmarie und Rudolf Bog. Rudolf Bog war Psychoanalytiker in Stuttgart, ich hatte damals meine Analyse bei ihm gemacht, mich später auch mit seiner Frau Rosmarie angefreundet, die sich damals im Hohenloher Land mit der Heilwirkung der dort wachsenden Blumen und Kräuter vertraut und einen Namen gemacht hatte. Über zehn Jahre lang war sie regelmäßig in einer Fernsehsendung des Süddeutschen Rundfunks im dritten Programm namens „Grünzeug“ als „Kräuterfrau“ zu sehen, wo sie ihr profundes Wissen weitergab. Sie stellte auch selbst Tee, Säfte und Tinkturen her, die den Menschen in ihrer Umgebung bei entsprechenden „Leiden“ geholfen hatten.

Auch als Autorin mehrerer Bücher war sie beliebt. Zusammen mit ihrem Mann hielt sie in einem bekannten Lokal dieser Gegend gut besuchte Leseabende mit anschließender Gesprächsrunde ab. Erst kürzlich hat sie mir ein Bändchen mit Kurzgeschichten geschickt, und ich war/bin wieder beeindruckt von der Ausdruckskraft und Mächtigkeit ihrer Sprache, bei der man merkt, wie stark ihre geistige Klarheit ist.

Heute lebt sie mit und bei der Familie ihres Sohnes, der ein Kenner der Tibetischen Medizin ist, in der Nähe von Stuttgart. Auch ihr Mann ist schon vor einigen Jahren gestorben.

Theo und ich liebten es, Gäste bewirten zu können, sowohl in Herrentierbach – nicht nur am ersten Januar, sondern das ganze Jahr über. Viele unserer Freunde waren im Laufe der Jahre bei uns zu Gast. Alle liebten Herrentierbach. Und doch haben wir es dann eines Tages verkauft. Auch natürlich aus finanziellen Erwägungen und weil Theo später wegen seiner schweren Erkrankung an Stuttgart gebunden war. Bis dahin ist aber noch einiges passiert.

Theo im Garten in Herrentierbach, auch zusammen mit Gästen

Eine unheimliche Begegnung der anderen Art

Da ich noch die Lehrenden-Prüfung im Bereich der Transaktionsanalyse machen wollte, arbeitete ich nicht nur allwöchentlich mit meiner eigenen Ausbildungsgruppe, die in größeren Abständen von Dr. Rogoll bei einem seiner Besuche kontrolliert wurde, sondern ich übernahm auch wiederholt die Supervision in einer der Gruppen bei anderen Kollegen – das gehörte zum Weiterbildungsprogramm.

So war ich am ersten Wochenende im Februar 1991 bei einem Kollegen in Zürich zur Supervision von dessen Ausbildungsgruppe. Ich weiß dieses Datum deshalb so genau, weil Theo und ich im Oktober 1990 geheiratet hatten und ich das erste Mal unter meinem neuen Namen so eine Supervisionsgruppe angeboten hatte.

Theo und ich hatten, als wir 1990 heirateten, Karten drucken lassen und an alte und neue Bekannte und Freunde geschickt. So erfuhr auch eine Schweizerin, die bei Theo schon vor unserer Verbindung einen Kurs absolviert hatte, unsere Adresse, schrieb und gratulierte uns und fragte, ob wir uns einmal treffen könnten. Ich schlug den Februar-Samstag-Abend in Zürich vor, wenn ich meinen Kurs beendet hätte. Sie sagte zu und wir vereinbarten als Treffpunkt das Hotel Florhof, wo ich während des Kurses auch wohnte.

Ich ging also nach dem Kurs in das Hotel – mein Zimmer lag im zweiten Stock – zog mich um und kurz darauf wurde mir mitgeteilt, dass eine Frau in der Hotelhalle auf mich warte. Ich sagte, ich käme sofort. Ich verließ also mein Zimmer und sah neugierig neben der Treppe ins Erdgeschoss hinab. Da geschah etwas sehr Merkwürdiges:

Es war auf einmal, als wurde mir leicht schwindlig und das Hoteltreppenhaus verwandelte sich in einen großen Raum, der – als wäre er eine Kathedrale – von einem leicht goldfarben schimmernden Licht durchflutet wurde. Ich konnte nicht mehr klar denken, sondern fühlte mich wie fremdgesteuert. Als ich auf dem vorletzten Treppenabsatz angelangt war, sah ich sie:

Eine schmale, schwarze Gestalt, die freundlich zu mir empor lächelte – auch sie schien von einem hellen Licht umgeben. Wie in Trance ging ich auf sie zu und gab ihr die Hand. Mit einer leichten Schweizer Färbung in der Stimme sagte sie freundlich lächelnd: „Hallo, Angela."

Ich reagierte einfach nur wie automatisch, weder fähig zu denken oder zu sprechen und sie lud mich ein, mit ihr zu kommen, in ihre Wohnung, dort würden wir zu Abend essen.

Zwar hatte ich schon einen Tisch im Hotel-Restaurant bestellt gehabt, weil ich dachte, wir würden hier essen, doch rasch sagte ich ihn ab und folgte ihr nach.

Draußen war es dunkel und als wir aus dem Hotel traten, fuhr ein schwarzes Auto vor, ein junger, schwarz gekleideter Mann stieg aus und hielt mir die Tür auf: „Willkommen, Angela!" sagte er und forderte mich auf, einzusteigen.

Ich konnte hinterher nicht mehr sagen, ob wir und wenn, was wir gesprochen haben während dieser Fahrt. Sie währte auch nicht lange und die beiden gingen mir voran in ein Haus, eine Treppe hinauf und öffneten eine Wohnungstür.

Dort empfing mich eine auch schwarz gekleidete Frau, die wie R. und ihr männlicher Begleiter den gleichen Haarschnitt hatten: die Haare kurz, ca. 1cm hoch in Form einer Bürste.

Alle drei schienen sich zu freuen, dass ich da war, sie tischten dann ein zwar einfaches, aber sehr schmackhaftes, leichtes Abendessen auf: Chicoree-Salat und Reis in einer Ananas-Bananen-Soße, sie sagten dazu: Brahmanen-Soße und erklärten, so äßen in Indien die Brahmanen = die Gelehrten, die dort die Veden = die „heiligen Schriften" lesen und verkündeten.

Ich war ziemlich beeindruckt, wusste nicht so recht, was ich sagen sollte oder wollte, sondern aß das schmackhafte Essen.

Danach gab es Tee und dann trugen sie mir ihr „heiliges Wissen" vor (Ich gebe es jetzt in Stichworten, nach meiner Erinnerung weiter, weiß nicht, ob es vielleicht fehlerhaft ist oder unvollständig):

Die Welt mit allem, was in ihr kreucht und fleucht, was sich bewegt oder gänzlich still zu stehen scheint, das Sichtbare und das Unsichtbare besteht eigentlich aus Vibrationen, die sowohl sehr fein als auch gröber vibrieren, und sich so in den Farben der Spektralfarben aufteilen: rot, orange, gelb, grün, blau, violett, weiß und schwarz.

Im Schwarz seien die einzelnen Farben am dichtesten beieinander, deshalb waren auch sie schwarz gekleidet. So seien sie vor einer unerwünschten Nähe anderer Menschen geschützt.

Und – zweite Lektion: Die Vibrationsdichte hier auf unserer Erde hat sich im Laufe ihrer Geschichte immer wieder verändert:

Als Mose das rote Meer teilte, habe sie überwiegend in Rot vibriert;
als die großen Gott-Könige im Nildelta regierten, in Orange;
als die Brahmanen in Indien eher die Vorherrschaft hatten, in Gelb;
als Jesus Christus auf der Erde gewandelt ist, in Grün;
und jetzt, da wir die Lüfte erobert haben, mit den Fliegern von Kontinent zu Kontinent düsen, leben wir in der blauen Vibration.

Später käme ein wieder eher geistvolles Zeitalter, da würde sich unsere Erde in der violetten Phase befinden.

Sie fertigten eine entsprechend gefärbte Skizze an, die ich mit nach Hause nahm, um sie Theo zu zeigen.

Sie fragten auch nach ihm, denn R., die mich hierher gebracht hatte, kannte Theo aus Kursen, die er früher in der Schweiz gegeben hatte. Ich erzählte, dass es Theo gerade nicht so gut ginge, dass er erst kürzlich eine schwere Lungenentzündung hatte, die nur sehr langsam abgeklungen sei und dass er sich immer noch ziemlich schwach fühlte. Da meinten sie, sie hätten etwas für ihn, was ihm sicher helfen könnte. Ob sie demnächst einmal zu uns kommen könnten, um dies auszuprobieren? Nur zu gerne sagte ich ja, denn mir machte Theos Gesundheitszustand auch Sorgen. Dann verabschiedete ich mich und der junge Mann brachte mich formvollendet in den Florhof zurück.

Ich rief natürlich gleich Theo an, der schon auf meinen Anruf gewartet hatte, weil er ja wusste, dass ich den Abend mit R. verbringen würde.

Ich erzählte ihm alles. Zuerst sagte er nichts, dann – nach einer Weile meinte er: „Das macht mir Angst."

Ich war enttäuscht, denn ich hatte bereits „Feuer gefangen". Ich war äußerst neugierig, was wir noch erfahren würden, wenn die drei uns besuchen kämen. Theo freute sich nicht. Aber er war auch nicht dagegen. Denn natürlich wäre er gerne wieder zu neuen Kräften gekommen.

So verabredeten wir aber zunächst, dass ich am nächsten Tag, am Sonntag, erst mal nach Hause zurückfahre.

Sssssss.........

Nach ungefähr einer Woche bekamen wir einen Brief, in dem die Schweizer Frauen Terminvorschläge für einen Besuch bei uns in Wimsheim machten. Wir verabredeten einen bestimmten Samstag und bestellten ihnen auch ein Zimmer in einem nahegelegenen Hotel.

Natürlich waren Theo und ich ziemlich aufgeregt, als sie zu dritt am vereinbarten Tag zu uns in die Mörikestr. 54 kamen.

Sie wollten sich nicht mit längeren Präliminarien oder gar einem gemeinsamen Essen aufhalten lassen, sondern sogleich „in medias res" gehen und sondierten die Lage der einzelnen Räume, die wir bewohnten. Sie beefanden die beiden Praxisräume im Souterrain als geeignet für ihr Experiment.

Theo sollte beginnen und sich in seinem Praxisraum auf die Couch legen.

R. gab ihm eine kleine weiße, längliche Kapsel mit etwas Wasser zum Schlucken. Nach etwa 20 Minuten begann Theo intensiv seine Hände anzuschauen und fand, dass sie sehr groß seien und auch schon ziemlich alt aussehen.

R. saß neben der Couch und schrieb in Stichworten auf, was Theo berichtete.

Ich kann das alles hier nicht mehr wiedergeben, erstens, weil ich es nicht mehr weiß, zweitens, weil es hier in diesem Zusammenhang auch nicht so interessant, bzw. wichtig ist. Wichtig blieb ihm jedoch lange Zeit ein Satz, den er immer wieder sagte: „Lauf, lauf, lauf… du brauchst nicht mehr zu laufen, weil du schon da bist!"

Diesen Satz finde ich von daher bedeutungsvoll, weil Theo aufgrund seiner Herkunftsgeschichte stets meinte, er müsste besonders Vieles, besonders Wichtiges leisten. Seine Mutter wollte in seinen Zeugnissen stets eine Eins, statt einer Eins minus sehen und später war er in Berlin in der Familie seiner Frau stets „der Sachse", was so viel bedeutete wie: „Du musst dich schon von deiner Herkunft her mehr anstrengen, als unsereiner, der aus Berlin kommt."

Und nun wurde ihm, aus seinem Unbewussten hervorgelockt, bedeutet, er könne aufhören, sich überaus stark anzustrengen – was ja wohl auch der Grund für die lange Dauer der Lungenentzündung gewesen war. Er sei schon „Hier" = „Du bist bei dir, du bist zuhause, du bist o.k."

R. arbeitete über drei Stunden mit ihm.

Das heißt, sie saß neben ihm – wir anderen weiter hinten im Raum – irgendwann gingen wir auch nach oben, um eine Kleinigkeit zu essen.

Ich war natürlich schon ziemlich aufgeregt, weil ich wusste, ich würde auch noch eine derartige „Reise" ins Unbewusste unternehmen.

Endlich, am späten Nachmittag. Theo kam, obwohl er doch einigermaßen erschöpft war, mit in meinen Therapieraum, ich bekam auch eine kleine, weiße, längliche Kapsel, legte mich auf meine Couch und wartete.

Nichts geschah – fast eine Stunde lang. R. gab mir eine zweite Kapsel.

Und dann ging es los:

Plötzlich befand ich mich nicht mehr in diesem Raum. Ich saß in einer länglichen Kapsel, wie die, die ich gerade genommen hatte, es war aber auch wie in einem ICE, ich saß ganz vorne, hinter mir saß die andere Frau, sie hatte ihre beiden Arme rechts und links neben mir ausgebreitet, als hielte sie mich. Aber sie hielt mich nicht, sie saß nur so da. Vor uns war es nachtschwarz, wir glitten in Höchstgeschwindigkeit auf einer silberfarbenen, hochenergetischen „Schiene" in eine endlose, dunkle Weite, und ich hörte ein klares, scharfes, metallen klingendes Sssssssss.

Mich durchflutete das starke Gefühl einer allumfassenden Liebe – ich liebte nicht jemanden, sondern alle und alles, durch und durch, ich schien Liebe pur zu sein.

Es war wunderbar – es war Alles!

Wie lange dieses Erlebnis dauerte, weiß ich nicht, aber dann hatte ich das Gefühl, ich müsse jetzt wieder irgendwohin zurückkehren und bemerkte, dass ich nicht mehr atmete – bewusst atmete.

So begann ich tief ein- und auszuatmen.

Ein kurzes Unsicherheitsgefühl entstand. Aber dann sah ich Theo und R. und im Hintergrund die beiden anderen Personen, die Frau, mit der ich gerade auf einer geheimnisvollen Reise gewesen bin und den jungen Mann, der mich damals vom Florhof in seinem Auto abgeholt hatte.

Erleichtert ließ ich los, d. h. ich merkte, wie eine gewisse Erstarrung sich lockerte und ich wieder ganz „weich" wurde und merkte, dass ich auf meiner Liege lag.

Stammelnd berichtete ich von meinem Erlebnis und R. meinte: „Es hat sich wohl dein oberstes Chakra geöffnet. Sie meinte das Chakra, das nach der alten indischen Chakrenlehre das „Sahasrara", das Scheitel- oder Kronenchakra genannt wird.

Ich blieb noch eine Weile liegen, denn ich fühlte mich ziemlich erschöpft. Irgendwann fuhren die drei in ihr Hotel, Theo und ich gingen in unsere Betten. Geschlafen haben wir in dieser Nacht nicht.

Aber wir beide haben diese „Reisen“, wie wir sie später nannten, nie vergessen.

Seit diesem Erlebnis hat der Tod für mich alle Schrecken verloren, weil ich jetzt weiß, dass ich dann, wann immer das sein wird, in diesen gerade erlebten Zustand hineinkatapultiert werde, in die allumfassende, unpersönliche Liebe.

Im Laufe der Zeit folgten noch andere solche „Reisen“, sowohl bei uns in Wimsheim, als auch einmal in der Wohnung unserer Schweizer Freunde.

Jedes dieser Erlebnisse war wertvoll für sich und wir waren glücklich und dankbar, dass wir diese Erfahrungen der „unheimlichen anderen Art“ erleben durften.

Und es ging weiter!

„Der Zug, der sich selbst überholt“ und „Samsara“

Man kann solche Erlebnisse nicht wieder vergessen und auch nicht einfach so stehen lassen oder auch nur so weitermachen wie bisher. Sie sind nicht mit Kinobesuchen zu vergleichen, wo man hingeht, sich einen Film anschaut, ein wenige darüber austauscht, um dann wieder zum Alltag zurück zu kehren.

Auch wenn man versucht, sie mit einigen Kenntnissen aus der Neurologie oder Endokrinologie zu erfassen, bleibt man letztlich unbefriedigt. Zwar wurden sie durch Stimulierung – mit einer oder zwei kleinen, länglichen, weißen Kapseln oder (in der Fachsprache) MDMA ausgelöst, aber als erfahrungs- und lernbereite Menschen, für die wir uns beide halten (hielten), reichte es uns nicht aus. Unsere

Schweizer Freunde erklärten uns einiges, was wir noch nicht wussten, doch zwischen Erklärung und Erfahrung besteht ein sehr großer Unterschied.

Ich hatte mir schon länger gewünscht, einmal entsprechende eigene „Drogen"-Erfahrungen machen zu können. Wenn ich mit Kollegen/ Kolleginnen darüber sprach, winkten die meisten ängstlich ab.

Lediglich diejenigen, die die Bücher von *Carlos Castaneder* und seine Erfahrungen mit dem Indianer *Don Juan* gelesen hatten, zeigten Verständnis für meinen Wunsch.

Zu meiner guten Begründung für meinen Wunsch, Grenzwertiges ausprobieren zu wollen, dienten mir Beispiele von Geschichten über Ärzte, die ihre Erfindungen zuerst an sich selbst ausprobiert haben.

Ich war diesbezüglich auch viel mutiger als Theo – vielleicht weil ich eine Frau bin?

Schließlich weiß man als Frau auch nie so genau, wie es ist und wenn man es erfahren hat, das nächste Mal wieder nicht, was dabei herauskommt, wenn man schwanger ist. Ein Kind? Mit oder ohne Behinderung? Eine Fehl- oder Totgeburt? Ich glaube, dass Frauen von Natur aus mehr Mut aufbringen, als die meisten Männer.

Theo und ich hatten dankenswerter Weise die Möglichkeit, öfter die Wirkung von MDMA auf unsere Psyche auszuprobieren, denn erst eine Versuchsreihe lässt tiefere Erkenntnisse zu.

Und das heißt: Wir haben nie eine solche innere Reise unternommen aus Langeweile heraus oder zum Zeitvertreib, sondern haben damit unseren Forschergeist bereichert – auch in Bezug zu unserer Psychotherapeuten-Arbeit.

Und wir haben uns im Laufe der Zeit auch mit entsprechenden Kollegen und Kolleginnen zusammengetan, um gemeinsam die geheimnisvolle Welt der Psyche zu ergründen.

Nach einiger Zeit meinten unsere Schweizer Freunde (sie waren eben wirkliche Freunde!), dass wir jetzt so weit wären, um noch eine andere Substanz zu testen: LSD (Lysergsäurediethylamid).

Theo und ich hatten damals noch nichts über diese Substanz gewusst – wir wohnten in „unserem Wimsheim“ ein bisschen wie „hinter dem Mond“.

Wie Theo sich darauf eingestellt hatte, wusste ich nicht, ich war auch nicht bei seiner ersten Erfahrung dabei – wir arbeiteten parallel – er wurde von dem jungen Mann, ich von R. begleitet.

Später erzählte er, dass er in einem Zug, einem ICE gewesen sei, der „sich selbst überholt hatte“.

LSD-Erlebnisse sind – zumindest meistens – irgendwie vollkommen „verrückt“, erscheinen sinnlos oder total irrational, für den normalen Verstand nicht nachvollziehbar. Sie verbildlichen eine scheinbar irre Psyche, frei von irgendeinem sinnvollen Geschehen.

Und gerade deshalb sollte jeder Psychiater und Psychotherapeut – finde ich! – jeder, der mit seelisch leidenden, verrückten und geistig gestörten Menschen zu tun hat, solche Erlebnisse selbst einmal selbst durchgemacht haben.

Während durch das MDMA grundsätzlich angenehme Gefühle, wie eine alles umspannende unpersönliche Liebe ausgelöst wird, geht es beim LSD eher um andere, ganz unterschiedliche Empfindungen, um ein stark vermindertes Zeitgefühl – um Zeitraffung oder Zeitdehnung – auch um Ekel und Abscheu, um ein erhöhtes Farbensehen, um eher Abstraktes, Verrücktes.

Aber im Endstadium eines jeden Experiments wird der Geist wieder auf das Gefühl der allumfassenden Liebe gesteuert. Insgesamt lassen sich Erfahrungen mit LSD nie in ihrem Ablauf voraussehen oder -ahnen, sie sind so irrational wie die Psychen von Menschen eben irrational sind.

Wir haben bei unseren „Lehrern“ gelernt, nie mit einer bestimmten Erwartung in eine dieser „Arbeiten“, wie sie diese nannten, zu gehen. Denn es kam immer ganz anders als zuvor angenommen. Aber ist es im Leben nicht auch so? Da geht es ja ebenfalls oft „verrückt“ (im wahrsten Sinne des Wortes) zu. Und dann ist es gut, wenn man – weil man entsprechende Erfahrungen im Laufe des Lebens gesammelt hat – gelassen damit umgehen kann.

In meiner ersten LSD-Erfahrung befand ich mich eine sehr lange Zeit, wie in einem unendlich tiefen bunten Schacht, die ganze Farbscala wechselte ständig und wie bei einem „Paternoster“, den niemand aufhalten kann, sauste „ich“ (es gab aber kein „Ich“!) in schwindelnd hohem Tempo runter, runter, runter, ohne Ende. Es gab keinen Grund!

Diesen Satz: „Es gibt keinen Grund“ habe ich Jahre später in einem Buch von Krishnamurti gelesen.

Jiddu Krishnamurti war ein indischer Philosoph und Religionsführer, der um die Wende zum 20.Jahrhundert, überwiegend in Amerika, Kalifornien, lebte und in zahlreichen workshops seine Lehre, die aber keine im eigentlichen Sinne war, verkündete, denn er sagte:
„Es gibt keine Lehre, die zu ihr hinführen kann, es gibt keine Lehre, die verkündet werden kann“: keine Religion, keine Sekten.

Das ist mein Standpunkt: „Ich behaupte, dass die Wahrheit ein unwegsames Land ist und dass es keine Pfade gibt, die zu ihr hinführen, es gibt keinen Standpunkt, den ich absolut und bedingungslos vertrete.
Die Wahrheit ist grenzenlos, sie kann nicht konditioniert, sie kann nicht auf vorgegebenen Wegen erreicht und daher auch nicht organisiert werden. Deshalb sollten keine Organisationen oder Religionen gegründet werden, die die Menschen auf einen bestimmten Pfad führen oder nötigen.“ (Aus Wikipedia)

Aus seinen Lebensbeschreibungen lässt sich entnehmen, dass Krishnamurti als junger Mensch von zahlreichen inneren Erfahrungen – die er nicht absichtlich gesucht hatte, die sich seiner, ob er wollte oder nicht, einfach bemächtigten – gepackt wurde. Er wusste, er musste sie ertragen, um sie dann – eben als Erfahrung, nicht als Lehre! – weiterzugeben.

Und ich habe in der Unendlichkeit des „Schachts" erlebt, was die Buddhisten mit dem Wort „Samsara" meinen: die Unendlichkeit der Wiedergeburten, der nur jemand entfliehen kann, wenn er den drei „Verführungen" entsagt: der Unwissenheit, der Gier und dem Hass. Und sich zudem idealer Weise möglichst oft oder am besten dauernd in den vier göttlichen Verweilzuständen aufhält: der grenzenlosen Güte, dem grenzenlosen Erbarmen, der grenzenlosen Freude und dem grenzenlosen Gleichmut. Sollte das so schwer sein? (Ich hatte sie bereits erwähnt.)

Besonders eindrucksvoll gestaltete sich auch eine „Arbeit" – sie nannten die Erfahrungen mit den Drogen jeweils eine „Arbeit" – die wir in St. Moritz im Engadin machen durften. Auf ca. 2000m Höhe wirkt auch das LSD noch zusätzlich den Geist und das Gemüt erhöhend und erweiternd.

Sie hatten Freunde dort und luden uns im Sommer ein, dort im Haus ihrer Freunde, die ebenfalls mit diesen Erfahrungen vertraut waren, „eine Arbeit zu machen".

Da das Wetter schön, d. h. klar und auf 2000 Meter Höhe wie Sekt vibrierend und wir noch total begeisterungsfähig – im wahrsten Sinne des Wortes – waren, gestaltete sich diese Erfahrung für uns als eine ganz besondere, die wir auch nie mehr vergaßen.

Jetzt im Nachhinein, nach den vielen Jahren und nach den Möglichkeiten, die sich uns damals boten, bin ich meinem Schicksal heute noch, oder besser: heute sehr bewusst: dankbar und glücklich, dass sich mir in meinem Leben so viele wunderbare Gelegenheiten boten, das Leben mit all seinen Besonderheiten kennen lernen zu dürfen.

Theo und ich, wir hätten zu gerne auch unsere Erfahrungen im seelisch-geistigen Bereich der „unheimlichen anderen Art“ an viele unserer Klienten*innen weitergegeben, an einigen „ausgesuchten“ haben wir das auch getan, doch für all die anderen fehlte uns der Mut. Oder die Vernunft. Denn unsere Gesetzgeber kennen nur den engen Rahmen der „scheinbaren“ Normalität.

Lag das alles vielleicht schon bereit, als mein Vater wusste, dass ich Angela heißen werde, musste ich so heißen, von einer Schicksalskraft gewählt? Mir wird immer wieder klar, wie wenig wir eigentlich über die innersten Zusammenhänge eines Lebens wissen – zumindest am Anfang des Lebens. Gegen Ende können wir wenigstens zusammentragen, was es alles an Schätzen enthielt und dafür dankbar sein. Einfach dankbar! Das hat Theo immer wieder betont: die Wichtigkeit der Dankbarkeit.

Wir haben es bedauert, dass die Drogen so sehr in Verruf gekommen sind – einfach durch das wilde, unkontrollierte Konsumieren von zumeist noch sehr jungen Menschen. Das muss auch unterbunden werden. Bei jungen, noch unreifen Menschen können sie wirklich viel Schlimmes anrichten.

Aber ein „geführter, angeleiteter“, bewachter Konsum von entsprechend dafür Ausgebildeten kann überaus hilfreich, befreiend und bereichernd sein. Ich wünsche mir eine realistische Drogen-Politik – ohne Vorurteile, sondern mit Verstand und klaren Regeln.

Vertiefungs-Zustände

1990 hatten wir geheiratet, 1991 kam die Schweizerin R. auf mich zu, um mir etwas anzubieten, was hilfreich für Theo's Rekonvaleszenz nach der Lungenentzündung, die er hatte. Sie hatte Recht: es ging ihm nach den „Arbeiten“ mit ihr deutlich besser.

Rein zufällig – gibt's das: einfach so, ohne dass eine „göttliche" Fügung „ihre Pfoten im Spiel" (so würde Theo es nennen) hatte? – las ich in einer Zeitschrift etwas über die „Schweizer Ärztegesellschaft für Psycholytische Therapie", der u. a. der Arzt Dr. med. Samuel Widmer Nicolet in Solothurn angehört.

Ich suchte mir die Adresse heraus, rief bei ihm an und fragte, ob ich einmal zu einem Gespräch kommen könnte. Das war im Januar 1992. Und ich erfuhr, dass er – wie die anderen Ärzte in dieser Gesellschaft auch – noch bis 1993 die Erlaubnis hatte, mit MDMA und LSD in seinen Gruppen zu arbeiten.

Ich meldete mich sofort bei ihm an, besuchte auch schon im Februar eine seiner Gruppen, die noch in seinem Wohnhaus in einem Gruppenraum direkt unter dem Dach stattfanden.

Im Buddhismus gibt es die Erfahrung der vier Jhanas: das sind vertiefte Bewusstseins-Zustände, die vom Übenden allmählich, durch stetes Üben erreicht werden können.

In der ersten Stufe erreicht man den Zustand der „Raumunendlichkeit"; in der zweiten den Zustand der „Bewusstseins-Unendlichkeit"; in der dritten Stufe die „Nichtsheit" und schließlich in der vierten den Zustand von „Weder-Wahrnehmung-noch-Nichtwahrnehmung." Was immer das heißen, bzw. sich anfühlen mag.

Für uns Mitteleuropäer und als längst Erwachsene sind solche Bewusstseins-Feinheiten kaum zu erreichen. Zumindest nicht mit Hilfe einer buddhistischen Mediation.

Doch mit Hilfe von bewusstseins-verändernde Substanzen. Und die hatte u. a. Samuel Widmer. Und ich erlebte sie. Theo dann auch, als er mich zu den von Samuel angebotenen Terminen begleitete. So durften wir ein ganzes Jahr lang mit Samuel in seinen Gruppen, die immer größer wurden und den Raum im Wohnhaus sprengten, so dass er in der nächsten Ortschaft ein großes, altes Bauernhaus kaufte, vor dem wunderschöne alte Kirschenbäume standen. Er nannte dieses Anwesen „Kirschblütengemeinschaft".

Für Theo war Samuel eine „Offenbarung“: Er fand in ihm den Geistesfreund, der ihm half, die vielen Schuldgefühle zu bewältigen, die Theo sich machte, weil er dachte, er verrate sein Christentum, wenn er mit diesen Geist-Öffnungs-Substanzen arbeitet. Samuel versuchte nicht, Theo seine Schulgefühle „auszureden“, denn er wusste, das dies nicht gelingen würde, er nahm ihn damit an, sagte: „Ja, deine Schuldgefühle gehören auch dazu – alles, was uns bewegt, was uns ausmacht, was uns konditioniert hat, gehört dazu. Schließlich haben wir viel dafür bezahlt. Es ist quasi unser Eintrittsgeld in die Welt der jeweils gearteten Gemeinschaft.“

Und er sagte: „Du behältst deine Gemeinschaft, weil du dafür bezahlt hast. Und jetzt darfst du auch noch in diese neue Gemeinschaft. Auch hier hast du bezahlt.“

Und so konnte Theo sich erlauben, sich ganz fallen zu lassen in das, was diese das Bewusstsein öffnenden Substanzen in ihm bewirkten. Und er war glücklich.

Wir hatten bisher mit den Schweizer Frauen das MDMA oder das LSD erlebt – also immer nur die Zustände, die eine Substanz freisetzte. Und dies auch nur in der Einzelarbeit. Jetzt, bei Samuel, in Gruppen bis zu 70 Teilnehmern und auch noch mit Musik, die Samuel immer wieder erklingen ließ.

An ein Erlebnis erinnere ich mich gut, weil es mich tief bewegt hatte: Wir tranken der Reihe nach aus einem großen Becher in Wasser aufgelöstes MDMA. Als die wohlige Wirkung begann, spielte Samuel den „Juchitzer“ von Hubert von Goisern. Wer dieses wunderschöne Musikstück kennt, kann sich annähernd vorstellen, dass es mich hoch in luftige Weiten mitgenommen hat.

Ich weiß nicht, wieviel Zeit vergangen ist – das Zeitgefühl schwindet – kam Samuel und gab jedem etwas LSD, was natürlich die bestehende Bewusstseinshöhe verstärkte.

Ich fühlte mich dem nicht gewachsen und legte mich hin. Doch die Aufgabe war: sitzen bleiben. Ich vermochte es nicht.

Da kam Danièle, Samuels Frau, die stets bei den Sitzungen anwesend war, richtete mich sanft auf und stützte mich im Rücken, so dass ich aufrecht diese Substanzen in mir wirken lassen konnte, was natürlich sehr viel intensiver war, als wenn es nur eine gewesen wäre.

Nach einer gewissen Zeit öffnete ich die Augen und sah, wie Samuel leise, vorsichtig, mit seinem, für ihn typischen, leicht verschmitzten Lächeln, in dem ein paar Körnchen Ironie versteckt sind, zwischen den Menschen, die saßen und lagen, umher ging. So liebte ich ihn besonders.

Dann ließ Danièle mich sanft zu Boden gleiten, lächelte mir auch noch zu und ging wieder an ihren Platz. Ich öffnete die Augen und sah über mir die urige, mächtige Holzdecke und es war, als lächelte diese leise zu mir zurück.

Und ich wusste, ich bin aufgehoben. Nicht nur hier in der Gruppe, nicht nur bei den Menschen, die ich liebe, die mich lieben, sondern immer, überall, zu allen Zeiten, an allen Orten. Einfach aufgehoben.

Am 18. Januar 2017 starb Samuel Widmer-Nicolet an den Folgen eines Herzinfarkts.

Wir trauerten sehr, vor allem Theo, hatte er in ihm doch einen weiteren Freund (er hatte ja nach wie vor den alten Freund aus Berlin, den er nie losgelassen hatte) verloren. Aber auch ich war, sehr, sehr traurig – auch für Danièle, denn ich wusste/weiß, wie sehr sie ihn und er sie geliebt hatte – immer noch liebt.

Ich bin Danièle und den anderen Frauen, die im engeren Kreis mit Danièle in der Kirschblütengemeinschaft leben und arbeiten freundschaftlich eng verbunden.

Sie bieten weiter Kurse im Sinne Samuels an, natürlich ohne Drogen, denn für diese hatte ja auch Samuel nur bis 1993 die Erlaubnis. Er hatte danach auch Gruppenarbeit ohne diese Substanzen gemacht – doch so substantiell, wie er das aufgrund seiner Persönlichkeit konnte.

Weitere Retreats

Theo und ich haben im Laufe unseres weiteren Lebens noch mehr solcher „Arbeiten“ gemacht – natürlich nicht in der Tiefe, die wir bei Samuel und Danièle erlebten – wir sind darüber weder krank noch geistig eingeschränkt geworden, im Gegenteil, unser Bewusstsein durfte sich stets weiter öffnen und weiterentwickeln.

Wir lernten noch eine Reihe anderer Kolleginnen und Kollegen kennen, die ebenfalls mit psychogenen Stoffen experimentiert hatten, in unterschiedlichen Gruppierungen trafen wir uns – mal da, mal dort – mal mit diesen und mal mit jenen zusammen. Wo und mit wem auch immer: es waren stets überaus bereichernde Erfahrungen, die ich nicht missen möchte in meinem Leben.

Manche Freundschaften, die in solchen Verbindungen entstanden, bestehen noch heute – auch ohne Drogen-Erfahrungen. Sie sind dauerhaft wie Geschwisterbeziehungen, nein, sie sind besser als Geschwisterbeziehungen. Denn es „webt“ ein ganz besonderer „Geist“ in ihnen, den es bei Geschwistern nicht gibt. Es fühlt sich an, als seien dies die wahren „Geschwisterbindungen“, eben Schwestern und Brüder in einem Geist.

Diese Beziehungen bestehen auch jetzt außerhalb der retreats, es ist, als seien wir von Geburt an miteinander verbunden – eben geboren aus „einem Geist“.

Streng genommen sind ja alle Menschen Geschwister, denn es gibt nur den „einen“ Geist, es gibt nicht mehrere „Geiste“ – das wären Geister, und die, das weiß man als Erwachsener, gibt's nicht. Ja, so könnten sich eigentlich alle Menschen als Brüder und Schwestern betrachten. Was sie ja im Grunde sind.

So lautet ja auch der Wahlspruch der heutigen französischen Republik: Liberté, Égalité, Fraternité – Freiheit, Gleichheit, Brüderlichkeit und die Schwesterlichkeit sei darin miteingeschlossen.

Doch die Menschen wollen es nicht wahrhaben. Sie wollen sich lieber befremden, beneiden, bekriegen, sich missgünstig betrachten, Streit und Kriege führen. Wie dumm und verstockt viele doch sind, wie uneinsichtig, hochmütig und missgünstig.

Das könnte sich ändern, wenn alle Menschen Zugang zu den bewusstseinserweiternden Substanzen hätten. Unter kundiger Leitung, wohlgemerkt! Dann würde es ihnen leichter fallen, Frieden miteinander zu schließen, sich zu lieben, statt sich zu hassen.

Doch das nun scheint Regierungen suspekt zu sein. Menschen lassen sich offensichtlich leichter beeinflussen, gängeln und beherrschen, wenn man Angst sät. Und „Religionen" unterstützen und verbreiten Ängste, statt sie zu lösen. Sie reden zwar von „Frieden unter den Menschen", doch in der gelebten Wirklichkeit verbreiten sie Schuldgefühle und daraus resultierend Angst.

Was heißt das denn, dass so viele Geistliche Missbrauch mit Abhängigen getrieben haben? Welches Menschenbild steckt dahinter? Hier wir, die „Heiligen" – dort die Unmündigen, Unwissenden, die so dumm sind, sich von uns gängeln zu lassen.

Ein geöffnetes Bewusstsein ist für die zur Zeit Herrschenden gefährlich. Arme, arme Welt und arme, arme Menschen.

Theo wandte sich jetzt verstärkt einem Bereich zu, der ihm früher auch eher verschlossen war: der Musik und seinen Spaziergängen. Als streng pietistisch erzogen, musste er in seiner Jugend auf einiges verzichten, was er später als besonderen Genuss erlebte, z. B. die Musik. Als Jugendlicher wäre er gerne ab und zu in ein Konzert gegangen, doch seine Mutter hätte dies zwar nicht verboten, aber missbilligt. Und das konnte und wollte er seiner Mutter nicht antun.

Doch holte er später einiges nach, was er damals vermisste:

Stundenlang konnte er Bachs „Goldbergvariationen“, gespielt von Glenn Gould oder die Sinfonien von Beethoven anhören. Am liebsten hatten wir beide das Violinkonzert von Beethoven, besonders, wenn Anne Sophie Mutter die Solistin ist. Und wir fuhren oft nach Stuttgart in die Liederhalle, vor allem, wenn „Größen“, wie Alfred Brendel Mozart oder András Schiff Beethoven spielten.

Und das andere, was Theo sehr liebte, waren seine Spaziergänge mit Terry. Die hatte er sich so sehr gewünscht, als er noch voll in der Klinik arbeitete. Damals sprach er immer wieder davon, wie gerne er „lange Spaziergänge mit meinem Hund“ machen wolle, und ich nahm mir vor, ihm das eines Tages zu ermöglichen. Und das tat ich dann auch.

So hatten wir beide – jeder für sich, im Leben miteinander – das gewonnen und bekommen, was wir uns gewünscht hatten. Waren wir da nicht glücklich zu schätzen? Aber nicht nur da, mit dem, was wir uns gewünscht hatten, – wir waren überhaupt rundum einfach glücklich. Und dankbar!

Wenn ich jetzt überlege: waren diese Jahre die schönsten, bzw. die besten in meinem Leben? Oder welche waren es? Ich könnte es nicht sagen.

Die ganze Zeit mit Theo war gut, war schön – jede in ihrer speziellen Ausprägung. Jede hatte Highlights, jede hatte Alltägliches. In der allgemeinen Psychologie gibt es ein Bild für ein gutes, glückliches Leben: wie ein ruhig dahingleitender Fluss.

Und aus so einem „Fluss-Gefühl“ heraus hatten wir schon am 24. Oktober 1990 offiziell geheiratet.

Trauzeugen waren für Theo sein Freund Helmut Remmler und für mich Rosmarie Bog, die Frau meines ehemaligen Analytikers.

Wir haben dieses Ereignis schlicht gehalten: Nachdem der amtierende Bürgermeister von Wimsheim uns offiziell getraut hatte, fuhren wir mit unseren Trauzeugen in ein Restaurant im Würmtal bei Pforzheim und anschließend zu einem Wanderurlaub in den Schwarzwald – dort gibt es u. a. auch „ruhig dahingleitende Flüsse“.

Theo hatte sich dann auch immer mal wieder zu einem „Retreat“ irgendwo angemeldet, am liebsten zu einer Meditationswoche in die Benediktinerabtei Niederaltaich. Dieses Kloster liegt direkt an der Donau und er liebte die Donau.

Ich habe ihn ab und zu dorthin begleitet, bin aber nie zu den Veranstaltungen gegangen, die Theo dort gerne besucht hat. Die Inhalte, die in Klöstern angeboten werden, sind nicht meine. Trotzdem freute ich mich, dass Theo dort das gefunden hat, was seiner Seele guttat. Ich hatte immer viel zu lesen und nützte die Zeit dort entsprechend.

Doch am Abend zum Sonnenuntergang mieteten wir uns zwei Fahrräder und radelten zum Donaustrand. Dort gab es an einer Stelle einen Eisstand – wir kauften uns zwei Eis am Stiel (Magnum Mandel!) und saßen dann so lange am Strand, bis die Sonne ganz untergegangen war – es war stets sehr ergreifend, wenn sie langsam, goldfarben in den Fluten dieses großen Flusses versank.

Gerade hier, bei unseren „Einkehrten“ im Kloster Niederaltaich, lebten wir – ohne dass es uns damals bewusst gewesen wäre – den Sinn unserer Beziehung: Für Theo war nicht nur der Aufenthalt in diesem Kloster bedeutsam, er fand auch „Seelen- und Geistesnahrung“ in den Andachten, bzw. „workshops“, die dort angeboten wurden.

Ich dagegen genoss es, einfach eine zeitlang ohne Alltagsverpflichtungen zu sein, in Ruhe die mitgebrachte Literatur lesen zu können, mich mittags an den gedeckten Tisch im Kloster-Speisesaal zu setzen und abends mit Theo in das nahe gelegene Klosterbrauhaus zum Abendessen zu gehen – nachdem die Sonne in den Fluten der Donau verschwunden war.

Diese Aufenthalte spiegeln den Sinn unserer Beziehung: Aus dem Miteinander das Eigene zu entdecken und zu leben und sich so gegenseitig, wechselseitig zur Vollendung zu führen und zu begleiten.

Die Winterzeit, speziell die über Weihnachten/Neujahr nutzten wir auch einige Male, um eine Flugreise zu machen in Länder, in die man in unseren Sommern nicht reisen kann und die Sommer verbrachten wir ja auch gerne in Herrentierbach. Wir reisten z. B. nach Indien und Amerika.

Indien und Amerika

Indien

Dieser Subkontinent wird als durch und durch religiös bezeichnet. Der älteste Glaube, der sich in Menschenköpfen entwickelte, wurde zum „Hinduismus“ und der hat sich im zur damaligen Zeit volksmäßig größten Land der Erde entwickelt. Es wimmelt dort nur so von unzähligen Göttern, Tempel, Heiligtümer und entsprechenden Sitten und Gebräuchen.

Indien ist ein chaotisches Land, es besteht aus Gegensätzen aller Art. Es ist ein Land, das in seinen Besuchern die unterschiedlichsten Gefühle aufkommen lässt: die einen lieben und verehren es, sowie es andere fürchten und verabscheuen.

Indien ist ein Schock und Indien ist eine Offenbarung. Das einzige, was Indien nicht vermag: dich gleichgültig, indifferent zu lassen.

So dachte ich, könnte ich ihm begegnen – indifferent. Pustekuchen!

In kürzester Zeit hat es die extremsten Gefühle in mir ausgelöst. Ohne natürlich, dass dies jemanden interessiert hätte.

In Indien interessiert nichts niemandem. Bei einem Verkehrsunfall beispielsweise gibt es ein Riesengeschrei, es scheint, als sei der halbe Ort davon betroffen, alle schreien, gestikulieren wie wild, man beschimpft und bedauert sich und läuft nach geraumer Zeit völlig interesselos wieder auseinander.

Beinamputierte Menschen sitzen auf Holzbrettern und schlittern so durch den Straßenverkehr, der überwiegend aus dreirädrigen 2-Takt-Motoren-Rickshas und zweirädrigen von Männern gezogenen Rickshas zu bestehen scheint. Dazwischen schnatternde Gänse und die obligatorischen „Heiligen Kühe“ mit ihren breit ausladenden Hinterlassenschaften. Ach ja, Hunde, Katzen, Hühner gibt es dort auch. Auf der Straße.

War da etwas? Ist so das Leben überhaupt?

Ja, vielleicht ist Indien das Anschauungsmaterial für das Leben überhaupt, für das Leben mit all seinen Facetten, seinem Schmerz und seinen Freuden, seinem Leiden und seiner überwältigenden Schönheit.

Indien ist ein Land, in dem es wächst; es wächst, wächst, wächst. Alles: Palmen, Gräser, Menschen, Tiere. Nicht zu stoppen.

Indien ist Fruchtbarkeit pur – in reinster und primitivster, aber auch in schönster Form!

Nicht von ungefähr ist der große Menschendaseins-Erlöser Siddharta Gautama, den sie nach seiner Erleuchtung den Buddha nannten, hier geboren worden. Als junger Prinz, in Hülle und Fülle aufgewachsen, musste er realisieren, dass dieses Leben, und wenn es noch so großartig ist, mit dem Tod endet, dem oft Krankheit und Siechtum voraus gegangen sind.

Schrecklich! hat er sich gesagt und er überlegte, wie sich das ändern ließe. Überhaupt nicht erst geboren werden, war sein Fazit. Und darin besteht bis heute seine Lehre. Leben ohne anhaften. Leben ohne Gier und Hass. Loslassen. Und nicht wiederkommen wollen. Ist leider nicht so einfach, wie ich es hier schreiben kann. Doch: Übung macht den Meister. Begnüge dich. Lass los.

In Indien kann man davon etwas lernen, denn Indien schockt. Mich hat es geschockt.

Ich hatte mich gefreut, nach Indien, dem sagenhaften Land zu reisen. Aufgeregt und voller Neugier bestieg ich mit Theo zusammen den Flieger dorthin.

Mitten in der Nacht landeten wir in Bombay, heute heißt es Mumbay.

Nach der Gepäckabfertigung verließen wir das spärlich beleuchtete Flughafengebäude und standen draußen: von blendendem Flutlicht umgeben, einer unüberschaubaren Masse Menschen gegenüber.

Es war ein Schock.

Natürlich wissen die schlauen Kofferträger, dass unsereiner, der aus Europa kommt, keine Ahnung hat, was hier abgeht und völlig hilflos diesem Getriebe und Geschrei gegenübersteht. Sie schnappen sich einfach den oder die Koffer und zwingen dich damit, ihnen, bzw. unseren Koffern hinterher zu laufen.

„Sir, Hotel?" „Ja". „Kommen, kommen."

Es blieb uns nichts anderes übrig, als uns von so einem Kofferträger in ein nahe gelegenes Hotel – nicht das sauberste – bringen zu lassen und uns von einigen Dollar-Scheinen zu trennen.

Am nächsten Morgen dann die umgekehrte Prozedur. Weiterflug nach Mangalore.

Und nachdem wir einige Tage dort verbracht hatten, hasste ich Indien.

Ich konnte nicht gleichgültig bleiben. Regte mich auf, über dieses und jenes, vor allem darüber, dass immer und überall gleich einer der vielen Diener, die in den Hotels arbeiteten, neben mir stand. Wenn ich mich an den Tisch setzen wollte, schob mir einer den Stuhl unter den Hintern, wenn ich aufstehen wollte, zog schon einer den Stuhl weg. Immer stand einer neben, hinter, vor mir. Es machte mich verrückt. Es gab keine Distanz zu ihnen.

Und draußen waren wir gleich von einem Dutzend Kindern umringt.

„Money, money", riefen sie, „Dollars, Dollars!" Und nach einer Weile, wenn keine Dollars kamen: "Kugelschreiber, Kugelschreiber!" Und wenn sich auch keine Kugelschreiber blicken ließen: „Bonbons, Bonbons!"

Oder sie hängten sich an uns und wollten Postkarten verkaufen. Sie waren wie Kletten – von einer unendlichen Lebenskraft erfüllt.

Weil da so viele auf einmal sind, erweckten sie in mir auch kein Mitleid – nur Ärger. Ich fühlte mich alt und erschöpft. Lebens-erschöpft.

Theo blieb da gelassener. Theo kannte keinen Ärger. Theo kannte nur Toleranz!

Angela und Theo auf Sri Lanka vor Buddha-Statuen

Das ist die Lektion in Indien: Lerne hier Toleranz – wenn du sie nicht mitgebracht hast – es ist der beste Platz für diese Einübung auf die Wohnstätten der Götter.

Samuel hatte uns eingeladen, alle aus der Gruppe, wer kommen mag. Er war ziemlich regelmäßig in einen kleinen Ort in Südwest-Indien, ins Städtchen Mangalore, gereist und hatte dort mit indischen Anhängern seine Retreats gehalten – eine Woche und länger.

Theo und ich schlossen sich – ich glaube, es war im Jahr 1996 – seiner Gruppe an, bzw. wir flogen ein wenig später allein, suchten die Gruppe dann dort auf und blieben eine Woche dabei.

Wir wollten bei dieser Gelegenheit weiter nach Sri Lanka (vormals „Ceylon") fliegen – diese Insel wurde uns als besonders reizvoll beschrieben.

Es war Weihnachtszeit und man konnte – wir konnten damals – die Flugtickets nicht gleich alle auf einmal kaufen, sondern das, welches uns von Mangalore nach Sri Lanka bringen sollte, nicht schon in Deutschland buchen.

Nach der Woche workshop bei Samuel, Danièle und deren Freunde, der wirklich sehr beeindruckend und bereichernd war, bestellten wir zur vereinbarten Zeit ein Taxi, das uns zum Flughafen Mangalore bringen sollte, wo wir bei der Ankunft in Indien schon unsere Pässe zur Bearbeitung des Weiterfluges abgegeben hatten.

Dem im voraus bestellten Taxi hatten wir wohlüberlegt schon einen zeitlich längeren Spielraum gesetzt, weil wir nicht so recht wussten, wie pünktlich die Inder sind.

Der Taxifahrer kam genau um diesen Zeitraum zu spät, dem wir ihm in Voraussicht seiner Unpünktlichkeit schon eingeräumt hatten. Wir waren nervös. Im Wagen brüllte eine für unsere Ohren nervtötende indische Musik in allen Tönen, die dieser wohl etwas ältere Lautsprecher hergab. Wir hielten das, was Musik sein sollte, stillschweigend aus, weil wir den Taxifahrer nicht verärgern wollten. Wir waren sehr nervös.

Nach etwa 10 Minuten hielt der Taxifahrer an. Wir fragten: „Why?" „Out of gas!" „Why?"„No money!

Wir sahen unseren Flieger in Mangalore schon ohne uns nach Madras abheben, aber was sollten wir machen? Wir gaben dem Mann, der keine Rupien, sondern Dollars wollte, also einen Schein und schon wendete er seinen klapprigen Wagen und fuhr zur 5 Minuten entfernten Tankstelle. Nach dem Tanken raste er aber im Höchsttempo (für sein Auto) los, dass nur so die Kühe und Hühner fast von der Straße flogen. In diesen Minuten habe ich gebetet.

Rauchend und stinkend kamen wir am Flughafen in Mangalore an, der im tiefsten Vormittagsschlaf auf evtl. Fluggäste zu warten schien. Der diensthabende Beamte hieß „Albuquerque", das fiel mir auf, weil es ein eher ungewöhnlicher Name ist und so gar nicht zu Indien passt.

Als wir später in die USA flogen, haben wir einige Male in Albuquerque übernachteten.

Herr Albuquerque empfing uns freundlich, ein wenig verschlafen, es war Sonntag. Leider, unsere Tickets waren noch nicht da, es sei ja noch früh am Morgen, sicher werden sie noch kommen.

„Today?" „Oh, sure, today!"

Ob wir etwas essen können? „Sure!"

Er ging höchstpersönlich mit uns in eine Art Großraum-Speisesaal, der menschenleer war, rief laut nach jemandem, der sich hier vielleicht zuständig fühlte und verließ uns mit der Versicherung, dass er uns sofort Bescheid gebe, wenn sich irgend etwas verändern würde.

Wir bekamen etwas zu essen – das Essen in Indien ist sehr schmackhaft und gesund und verbrachten dann die nächsten Stunden auf dem Gelände des menschenleeren Flughafens.

Aber die Sonne schien und Mister Albuquerque wurde nie ungeduldig, wenn wir ihn wiederholt fragten, ob er wisse, wann unser Flug denn nun weitergeht.

„No, Sir"! No, Madame"! Er strahlte unendliche Freundlichkeit, unendliche Ruhe und unendliche Gelassenheit aus.

Wir wurden nach und nach auch nicht mehr ungeduldig, wir nahmen die freundliche Gelassenheit, die über diesem Fleckchen Erde zu schweben schien, schicksalsergeben an. Und begannen, Indien zu verstehen. Und ... (man mag es kaum glauben) ... zu lieben. Beneidenswertes Land!

Um es abzukürzen: (ohne Übertreibung!!)

Wir verbrachten einen der schönsten Tage unseres gemeinsamen Lebens auf dem sonst menschleeren Flughafen in Mangalore/Indien. Wir hatten nichts zu tun, wir hatten keine Pässe, keine Flugtickets, nur ein paar Münzen in der Tasche, wir wussten nicht, wann es weitergeht... wir wussten nur, dass wir uns hatten und Zeit!

Wir hatten Zeit! – (Es gab noch keine Handys!)

Wir kamen mitten in der Nacht nach Madras, wo wir zwei Tage Zwischenaufenthalt hatten. Leider funktionierte im ersten Hotel die Klospülung nicht. Nachdem das Bad deshalb nicht mehr zu betreten war, zogen wir in ein anderes Hotel um. Aber das war ganz easy – wir mussten ja nur das Bisschen, das wir schon ausgepackt hatten, wieder einpackten. No problem.

Dann verbrachten wir mit einem „Führer" den nächsten Tag in und um Madras, besuchten unzählige Götter-Tempel, aßen „chicken-fried-chips" und mussten zum Abendessen die Kleidung wechseln, weil, vor allem Theos Hemd, ruß-schwarz war. No problem.

Am nächsten Abend ging es nach Colombo auf Sri Lanka. Wir wurden mitten in der Nacht freundlichst im Hotel Hilton mit einem Erfrischungs-Cocktail und einer weißen Blüte empfangen.

Und dann verbrachten wir zwei wunderbare, unbeschwerte Tage im diesem traumhaft eleganten, klimatisierten Hotel mit dem freundlichsten, amerikanisch geschulten Personal, das uns buchstäblich die Wünsche an den Augen ablas.

Und darauf folgte noch ein zwei Wochen langer ungetrübter Urlaub, zuerst mit einer Rundreise durch dieses zauberhafte Land, dann noch eine Woche Badeurlaub am indischen Ozean, in dem riesige Platten mit Ananas, Mangos, Bananen, Erdbeeren, Melonen, Papaya, u.v.a.m. auf dem Frühstücks-Buffet standen und die Plätze mit weißen Blüten dekoriert waren.

Der indische Ozean bot uns warmes Wasser und der Sandstrand unter Palmen auf weichen Liegen einen unvergesslichen Urlaub.

Dazu gehörte aber auch, dass zahllose Diener täglich zahllose indische Verkäufer, die ihre Teppiche, malerischen Kleider und allerlei Krimskrams an die Touristen verkaufen wollten, mürrisch und herrisch des Strandes verwiesen – auch wenn einer einmal sogar mit einem Elefanten kam.

Ich liebe Indien!

Amerika

Ist auch groß, aber im Vergleich zu Indien leer. Relativ wenige Menschen im weiten, weiten Land. Und, auch im Gegensatz zu Indien: fast ohne Vegetation. Zumindest da, wo wir hinreisten: in den Süden, an die Westküste. Amerika ist indifferent und freundlich – auf eine oberflächliche, unverbindliche Art.

Das erste und letzte, was man zu hören bekommt – gleichgültig, wo man sich wann aufhält, ist: „You're welcome!" Am Morgen, am Mittag, am Abend und bei Nacht: „You're welcome!

Leicht gesagt bei so viel freiem Land und so vielen Möglichkeiten. Amerika ist groß, Amerika ist weit, Amerika ist clean und trotz aller „Welcomes" völlig unpersönlich.

Irgendwann – ich weiß nicht mehr genau, wann das war, hatte ich das starke Bedürfnis, einmal etwas ganz alleine für mich zu unternehmen, quasi ein Abenteuer zu bestehen (etwas übertrieben gesagt!). So beschloss ich, nach Amerika zu reisen. Ohne wirklich gut englisch sprechen zu können. „No problem!" „You're welcome!"

Theo war sofort einverstanden, als ich ihm das sagte, er fand es auch gut. Er hatte noch seine Festanstellung in der Psychotherapeutischen Klinik und wollte gerade keinen längeren Urlaub nehmen.

Ich holte also Prospekte vom Reisebüro und entschied mich dann für eine Rundreise durch den amerikanischen Westen:

Von San Francisco, wo ich drei Tage Aufenthalt hatte, um diese wunderschöne Stadt kennen und lieben zu lernen – von ihrem terrassenförmigen Aufbau gleicht sie ja Stuttgart und Zürich! – ging es nach drei Tagen in einem bequemen Bus mit einer Reisegesellschaft zu den Highlights der Westküste:

Zuerst zum
Yosemite National Park; dann die
Highway 101 nach
Los Angeles; weiter nach

Diego; dann
Sedona (die Künstlerstadt); weiter zum
Grand Canyon; durch das etwas unheimliche
Death Valley nach
Las Vegas und von dort zurück nach
San Francisco.
Drei Wochen dauerte die Reise und sie verging wie im Flug.

Der Bus war bequem, die Gruppe international, die Zimmer in den Hotels (auch mein Einzelzimmer) waren riesig, das Essen gewöhnungsbedürftig (ich nahm eher ab als zu, weil ich vor den jeweiligen Riesenportionen streikte),

Las Vegas war phänomenal (schon die warmen Nächte mit dem Swimming Pool auf der obersten Hotelterrasse).

Trotz meiner doch ziemlich mageren Englischkenntnisse kam ich überall gut zurecht, weil die Menschen, vor allem die Amerikaner selbst ausnehmend freundlich, wohlwollend und hilfsbereit waren. „You're welcome!"

Für mich waren diese insgesamt fünf Wochen ein großes Erlebnis, vor allem, dass ich sie ganz alleine gemacht hatte.

Ich war so begeistert von diesem großartigen Land, dass ich Theo dazu überreden konnte, mit mir noch einmal diese Reise zu machen.

Wir realisierten dies – später, nachdem er nicht mehr in der Klinik arbeitete. Nicht nur ein Mal. Das erste Mal nur für vier Tage und nur nach San Francisco, in die Stadt, von der ich sagte, das sei „meine" Stadt, dass ich hier am liebsten leben würde.

Dann buchten wir auch noch einmal die Rundreise, die ich schon alleine gemacht hatte. Später fuhren wir zwei Mal – jeweils mit verschiedenen Freunden – von Albuquerque noch weiter in den Süden, durch New Mexico und Arizona bis Tucson.

Wir mieteten jeweils ein Auto, um unabhängig zu sein.

Und dann war auf einmal das Städtchen Santa Fe in New Mexico in unserem Leben und „spielte Schicksal".

Santa Fe (New Mexico)

Es war während einer Tagung der Lindauer Psychotherapiewochen. Theo hatte, wie alle drei Tagungsleiter, die Aufgabe, jeweils neue Mitarbeiter ein wenig „unter die Fittiche" zu nehmen, sie einmal zum Essen einzuladen, um sie mit den Gepflogenheiten der Psychotherapiewochen vertraut zu machen.

So auch bei Herrn V. Wir luden also ihn und seine ihn begleitende Frau zum Essen ein und er erzählte uns, dass er zur Zeit in Santa Fe/ New Mexico in den USA lebt, dort ein Haus mit dazugehörendem Gästehaus hat. Freundlich und jovial, wie er sich zeigte, lud er uns herzlich ein, ihn dort einmal zu besuchen.

Da wir ja gerade so Amerika-begeistert waren, ließen wir uns dies nicht zwei Mal sagen und vereinbarten gleich einen Termin für diesen Besuch: über Weihnachten/Neujahr.

Mitte Dezember flogen wir los – bis Albuquerque/New Mexico. Dort mieteten wir ein Auto – wir mieteten auf all unseren künftigen Amerika-Reisen, denn wir werden noch mehrere unternehmen, ein Auto, denn wenn man nicht gerade eine Rundreise macht, kommt man ohne Auto nicht durch dieses Land – und fuhren nach Santa Fe.

Es ist nicht leicht, Santa Fe zu beschreiben, denn dieses Städtchen im Pueblo-Indianer-Stil erbaut, liegt auf 2200 m über dem Meer.

Die Luft ist viel dünner, als bei uns, außerdem gibt es weit und breit keine Industrie, die dunstbildende Wolken am Himmel entstehen lässt.

Die Luft ist klar und leicht vibrierend – Champagner-like und die Sterne des Nachts wirken wie strahlend funkelnde Brillanten.

In einer kleinen Straße, etwas außerhalb der Stadt, wohnten in einem, mit dem rötlichen Sand der Umgebung im alten Indianer-Pueblo-Stil erbauten Haus, die Vs. Sie hießen uns herzlich willkommen und zeigten uns auch gleich unser Domizil: ein neben dem ihren, auch im rostfarbenen Pueblo-Stil erbauten, etwas kleineres Haus, bestehend aus einem großen Raum im Erdgeschoss und im oberen Stock neben einem Bad ein Schlafzimmer mit gerade zwei Betten unter einem großen Oberlicht-Fenster, durch das wir des Nachts den sternenfunkelnden Himmel betrachten konnten.

Es gab neben einer Elektroheizung noch einen großen offenen Kamin im Erdgeschoss, der das ganze Haus mollig warm machte.

Wir waren begeistert und freuten uns auf die bevorstehende Zeit, verbrachten herrliche vierzehn Tage dort, mit einem zauberhaften Weihnachtsfest, an dem die Menschen dieser Stadt mit wachsbeschichteten Tüten, in die sie brennende Kerzen gestellt hatten, durch das Städtchen flanierten, „Merry Christmas" sangen, sich umarmten – gleichgültig, ob man sich kannte oder nicht – einfach mit einem „You're welcome – Merry christmas and a happy New year"! die profane Welt vergessen ließen. Wir waren wie in einem Zauberland – oder einem wunderbaren Traum.

Mit den Vs. schmiedeten wir Pläne, wollten gemeinsam in diesem wunderbaren Städtchen miteinander eine psychologisch-mythologische Konferenz gestalten und viele unserer deutschen, Schweizer und österreichischen Kolleginnen und Kollegen hierher einladen, um ihnen aus Mythologie, Psychologie und Medizin ausgesuchte Themen in workshops mit international ausgesuchten Kolleginnen und Kollegen zu vermitteln und vor allem, sie teilhaben zu lassen am Zauber dieser Stadt, dieses Landes, 2200 Meter hoch über dem Meeresspiegel, dem Himmel etwas näher.

Wir hatten ein wunderbares Design ausgearbeitet: Die Konferenz – auf orange-gelben Papier gedruckt und mit dem Sonnen-Zeichen für New Mexico versehen – trug den Titel: „Den schöpferischen Sprung wagen" (Daring the creative jump).

Doch wieder einmal: Pustekuchen! Nichts wurde es.

Der Traum blieb ein Traum, bzw. wurde Schaum, zerstob, verschwand, wie die Vs., die kurz nach Fertigstellung des Programms, ja, kurz, nachdem die ersten Anmeldungen eintrafen (mit Anmeldehonorar!) panikartig ihr schönes Anwesen verkauften und sich unauffindbar quasi in Luft auflösten.

Das war ein Schock! Vor allem für Theo. Er fühlte sich betrogen und blamiert vor seinen Lindauer Kollegen und Kolleginnen. Er fiel buchstäblich in sich zusammen.

Man stelle sich das konkret vor: Wir schwärmten bei all unseren Freunden für dieses herrliche, noch unberührte Land mit dem Sonnenkreuz als Symbol, für diese Stadt, die wie keine andere, uns bekannte Stadt so einen unvergleichlich lichten Charme ausstrahlt, 2200 m über dem Meer mit dieser herrlichen frischen Champagnerluft, wir schwärmten und machten sie neugierig, luden sie ein – und wieder aus.

Aus.

Theo fiel wirklich buchstäblich in sich zusammen – nie zuvor und nie mehr danach habe ich ihn so unglücklich, so verzweifelt gesehen. Er tat mir so sehr leid!

So blieb uns nur übrig, nachdem wir die „Scherben" zusammengekehrt hatten, d. h. die Absagen geschrieben und das schon eingezahlte Geld zurück transferiert hatten, einfach weiter auf unserem Gebiet, der Psychotherapie zu arbeiten.

Natürlich nicht, ohne uns zu fragen, was dieser schmachvolle und schamvolle Fehlschlag wohl bedeutet.

Hatten wir uns, wie einst Ikarus mit seinem Sonnenflügeln zu hoch verstiegen, waren der gleißenden Sonne zu nahegekommen? Waren wir einfach zu „klein" für ein so großes Vorhaben? Hatten wir uns über unsere eigentliche Größe hinaus erhoben?

Theo ließ es sich nicht so anmerken, aber – vor allem jetzt im Nachhinein – glaube ich, er war bis in sein Innerstes hinein getroffen.

Für ihn endete dieses Jahrtausend in einem Desaster. Das wussten wir aber erst ein Jahr später. Die Zeit bis dahin arbeiteten wir einfach – ergeben in ein unergründliches Schicksal – weiter wie bisher.

Das heißt, nicht ganz, denn ich schrieb in diesem Jahr meinen „Bestseller". Und das kam so:

Kurz nach der „Santa Fe – Pleite" bekam ich einen Anruf von einem Lektor aus dem TRIAS-Verlag (gehört zu Thieme, Stuttgart). Dieser hatte eine Ausschreibung von mir im Lindauer Programmheft gelesen, in dem ich einen workshop ausgeschrieben hatte mit der Überschrift: „Tune up your mind!"

Er fragte mich: „Können Sie ein Buch schreiben darüber, wie man in 14 Tagen glücklich wird?"

Ich antwortete: „Nein, nicht in 14 Tagen, aber überhaupt."

„Gut, sagte er, „dann machen Sie das. Sagen wir bis in einem halben Jahr?" Ich schluckte. Dann dachte ich, dass ich ja jetzt, nachdem ich die Santa Fe-Konferenz nicht mehr bearbeiten muss, relativ viel Zeit habe, und sagte zu.

Und schrieb es. In einem halben Jahr.

Als es dann daran ging, einen Titel zu finden, meinte der Verlag: „Jetzt pack' ich's an."

Ich war schockiert und protestierte: „Es ist doch kein Buch für Möbelpacker!"

Doch der Verlag blieb hart und das Buch wurde ein Erfolg. Ich bekam Anrufe von allem möglichen Stellen, von Zeitschriften, hielt Interviews, wurde eingeladen zu Lesungen, usw.

Und später sagte mir eine Sekretärin des Verlages: „Von Ihrem Buch konnten unsere Personalgehälter bezahlt werden, das ist sonst nicht selbstverständlich bei anderen Ratgeber-Büchern."

Ich freute mich.

Theo, entspannt in Amerika, noch vor der Santa Fe-Pleite

Das neue Jahrtausend 2000

Dezember 1999

Dann kam der letzte Monat des Jahrtausends.

„Was machen wir am 31. 12. 1999?“ fragte ich Theo bei einem unserer abendlichen Hundespaziergänge. Er wusste es nicht. Doch einige Abende später sagte er – es klang ganz sicher und bestimmt: „Ich möchte die Jahrtausendwende in Jerusalem verbringen.“

Ich war überrascht: „In Jerusalem?“ „Ja.“ Das klang so klar und sicher, dass ich wusste: Er will das wirklich, er hat es sicher wohl durchdacht.

„Okay, ich kümmere mich darum.“

Ich wollte zuvor aber noch nach Burghausen, zur Stadt meiner Kindertage, wo ich so Vieles erlebt habe, was mein damaliges noch junges Leben so grundsätzlich verändert hatte. Ich wollte, dass auch unsere Kinder diese „Stadt der Kindheit ihrer Mutter“ kennen lernen.

Ich lud sie alle ein, meine und Theos Kinder und bestellte Zimmer im Hotel Glöcklhofer oben am Burgberg für ein Wochenende Anfang Dezember 1999.

Zuvor machten wir aber noch Rast bei unserem Freund Claus Riemann – wer wollte, konnte sich sein Horoskop bei ihm bestellen. Diejenigen, die das taten, fuhren dann mit Theo und mir am Vormittag dieses Samstags zuerst zu ihm und am Nachmittag trafen wir uns alle im Hotel Glöcklhofer. Es war ein fröhliches Schlussfest des Jahres 1999.

Theo ging es zu diesem Zeitpunkt nicht so besonders gut. Er schien sich von dem „Santa-Fe-Reinfall“ nicht wirklich erholen zu können. Diese Blamage – wie er die Absage der geplanten Konferenz empfand – hatte ihn zutiefst in seinem Selbstverständnis getroffen.

Ich bemerkte, wenn ich abends mit ihm zusammen auf der Couch saß, weil wir etwas im Fernsehen anschauten, dass seine Hand wärmer war, als sonst. Wir maßen nach: er hatte erhöhte Temperatur – so 37, 8 Grad meistens.

Unser damaliger Hausarzt riet Theo, er möge doch noch zu einem Internisten gehen – möglicherweise litt Theo ja an einer „Systemerkrankung". Ich wusste nicht so recht, was das für eine Krankheit war, aber wir wollten nichts unversucht lassen.

Doch unser Abreisetag nach Israel war schon am 20.12.

Wir bekamen noch einen Termin zur Untersuchung, aber nicht mehr einen zur Besprechung der Diagnose – das abgenommene Blut musste noch untersucht werden.

Auf Anraten einiger befreundeter Mediziner hatten wir uns aber auch schon an die Majo-Klinik in Wiesbaden, also die Diagnose-Klinik, gewandt. Von dort bekamen wir die Aufforderung, dass wir etwas Blut von Theo einschicken sollten, was wir auch getan haben.

Für unser Dafürhalten hatten wir also genug unternommen, um irgendwann wissen zu können, was die Ursache für Theo's erhöhte Temperatur und die zunehmende Beinschwäche ist.

Jetzt wollten wir einfach nur den Übergang von einem Jahrtausend ins nächste erleben und genießen.

So allgemein vorausgesagt wurde ja, dass um 24 Uhr am 31.12.1999 weltweit alle Computer abstürzen, dass Flugzeuge vom Himmel fallen könnten, usw.

Wir glaubten diesen Unsinn nicht und stiegen am 20.12.1999 unternehmungslustig in Stuttgart in den ICE zum Flughafen Frankfurt und dort in die Maschine nach Tel Aviv – ohne zu wissen, oder nur zu ahnen, dass wir uns auf die Reise zu einer Höllenfahrt begeben. Mit der untergehenden Sonne landeten wir in Tel Aviv – der weißen Traumstadt.

Wir hatten unsere Reise für drei Wochen mit dem Reiseveranstalter „Studiosis" gebucht und offiziell wurde es auch eine absolute Traumreise.

Dass wir persönlich durch Theo's schlechtem Gesundheitszustand die Reise nicht so genießen konnten, wie es eigentlich möglich gewesen wäre, dafür konnte die Reisegruppe nichts, die – relativ klein gehalten – ich glaube, es waren nicht mehr als 10 Leute, mittleren Alters, Männer und Frauen ungefähr zu gleichen Teilen, alle freundlich und sehr aufgeschlossen waren.

Wir wurden also am Flughafen begrüßt und zu unserem Hotel gebracht, ich weiß nicht mehr, wie es hieß, aber ich hörte in der Nacht die Wellen des Mittelmeeres an den Strand rollen.

Ich vergaß meine Sorge um Theo, war einfach nur dankbar und glücklich.

Eine Studienreise ist nicht gerade ein Erholungsurlaub, in dem man an irgendeinem Strand liegt, durch irgendeinen kleinen Ort spaziert, in irgendeinem kleinen Lokal sitzt, gut isst und trinkt, zwischendurch ein Mittagsschläfchen hält, ein „gutes Buch liest, usf.

Außerdem war unser Reiseführer: ein mittelalter Geschichtslehrer, top in der Geschichte seines Landes, das er liebte und dessen Schönheiten und Besonderheiten er gerne seinen ihm anvertrauten Gästen weitergeben wollte. Das heißt: Er strengte an.

Vor allem Theo, der einfach nicht so schnell gehen konnte, wie die übrige Gruppe und von daher den Unmut des Reiseführers oft auf sich zog. Ich wurde dadurch auch gestresst.

Glücklicherweise fuhren wir in einem kleinen Privatbus durch das Land und konnten die Landschaft sitzend genießen.

Theo neben mir schlief dabei aber meistens ein. Ich rüttelte ihn dann wach, zunehmend ärgerlich werdend, weil ich fand, er verpasst das Einmalige dieses Landes. Denn ich wusste nicht, dass es ihm unmöglich gewesen ist, wach die Aufmerksamkeit zu halten. Sein Zuckerspiegel war viel zu hoch.

Nun übernachteten wir jeden Abend in einer anderen Gegend, in einem anderen Hotel. Und jede Nach schwitzte Theo mindestens eine

Nachtwäsche durch, die ich dann extra verpackte und im nächsten Hotel gleich nach unserer Ankunft wusch, damit ich sie am nächsten Morgen einigermaßen trocken wieder verpacken konnte. Das gelang mir aber nur fast.

Erst, als wir drei Tage in einem Kibbuz blieben, gelang es, zwei Garnituren zu trocknen.

Ich geriet zunehmend in Stress: tagsüber musste ich Theo einigermaßen wachhalten, bzw. ihn stützen, wenn wir irgend etwas besichtigten, abends wusch ich Wäsche. Und ich merkte, dass Theos Körpertemperatur stieg.

Dann kamen wir nach Jerusalem, es war der 29. Dezember 1999. Theo hatte Fieber. Ich holte den Hotelarzt, einen älteren, grauhaarigen, sanften Mann. „Ihr Mann hat eine schwere Krankheit", sagte er. Doch eine genaue Diagnose konnte er nicht stellen.

Wir sollten sofort zum Arzt gehen, wenn wir nach Deutschland zurückkommen. Er verschrieb ihm ein Antibiotikum, das ich vom Hoteldiener gleich besorgen ließ.

Danach ging die Temperatur zurück, doch der Nachtschweiß blieb. Zum Glück war Theo ein Mensch, der für mich nie schlecht roch. Auch sein Schweiß nicht. Von daher war sein Zustand keine Beeinträchtigung für mich, doch er tat mir so leid.

Auch dass er sich so auf Israel gefreut hatte und jetzt gar nicht richtig teilnehmen konnte an all dem Aufregenden, worauf er sich gefreut hatte, tat mir leid.

Ich kaufte eine Karte für ihn, die einen Berberhirten mit einem Turban auf dem Kopf und einem verletzten Schaf im Arm zeigte und schrieb ihm gute Wünsche für das neue Jahrtausend darauf.

Theo liebte diese Karte, er hat sie lange bei sich gehabt, sie liegt jetzt in einem seiner Tagebücher.

Theo verstand sich selbst immer als guter Hirte (der Therapeut), der auf seine Schafe aufpasst, der schaut, dass es seinen Schafen = seine Familie, seine Kinder, seine Patienten, gut geht.

Der gute Hirte, der sein verlorenes Schaf in die Herde zurück holt.
So wie Theodor Seifert als Therapeut einem „aus der Spur gelaufenen Menschen“ wieder in die „Herde seiner Gesamtpersönlichkeit“ zurückzukehren hilft.

Wir feierten ein sehr inniges Neujahrsfest in unserem Hotelzimmer in Jerusalem. Kurz vor zwölf Uhr stand Theo auch auf, wir zogen uns warm an und gingen hinaus vor das Hotel, liefen die Straße entlang, dahin, wo man zum deutschen Viertel hinübersehen konnte. Zunächst sahen wir gar nichts, hörten auch nichts, keine Glocken, wie wir es erwartet hatten, kein Feuerwerk – alles war wie immer.

Kurz nach 12 Uhr stiegen aber zwei, drei zögerliche Feuerwerkskörper über dem deutschen Viertel empor. Nach einigen Minuten war alles vorbei – der Jerusalemer Straßenverkehr lief wie in jeder anderen Nacht auch.

Wir waren diesbezüglich enttäuscht, gingen aber miteinander tief verbunden zurück in unser Hotelzimmer und schliefen gut bis zum frühen Morgen.

1. Januar 2000

Der Reiseleiter hatte uns dringend und ausdrücklich gebeten, am 1. Januar 2000 um 6. 30 Uhr pünktlich am Bus zu sein. Es waren auch alle da und so standen wir morgens um 7 Uhr auf dem Tempelberg bei strahlend blauem Himmel, in kalter, klarer Luft, nachdem wir unsere Handtaschen an der Klagemauer bei einem Pförtner abgegeben hatten.

Vor dem in der Morgensonne leuchtenden Felsendom zog ich spontan – ohne zu überlegen – meine Schuhe aus, weil ich plötzlich den Satz in meinem Kopf hatte:

„Zieh' deine Schuhe aus, du stehst auf heiligem Land."

Barfuß ging ich mit der Reisegruppe durch das Innere des Felsendoms – es war sehr beeindruckend.

Theo hat mir, als wir wieder draußen waren, gesagt, er hatte während des Rundgangs die Fantasie, dass jetzt Moses, Jesus, Mohammed und Buddha zusammensitzen und über uns Menschen hier unten auf der Erde sprechen, miteinander die Köpfe schütteln und nicht verstehen, wie wir so dumm und verbohrt sein können, uns über sie und die verschiedenen Religionen zu streiten. Und dabei den wundersamen, heiligen, weil einmaligen Planeten Erde, das Juwel, verunstalten und zugrunde gehen lassen. Ich pflichtete ihm aus vollem Herzen bei.

Wer einmal hier an dieser Stätte gewesen und nicht ganz verbohrt ist – bei diesem Wetter! – kann nicht verstehen, warum die Menschen so viel um die verschiedenen Religionen streiten, sich erbittert bekämpfen statt alles zu tun, um die Schönheiten dieses Planeten zu erhalten.

Eigentlich müssten wir alle zusammenarbeiten, um das zu tun, was jede dieser Religionen versucht, uns zu sagen.

Aber vielleicht liegt es ja gerade daran, dass wir aufeinander einreden, statt einfach zusammen still zu sein und uns von dem ergreifen lassen, was solche Augenblicke, wie dieser frühe Morgen auf dem Tempelberg am 1. Jamuar 2000 uns zeigen.

Ich zumindest werde diesen Tag nie vergessen, ich kann jederzeit das dazu gehörende Gefühl wiederbeleben und dann spüre ich das, was Theo oft den „tiefen Frieden" genannt hat.

Dann fühle ich mich auch ihm tief in unseren Seelen und Herzen verbunden.

Ein ähnlich starkes inneres und äußeres Erlebnis löste einige Tage später unsere Reise nach Ägypten, zum Katharinenkloster, aus. Wieder war es früher Morgen, als wir dort ankamen, wieder strahlte die Sonne vom klaren blauen Himmel, wieder war es eiskalt.

Mein inneres Erleben war dennoch anders, als das, welches mich am 1. Januar 2000 auf dem Tempelberg in Jerusalem erfüllt hatte.

War es dort stark, mutete es mich hier streng an und trotz der Helle der Sonne wirkte es hier auch irgendwie dunkel. Ich kann es nicht erklären, ich kann es nur beschreiben.

Ja, ich verbinde mit einem Kloster auch eine gewisse Strenge und Kälte.

Am Tempelberg spürte ich Fülle, hier Kargheit, dort war mir warm, hier kalt. Theo ging es ähnlich, und wir waren beide froh, als die Gruppe sich auf den Heimweg machte zu unserem dortigen Hotel.

Am nächsten Tag ging es zurück nach Tel Aviv. Die Ägypter waren nicht so gründlich bei der Flugabfertigung wie die Israelis bei der Einreise nach Ägypten gewesen waren. Wir saßen rasch in unserer Maschine und freuten uns auf den Flug.

Wenn Theo und ich mit einem Flieger unterwegs waren, saßen wir bei den Starts und Landungen immer still Hand in Hand. Ich erinnere mich an viele, viele Flüge, die wir miteinander auch später noch unternommen haben – stets waren es besondere Erlebnisse.

Auch jetzt in der Maschine von Eilat nach Tel Aviv saßen wir still Hand in Hand und genossen das Steigen der Maschine. Ich habe eine besondere Beziehung zu solchen großen Maschinen, wie es die Flugzeug-Turbinen sind. Ich habe einmal zu Theo gesagt: „Starke Maschinen sind meine Freunde."

Das freundliche Lächeln

Nachdem sie – die Maschine – die Flughöhe erreicht hatte und das Motorengeräusch leiser wurde, schloss ich die Augen und da war es, als würde auf einmal alles ganz leicht werden, ein nie vorher erlebtes leichtes leises Schweben war in mir, es wurde immer leichter, schwereloser und in meinem Kopf wurde es ganz still.

Ich dachte: Das ist wie heimkommen. Ich wusste: Die wahre Heimat ist umfassend, vollständig und einfach. Es ist alles da, es gibt nichts Getrenntes mehr, alles ist beieinander, alles ist in Frieden. Und dann war da nur noch ein „großes Lächeln“.

Und ich wusste, der wahre Kosmos besteht aus nichts anderem, als aus einem großen Lächeln, einem einzigen freundlichen Lächeln, das nicht auf irgendwelche Einzelheiten schaut, das durch alles hindurchsieht, nichts ansieht, nichts genau sieht, nur ein Lächeln ist.

Ohne Strenge, ohne Frage, geschweige denn Anklage, ohne irgendetwas wissen zu wollen, weil es alles weiß, aber das ist nicht wichtig. Es ist in sich verklärt und doch ganz offen – für alles, für alle. Du brauchst dich bloß dahinein zu geben. Es kommt nicht direkt zu dir, es ruft dich nicht, es ist einfach nur da. Jeder kann jederzeit da hinein, weil es einfach da und offen ist – ohne Frage, ohne Bedingung.

Ich fühlte mich beglückt, so leicht und frei und weiß, so kann es immer sein, so ist es immer. So wird es eines Tages immer sein, so könnte es schon jetzt sein.
Doch jetzt plage und sorge und mache und plane und organisiere ich in diesem Leben, in meinem Alltag alles Mögliche (und Unmögliche) – doch um mein Seelenheil brauche ich mich nicht zu sorgen. Dafür ist schon lange, ist schon immer gesorgt.

„Wozu sind wir in diesem Leben?“ frage ich. Und aus dem großen, weiten Lächeln löst sich eine Antwort, wie eine Wolke aus der Unendlichkeit des Himmels: „Um zu erkennen.“ „Was zu erkennen?“ „Die Heimat.“ Auch die „antwortende“ Wolke lächelt, alles lächelt.

„Man muss also aus der Heimat weg, um die Heimat zu erkennen?“ „Ja.“ „Wozu?“ „Nichts wozu. Nichts sonst.“ „Nur erkennen?“ „Ja“. „Aha. Ist das eine Aufgabe?“ Die antwortende Wolke scheint zu lachen: „Aufgabe? Wieso, wozu? Nichts wozu. Einfach nur so. Nur erkennen. Aber wenn du eine Aufgabe willst, bitte, du bist frei“.

So ist das also, weiß ich. Ich bin frei. Ich kann erkennen oder auch nicht. Ich kann es weitergeben oder auch nicht. Es macht keinen Unterschied. Doch, es macht einen Unterschied, wenn ich jemanden liebe. Aus Liebe will ich es weitergeben. Obwohl ich nicht weiß, ob ich es weitergeben kann, ob es nicht jeder selbst, für sich, von sich aus, erkennen muss – nein, nicht muss – kann.

Doch ich kann es versuchen. Nein, so stimmt es auch noch nicht: Ich liebe einfach. In meiner Liebe ist dann vielleicht – hoffentlich!!! – das Erkennen zu erkennen, durch meine Liebe wird es vielleicht – hoffentlich!!! – möglich.

Das also ist Liebe: das Lächeln weitergeben, erkennbar, erspürbar werden lassen. Die Weite und Dichte, die Weite und Intensität entstehen zu lassen, die das Erkennen der Heimat ermöglicht.

Ich habe es später für Theo aufgeschrieben und mit dem Satz geschlossen: „Das, mein Geliebter, geschah auf dem Flug von Eilat nach Tel Aviv.“

Jetzt, da ich dieses Erlebnis hier schreibe, fällt mir ein, dass ich einige Jahre später ein ähnliches Erlebnis hatte: Ich war im Robert-Bosch-

Krankenhaus in Stuttgart – übrigens zur selben Zeit, als Theo dort ein neues Kniegelenk bekam – an der rechten Brust operiert worden: es wurde ein Stück Gewebe herausgenommen, weil es Verdacht auf Brustkrebs gab – der sich zum Glück dann nicht bestätigte.

Kurz vor dem Aufwachen aus der Vollnarkose erlebte ich mich auf der Rückbank eines Autos sitzend, das irgendwo „oben“, wie auf einer Anhöhe, hielt und ich daraufhin aussteigen wollte. Es war wie im Süden von Frankreich oder Italien, alles voller Blumen, blauem Himmel und Sonnenschein.

Ein älterer Herr öffnete die Autotür und reichte mir seinen Arm zum Aussteigen, er lächelte mir freundlich zu – mit dem gleichen freundlichen Lächeln, wie ich es auf dem Flug von Eilat nach Tel Aviv erlebt hatte. Er bedeutete mir, ich sei daheim – willkommen.

Doch leider befand ich mich im grauen, trostlosen Aufwachraum des Robert-Bosch-Krankenhauses. Was wie ein Schock war. Ich war leider nicht im Jenseits sondern noch hier im mittelgrauen Diesseits.

Are you together?

Nach dem Ausflug nach Ägypten ging es auch bald wieder zurück nach Deutschland. Der Aufenthalt auf dem Flughafen in Israel war allerdings dann noch den letzten Nerv tötend. Die Koffer der Reisenden wurden von den israelischen Behörden-Angestellten so gründlich untersucht, als suchten sie die berühmte Nadel im Heuhaufen. Das letzte Hemd kramten sie noch aus einer Seitentasche. Und fragten ständig, ob wir etwas zu verzollen und ob wir Waffen dabeihätten. Ähnlich ging es uns allerdings auch, als wir in die USA flogen – aber das sind andere Geschichten.

Als wir dann aber endlich nach den Kofferabfertigungen durch den Zoll gingen, die Schlange der Reisenden ziemlich lang war und die

Beamten uns rasch durchschleusen wollten, wurden wir, Theo und ich, da jeder einen großen Koffer hatte, wir aber eng beieinander standen, gefragt: „Are you together?“ „Yes, we are together“, antworteten wir jedes Mal. So schleusten sie uns rasch miteinander durch.

Und diesen Satz behielten wir bei, wir verwendeten ihn später noch oft in unserem gemeinsamen Leben, denn wir erlebten noch Vieles, auch Schwieriges, Ängstigendes und Schmerzvolles, aber auch Schönes und Beglückendes.

Und jedes Mal sagten wir dann zueinander: „We are together!“ oder „Are we together?“ „Yes, we are together!“ Das waren und das blieben wir, bis zum Schluss. Und dieses Wissen brauchten wir auch gerade in der Zeit unmittelbar nach unserer Israel-Reise.

Die Maschine aus Israel landete ganz pünktlich in Frankfurt, so wie wir es ausgerechnet hatten, um den Anschluss-Zug nach Stuttgart bequem erreichen zu können. Trotzdem machte mich die lange Schlange am Einreise-Schalter etwas nervös und ich sagte zu Theo: „Nimm du hier die Tickets und die Pässe, ich nehme die Koffer und bringe sie schon zum Zug.“

Weil Theo ja Schwierigkeiten mit dem Gehen hatte, wollte ich ihm seinen Koffer – es waren zwei große Rollkoffer, die wir dabeihatten – abnehmen und dachte, ich bin schneller, als mit ihm zusammen.

Eine absurde Situation

Er blieb also in der Schlange stehen und ich sprintete los mit den beiden großen Rollkoffern – lange Rolltreppen hinauf und hinunter – es war schon auch für mich mühsam so durch den großen Frankfurter Flughafen zu wandern, immer auf die Hinweis-Schilder achtend. Ich war ziemlich stolz auf mich, dass ich es schaffte, mit den beiden Koffern gleichzeitig die langen Rolltreppen hinauf und hinunter zu rollen.

Endlich hatte ich es geschafft, kam ca. 20 Minuten vor Zugabfahrt unten am Bahnhof an und verschnaufte erst einmal.

Und wartete auf Theo. Und wartete. Nach fünf Minuten wurde ich ein klein wenig unruhig, aber noch war ja Zeit.

Diese verstrich „unbarmherzig".

Noch 10 Minuten – jetzt sollte er kommen. Er kam nicht.

Ich wurde unruhig. Und beschloss, ihm entgegen zu gehen.

Er kann ja nicht so schnell laufen. Wenn ich bei ihm bin, geht es besser.

Wider alle Vernunft ließ ich die Koffer einfach stehen – es waren nur ganz wenige Menschen auf dem Bahnsteig – und ging los.

Theo war nirgends zu sehen. Ich ging zum nächsten Schalter und ließ ihn ausrufen. Nichts.

Ich ging zögernd weiter. Aber anders kann er ja wohl nicht gegangen sein, dachte ich.

Kein Theo. Ich ließ ihn nochmals ausrufen.

Jetzt wusste ich, wenn der Zug nach Stuttgart nicht Verspätung hat, können wir es niemals schaffen. Ich war ziemlich verzweifelt.

Die Zeit der Zugabfahrt war vorbei.

Unschlüssig blieb ich stehen, schaute so um mich und sah in einer Ecke eine Art Bar oder Café und da stand Theo, ein großes Glas Bier vor sich. Ich ging zu ihm.

„Theo", sagte ich. Er lächelte mir zu, freundlich, ganz ruhig. „Theo!" Er lächelte. Jetzt wusste ich, dass wir uns in einer absurden Situation befanden. Ich wurde ganz ruhig und fragte: „Theo, was machst du hier?" Ein wenig schuldbewusst antwortete er: „Ich hatte so einen Durst."

Ich erinnerte mich daran, wie er auch, als wir in Jerusalem die „Via dolorosa", den Leidensweg Christi, in der Altstadt entlang gegangen waren, immer wieder an einem Stand, an dem Organgensaft verkauft wurde, stehen blieb und ich für ihn einen Becher Saft kaufte, weil er ständig großen Durst hatte.

In dem Augenblick wusste ich, dass mit ihm irgendetwas ganz und gar nicht in Ordnung war und es höchste Zeit wurde, dass wir nach Haus kommen mussten. Der Zug, den wir nehmen wollten, war längst abgefahren.

Ich ging mit ihm zu unseren Koffern, die ganz verlassen auf dem Bahnsteig standen. Von einem Bahnwächter musste ich deswegen noch einen Rüffel einstecken, aber das war mir egal.

Jetzt ging es nur darum, wie wir am schnellsten nach Hause kämen. Es ging noch ein Zug, allerdings nur bis Mannheim. Von dort aus nahmen wir ein Taxi nach Wimsheim – das war jetzt auch schon egal. Am frühen Morgen kamen wir nach Hause.

Dort blinkte der Anrufbeantworter. Unser Hausarzt hatte noch drei Mal versucht, uns zu erreichen. Er sagte beim dritten Mal: „Frau Seifert, Ihr Mann muss sofort in ein Krankenhaus. Sein Zuckerwert beträgt 600."

Ein Brief von der Majo-Klinik lag im Briefkasten: „Sie müssen dringend kommen, Sie haben sehr starke Krankheitswerte."

Noch bevor ich die Koffer auspackte, nahm ich das Telefonbuch von Stuttgart und rief die erste Krankenhaus-Nummer an, die mir ins Auge fiel. Es war das Robert-Bosch-Krankenhaus. Eine Stunde später, noch in Reisekleidung saßen wir dort im Anmelderaum.

Da gerade kein Bett frei war, saßen wir in einem kleineren Aufenthaltsraum, der zum Glück von niemandem aufgesucht wurde. Sie nahmen Theo Blut ab, er wurde ausführlich befragt und endlich spritzten sie ihm Cortison – ein wahres Wundermittel.

Aber natürlich, wie bei allen Wundern – hat es seine Tücken. Dadurch war jedoch die Ursache seiner so schweren Erkrankung nicht gefunden.

Theo blieb im Robert-Bosch-Krankenhaus, sie legten ihn auf die „Geriatrische Rehabilitation", er wurde vom Chefarzt, Dr. med. Kuhlmann betreut und schließlich – im Rahmen des Möglichen dieser schrecklichen Erkrankung – auch geheilt – mit Einschränkung.

Erst nach bangen Tagen, an denen sowohl er als auch ich stimmungsmäßig immer wieder in den „Keller fuhren", hatten die

Ärzte in akribischer diagnostischer Kleinstarbeit den Krankheits-Erreger gefunden. Theo litt, wahrscheinlich schon längere Zeit an einer sehr seltenen Autoimmunerkrankung, dem „Morbus Wegener".

Theos Krankheit

Der Einfachheit halber kopiere ich hier einen Ausschnitt aus „Wikipedia“:

Die auch als granulomatöse Polyangiitis (GPA) (früher Wegener-Granulomatose, benannt nach dem deutschen Pathologen Friedrich Wegener) bezeichnete Systemerkrankung des Gefäßsystems ist gekennzeichnet durch eine nekrotisierende Entzündung der Gefäße, welche mit einer Granulombildung in den oberen (Nase, Nasennebenhöhlen, Mittelohr, Oropharynx) und den unteren Atemwegen (Lunge) einhergeht.

In 80 Prozent der Fälle kommt es zu einer Nierenkörperchenentzündung (Glomerulonephritis, genauer: Pauci-Immun-Glomerulonephritis als pathohistologisches Korrelat) und zur Bildung von Mikroaneurysmen in der Niere.

Durch die Entzündung der Gefäße kommt es zu einer mangelhaften Blutversorgung der betroffenen Organe. Grundsätzlich kann jegliches Gewebe betroffen sein.

Durch die hohe Dosis Kortison, die Theo bekam, konnte er wie durch ein Wunder plötzlich wieder leicht, ohne Anstrengung von einem Stuhl aufstehen, auch ohne dass man vorher viele Kissen drauf gepackt haben musste. Er war so glücklich darüber.

Aber Kortison allein hätte nicht ausgereicht, um die Autoimmunerkrankung zu besiegen. Er bekam noch ein Medikament und wurde in vierwöchigen Abständen mit Endoxan behandelt, einem Mittel, das man auch zur Chemotherapie bei Krebs verwendet.

Es waren acht Durchgänge geplant, die Theo auch tapfer durchzog, obwohl ja auch so eine Behandlung kein „Honigschlecken“ ist.

Er war sehr, sehr tapfer. Er klagte nicht und jammern tat er erst recht nicht. Jedem, der ihn darauf ansprach, sagte er:

„Ich bin so froh und dankbar, dass die heutige Medizinforschung so weit ist, dass sie auch schwierigste Krankheiten heilen, oder zumindest lindern kann."

Die Dankbarkeit stand bei ihm immer an vorderster Stelle.

Mir sind die langen Krankenhaus-Tage noch gut in Erinnerung, an denen Theo die Endoxan-Infusionen bekam. Zuerst ließen sie eine Kochsalz-Lösung in sein Inneres, dann ein Mittel gegen Übelkeit und dann das Endoxan.

Das dauerte – manchmal bis in den späten Abend. Wir kamen immer an einem Freitag, dann konnte Theo am Wochenende zu Hause ausruhen. Ich deckte mich vorher mit verschiedenen Zeitschriften ein, die ich dann, stundenlang an seinem Bett sitzend, las.

Ich erinnere mich noch genau, dass ich an einer dieser Sitzungen ein Sonderheft der Zeitschrift „Spiegel" durchblätterte und darin einen Artikel fand, der mich furchtbar erschreckte: Es war die Rede davon, dass es künftig keine Kriege im althergebrachten Sinne mehr geben würde, wo die Kriegsfront klar abgegrenzt sei, sondern stattdessen sogenannte „Terrorangriffe", die blitzschnell von irgendwoher kommen und irgendwo angreifen und zerstören, weil niemand so einen Angriff erwartet hätte. Es wurde auch ein Beispiel beschrieben. Ich schauderte. Das Plötzliche, Überraschende, Unerwartete und damit überaus Heftige solcher Angriffe erschreckte mich zutiefst.

Das war im Februar des Jahres 2000.

Aber ist es nicht eigentlich auch so gewesen bei dem, was mit Theo geschehen ist? Zwar gab es die Beschwerden in den Beinen schon längere Zeit, die auch sichtlich zugenommen hatten. Doch die Schwere dieser Erkrankung, die Todesnähe, in der er sich befand, kam mir erst jetzt so richtig ins Bewusstsein.

Schon nach der Diagnosestellung schrieb ich damals in mein Tagebuch: „Jetzt sind wir nie mehr allein. Jetzt werden immer, immer wieder Ärzte, Schwestern, Therapeuten um uns herum sein, wir stehen unter ständiger Beobachtung."

Trotz all meines Optimismus, der bei mir meistens an oberster Stelle steht: einen Augenblick lang fühlte ich mich sehr niedergedrückt. Etwas war unwiederbringlich verloren: die Unschuld des Nichtwissens.

Aber: „We are together!" Und das war das Wichtigste.

Nachdem Theo die achte Infusion gut hinter sich gebracht hatte, ging es ihm recht gut. Doch musste er einiges aufgeben: Supervisionsarbeit, die er sehr gerne gemacht hat. Er konnte nicht mehr Auto fahren. Weil er durch die lange Zeit, in der er schon sehr hohe Zuckerwerte hatte, brennende, schmerzende Fußsohlen bekam und nur ganz leichte Sandalen tragen konnte.

Zwar hatte ich ihn eine Zeitlang zu seinen Terminen gefahren, doch auf Dauer wurde dies zu anstrengend für ihn – und für mich.

Ich hatte ja inzwischen auch meine Praxis so gut aufgebaut und wollte meine Klientel nicht verlieren. Auch finanziell gesehen, war das bedeutend. Die Arbeit in Lindau fiel auch weg, weil diese grundsätzlich auf 20 Jahre begrenzt war.

Dann bekam Theo noch drei Mal ein Rezidiv. Das erste Rezidiv stellte sich bereits nach einem Jahr ein, das zweite dann noch einmal zwei Jahre später. Beim dritten Mal wollten die Ärzte ihm kein Endoxan mehr geben. Sie zweifelten, ob es noch einmal wirklich helfen würde und außerdem sei die Gefahr, dass Theo als Spätfolgen noch Blasenkrebs bekommen könnte, sehr groß.

Sie stellten seine Medikation um, gaben ihm ein besonderes orales Medikament, das glücklicherweise seine Wirkung nicht verfehlte. Der „Wegener" konnte in Remission gehalten werden.

Blasenkrebs bekam Theo in den letzten Jahren seines Lebens trotzdem. (Er wurde daran noch drei Mal operiert. Mit den dazu gehörenden jeweiligen Voruntersuchungen war er immer wieder in verschiedenen Krankenhäusern – weil leider das Robert-Bosch-Krankenhaus in Stuttgart keine Urologie-Abteilung hat. Einmal wurde er in Tübingen, zwei Mal in Pforzheim operiert).

Im Laufe der Jahre hatte er, außer den drei Blasenoperationen aufgrund von rezidivierenden Krebszellen noch zwei künstliche Hüften, ein künstliches Knie und eine Knieoperation aufgrund einer Erweiterung der sog. „Baker-Zyste" über sich ergehen lassen müssen.

Und stets sagte er, lächelnd: „Ich bin so dankbar, dass es aufgrund der modernen Medizin und Technik diese Möglichkeiten gibt."

Er hatte regelmäßige Termine zu einer speziellen Blutuntersuchung im Robert-Bosch-Krankenhaus. Wir hatten Glück im Unglück – oder war es Fügung? – das RBK war hochspezialisiert für Theo's Erkrankung.

Er hatte dort die bestmögliche Versorgung, so dass er nach der Entdeckung dieser Systemerkrankung noch achtzehn Jahre Lebenszeit geschenkt bekam – mit den erwähnten Einschränkungen.

Dass er seine beiden Hüften und ein Knie erneuert hat, waren keine Folge des „Wegener" – das hätte er wahrscheinlich auch gemacht, wenn er ansonsten völlig gesund gewesen wäre.

Die Ursache für diese Erkrankung ist unbekannt; man weiß nur, dass sie auf einer Fehlsteuerung des Immunsystems beruht. Könnte man – psychisch gesehen – daraus schließen, dass die Menschen, die diese Krankheit entwickeln, gegen sich selbst kämpfen?

Theo hat öfter etwas Ähnliches gesagt, er hat „den Feind im eigenen Haus" vermutet.

Ich, die auf die christliche Religion nicht gut zu sprechen ist, vermute diesbezüglich schon einen Zusammenhang. Zwar klingt es sehr edel, wenn gesagt wird, dass Jesus für die Menschheit am Kreuz gestorben ist, doch steckt hinter diesem Gedanken nicht auch die Selbstdestruktion?

Und von der war Theo aufgrund seines Elternhauses nicht frei.

Nur – für solche Überlegungen war es damals, als die Krankheit entdeckt wurde und ist es heute allemal zu spät.

Man kann auch sagen: Schicksal ist Schicksal und wenn man das Ganze vom buddhistischen Standpunkt aus betrachtet, ist es sein Karma gewesen.

Dann geht es ihm – falls es eine Art Wiedergeburt gibt – sicher im nächsten Leben besser.

Eine Begebenheit soll an dieser Stelle noch erzählt werden.

Altkötzschenbroda

Theo war nicht gerne Deutscher. Er schämte sich für sein Land. Und er schämte sich für seine Heimat: Sachsen. Als er nach Berlin in das Haus seiner späteren Schwiegereltern kam, wurde er oft wegen seines leicht sächsischen Tonfalls gehänselt.

Ich erinnere mich noch an einen Ausflug, den wir nach Altkötzschenbroda (ja, so heißt dieser Ort bei Radebeul in Sachsen wirklich!) gemacht hatten. Dort fand ein Klassentreffen von Theo's Abitursklasse statt.

Als Theo gehört hatte, wie die Menschen dort sprechen, eben sächsisch, kamen ihm die Tränen. Und er sagte: „Die sprechen sächsisch und niemand lacht!"

Ja, genau so durfte man, wenn man aus Sachen kommt, sprechen, und es stand eigentlich niemandem zu, darüber zu lachen.

Dort war gerade Weinfest, wir ließen also unser Auto in der Hotelgarage stehen und gingen zu Fuß durch die Hauptstraße, die sowieso für den Verkehr gesperrt war, weil an den Straßenrändern Buden mit Wein und Vesper-Leckereien aufgebaut waren. Überall stand da, groß auf entsprechende Speisekarten geschrieben:

„Fettstulle für € 1.50". Fettstulle – und niemand lachte.

Am Ende dieser Straße steht die Kirche, davor ist ein begrünter Platz mit zwei, drei Bänken. Wir setzten uns in die Herbstsonne und weil gerade Sonntag war, läuteten die Glocken. Menschen gingen in die Kirche hinein, wir blieben draußen sitzen – die Herbstsonne wärmte uns.

Und da begann Theo fürchterlich zu weinen, er schluchzte wie ein Kind, es schüttelte ihn vor Schmerz. Er dachte daran und erzählte es mir, wie er gelitten hatte, damals in Berlin, wo er als Sachse nicht wirklich ernst genommen wurde, wo sie ihn „verhohnepiepelten". „Und das Schlimmste", sagte er unter Tränen, „war, dass ich selbst noch mitgemacht habe."

Er habe, um nicht als „Spielverderber" zu gelten, sich selbst mit verhöhnt. Wie verzweifelt musste der kleine Junge in ihm gewesen sein!

Und später in Schweden fragten sie ihn dann immer wieder, warum – natürlich nicht er persönlich! – aber doch seine Landsleute, die Juden umgebracht haben. Immer wieder wurde er das gefragt. In unbewusster sadistischer Manier. Und er litt stumm in sich hinein, wusste nichts zu sagen. Was auch? Dass er nicht mitgemacht hatte. Natürlich nicht. Er war zu jung. Ob er denn davon gewusst habe, quälten sie ihn. Nein, natürlich nicht. Aber das wussten sie. Warum fragten sie ihn dann?!

All das schluchzte er heraus in Altkötzschenbroda auf der Bank vor der Kirche in der noch warmen Herbstsonne.

Theo bekam dann auf dieser Reise starke Schmerzen auf der linken Seite des unteren Rückens. Als wir wieder zu Hause waren, fuhr ich mit ihm ins Robert-Bosch-Krankenhaus zum Nachschauen. Er hatte einen Riss in der linken Hüfte und wurde sofort operiert.

Diese Operation war die erste von vielen weiteren. Ich hatte das ja schon erwähnt: Er ließ sich später ein neues linkes Knie einsetzen und nachdem das rechte Knie operiert war (aus ihm wurde die so genannte „Baker-Zyste" entfernt) brach er sich auch noch die rechte Hüfte.

Und weitere Jahre später hatten sie ihm drei Mal – in Abständen – Karzinogene aus der Blase entfernt.

Das klingt – so massiert hier geschrieben – nach einer ununterbrochenen Leidenszeit. Das war es aber nicht. Wir hatten immer wieder Zeiten, in denen es uns richtig gut ging und wir unser Leben genossen.

Dennoch: Theo hat auch viel gelitten in seinem Leben und wenn ich mir das jetzt, da ich es hinschreibe, noch einmal bewusst mache, erfasst mich nachträglich ein intensiver innerer Schmerz und ich frage „in den Kosmos" hinein: „Warum, wieso? Was war der Grund, was waren die Gründe dafür, dass er so viel leiden musste?"

Ob ich noch eine Antwort erhalte?

Leidenszeit wird schöpferische Zeit

Theo hat schon in diesem Leben etwas gefunden, was er vielleicht ohne die Zeit des Leidens und sich Schonen-Müssens nicht entdeckt hätte: Seine schöpferische Seite in Bezug auf die Poesie. Dazu hat die Medikation, vor allem das Kortison, seine Fantasie sehr unterstützt.

In dieser Zeit habe ich zum Beispiel mit Theo unser erstes gemeinsames Buch geschrieben: „So ein Zufall" „Synchronizität und der Sinn von Zufällen" für den Herder-Verlag geschrieben.

Theo war damals geistig so hell wach und ihm fiel so Vieles ein, was ich dann aufgegriffen und geschrieben habe, dass ich manchmal Mühe hatte, seinem Tempo zu folgen. Und er hat in dieser Zeit angefangen, Gedichte zu schreiben. Meistens nachts, wenn er nicht schlafen konnte. Zwei seiner vielen Gedichte habe ich schon mit Bezug zu seiner Beisetzung am Beginn dieser Biografie dargestellt; jetzt möchte ich das wiedergeben, das er selbst sehr geliebt hat, das ihm sehr wichtig war.

Kleine Amsel

Ich danke dir
für deinen Gruß am Abend
daheim und hier am See,
der erste Gruß dem Licht
und dem blühenden Frühling.
Er durchströmt mein Herz,
belebt den Geist, gibt Hoffnung und Kraft.
Danke.
Verzeih das „kleine Amsel“.
Du bist groß und stark,
trotzest Kälte und Schnee,
bereitest das Ei des werdenden Lebens,
weise dem Leben verbunden.
Du lehrst mich:
Klein ist groß,
ist alles in dem Einen.
Da bist du und die Deinen,
da bin ich und die Meinen,
dein Lied ruft mich
zum Aufbruch in's Leben,
Schritt für Schritt, wieder und wieder.
Ich werde dir am Abend berichten
und am Mittag mit dir singen,
am Morgen erwachen von deinem Lied.
Liebste Amsel,
Freundin im Leben,
danke für dein Lied.

(Zum besseren Verständnis: Theo befand sich damals bei einem DGAP Kongress in Überlingen am Bodensee, das war im März 2002)

Aus Angela wird Ang Lee

Inzwischen sind wir im Jahr 2002 angekommen. Wir hatten in den vergangenen Jahren viel gearbeitet und ich habe auch einige Bücher geschrieben. (Ich hänge eine Literaturliste dieser Biografie an). Wäre Theo nicht so schwer krank geworden, hätte ich uns als die glücklichsten Menschen zu dieser Zeit auf der Welt gehalten.

Doch Theo's Erkrankung zerrte auch an meinen Kräften. Denn ich tat alles Mögliche, ihm das Leben mit dem Alltag, der zu bewältigen war, so angenehm wie möglich zu gestalten.

Zum Beispiel war früher auch Theo immer wieder zum Einkaufen gefahren. Jetzt konnte er nicht mehr selbst fahren – ich übernahm alle Fahrten und alle Einkäufe – oder was sonst noch zu den Alltagsgeschäften gehört:

Rechnungen schreiben, mit dem Steuerberatungsbüro die Jahresabschlüsse vorbereiten, vor allem aber auch seine Gutachten für die Krankenkassen schreiben.

Das war sehr viel Arbeit.

Theo hatte nämlich zu seiner großen Freude und als Anerkennung für seine umfassenden Kenntnisse, was Auslösefaktoren für psychogene Erkrankungen anbelangt, die Berufung durch die entsprechende Vergabestelle bekommen, Gutachter für die üblichen Krankenkassenanträge zu sein.

Bei uns in Deutschland kann nämlich ein Mensch, der eine Behandlung seiner psychischen Störungen durch einen Psychoanalytiker oder Psychotherapeuten anstrebt, einen entsprechenden Antrag an seine Krankenkasse zur Kostenübernahme stellen. Die Kasse lässt dann diesen Antrag, der durch den behandelnden Psychotherapeuten gestellt wird, von einem Gutachter prüfen, ob die Kriterien für eine solche Behandlung gegeben sind.

Theo wurde also zum Gutachter bestellt und bekam zu Beginn dieser Tätigkeit bis zu 20 Anträge pro Woche, die er – möglichst zügig – bearbeiten musste. Dabei habe ich ihm geholfen: indem ich die Anträge schon so vorbereitete, dass er sie nur durchzulesen und seinen Befund zu diktieren brauchte. Sein Diktat habe ich dann auf das entsprechend vorbereitete Formular mit Schreibmaschine eingetragen – die Formulare konnten nicht für den PC verwendet werden.

Das war ziemlich viel Arbeit – aber es wurde gut bezahlt und so murrten wir beide nicht, sondern freuten uns, dass uns diese Möglichkeit überhaupt gegeben war.

Doch – wie ich es oben schon angedeutet habe – war ich mit der Zeit doch recht angestrengt.

Ich erinnere mich noch gut: An einem Wochenende lag ich wieder ziemlich erschöpft in meinem Zimmer auf dem Bett und plötzlich stand mein Vorname vor mir: Angela.

Ich sprach ihn laut aus und merkte, wie die letzte Silbe „la“ sehr matt ausfiel. Ich dachte: Ich brauche mehr Energie in meinem Namen – das „la“ reicht nicht mehr.

Und ich sah dann auch meinen Vater vor mir stehen – die Ansprüche, die er an mich gestellt hatte, fielen mir ein, seine Dominanz und Mein-mich-dagegen-Stemmen. Mich überfiel eine beinahe unendliche Müdigkeit.

Ich dachte: „Nein, die Angela-Zeit ist vorbei. Ich brauche einen neuen Namen, einen, den ich selbst mir gebe.“

Durch die zwei großen Fensterscheiben strömte die Nachmittagssonne herein und ich experimentierte mit meinem Namen.

Auf einmal fiel mir der taiwanesische Regisseur „Ang Lee“ ein. Ich hatte kurz zuvor seinen Film „Tiger and Dragon“ gesehen und war begeistert, vor allem wegen der Leichtigkeit, die dort von den jeweiligen Schwertkämpfern gezeigt wird.

Gleichzeitig erinnerte ich mich an einen Traum, den ich einmal hatte, in dem ich eine junge Chinesin war, die aus ihrem luftigen Baumhaus vertrieben wurde. Und da spürte ich auf einmal eine Sehnsucht nach diesem Land, bzw. der Energie dieses Landes.

Der Name des Regisseurs „Ang Lee“ stand plötzlich hell leuchtend vor mir.

Er symbolisierte Leichtigkeit und gleichzeitig Festigkeit und Kraft. Ich dachte: „So würde ich am liebsten heißen!“ Und nach einer Weile sagte ich mir: „Warum nicht? Ich nenne mich jetzt einfach so und schaue, was passiert.“

Es war auch ein gutes, starkes Gefühl, den Namen eines Mannes zu tragen.

So habe ich dann meinen Vornamen geändert – es passierte nichts.

Manche Leute wunderten sich, akzeptierten diesen Namen aber, andere entzogen mir die Freundschaft – das waren aber nur ganz wenige. Die meisten gewöhnten sich schnell daran – auch Theo und meine Familie und Viele wussten später gar nicht mehr, dass ich zuvor noch einen anderen Vornamen hatte.

Ich ging auf's Bürgermeisteramt und ließ diesen Namen in meinen Pass eintragen. Und den Namen „Waiblinger“, den ich nach der Heirat mit Theo noch vor dem Namen Seifert gesetzt hatte, weil ich dachte, dass meine Kinder nicht wollen, dass ich anders heiße als sie, ließ ich gleich streichen. So kam ich dann zu Ang Lee Seifert. Und fühle mich seither mit diesem Namen sehr wohl. Er steht auf vielen meiner Veröffentlichungen.

Jetzt, in letzter Zeit habe ich auch meinen „alten“ Vornamen „Angela“ wieder benutzt – jetzt brauche ich nicht mehr so viel Kraft und ich freue mich, dass ich zwei Vornamen habe und nach Belieben mit ihnen „spielen“ kann.

Für viele Menschen ist ihr Vorname ein Problem. Das weiß ich aus den entsprechenden Therapien. Die meisten trauen sich aber nicht, ihn zu ändern. Ich habe jedem Mut zugesprochen, der sich daran gemacht hatte, seinen Namen dahingegen zu verändern, dass er zum Kraftsymbol in seinem/ihrem Leben wurde.

Und kürzlich – leider erst jetzt – habe ich aus einer entsprechenden Anzeige in einer amerikanischen Jung-Gesellschaft gelesen, dass C. G. Jung offenbar schon von einem „dritten Vornamen“ (den ersten kennt die Welt, den zweiten kennen deine Familie und deine Freunde, aber den dritten kennst nur du selber) gesprochen hatte.

Für mich bedeutet dies: ich habe intuitiv das gefunden, was wohl auch von außen gerade „konstelliert“ ist. Und heute gibt es ja im Künstler-Bereich bereits viele Menschen, die man nur mit ihrem Künstler-, nicht mit dem Familien-Namen kennt.

Man soll die Feste feiern, wie sie fallen

So haben wir es in meinem Elternhaus gehalten. Mein Vater hat das ganz sicher getan – er konnte auch Feste feiern, die nicht gefallen sind, indem er einfach einen Grund zum Feiern gesucht und immer gefunden hatte.

Das Symposion

Im Jahr 2006 wurde Theo 75 Jahre alt und ich fand, dies und dass er die vergangenen 6 Jahre so viel hatte leiden müssen und es ihm jetzt aber gut geht, ist doch ein Grund zu feiern.

Und so beschloss ich, ihm einen würdigen 75. Geburtstag auszurichten. Was, überlegte ich, ist einem Mann wie ihm, dem sein Beruf Berufung war und ist, der einst „die Tiefen der Gottheit" erkunden wollte, der eine Literaturliste mit 73 Veröffentlichungen vorzeigen kann, würdig?

Er ist ja kein Opa, der seit seiner Pensionierung spazieren geht, Salat und Tomaten anbaut und mit den Enkelkindern spielt.

Er steht noch voll in seinem Berufsleben, auch nach Überwindung der schwierigen Erkrankung.

So kam ich auf den Einfall, dass es ein Symposion sein müsste, was ihn und sein Lebenswerk ehrt. Ich dachte dabei an die Beschreibungen des klassischen griechischen Symposions, in welchem während eines Trinkgelages die verschiedenen eingeladenen Freunde des Eros dessen Wirken beschreiben.

Ja, dachte ich, das wird Theo gefallen und es ehrt ihn gleichzeitig. Denn sein Wirken war immer und jederzeit von der Kraft des Eros getragen. Theo hat nie etwas ohne Liebe getan, gleichgültig, ob er sich mit mir unterhalten hat, ob er mit seinen Töchtern umgegangen ist, seinen Patienten zugehört oder mit seinem Hund Terrie gespielt hat. Die Liebe zu den Menschen, Tieren und Dingen war stets in seinen Handlungen.

So habe ich denn angefangen, dieses Fest zu planen. Ich wollte Theo damit überraschen – und das ist mir gelungen.

Ich habe alle, die ich eingeladen oder mit der Ausrichtung betraut habe, eingeschworen, nichts zu verraten und alle haben sich daran gehalten. Es war geradezu unwahrscheinlich, dass dies gelungen würde, doch der Erfolg war wohl mit mir, sonst wäre das nicht geglückt.

Ich hatte auch seine Töchter und seine erste Frau bei der Planung miteinbezogen. Schließlich hatten diese ja einen großen Anteil an Theos Lebenserfolg – um den ging es ja.

Seine erste Frau war maßgeblich an seinem Berufsaufbau beteiligt – so wie ich später an seinem Berufsabbau. Und auch seine Töchter mussten sicher manches Mal zurückstehen, wenn Theo gerade beruflich stark eingespannt war. Er hatte ja auch zum Teil durch ihren Verzicht zu „Ruhm" und Erfolg kommen können.

Deswegen gehörten sie alle zum „Team des Eros".

Meine Überlegung, zu diesem Zeitpunkt ein großes Ehrenfest für Theo zu veranstalten, war auch, dass er ja jetzt wirklich etwas davon hat. Den meisten Menschen, die geehrt werden, weil sie ein über das persönliche Wohl hinausgehende Leben geführt hatten, werden diese Ehren erst zuteil, wenn sie gestorben sind. Da werden dann Grabesreden gehalten, von denen die Toten aber nichts mehr mitbekommen.

Warum sollen dann die Angehörigen das Lob einheimsen, das den zuvor Gelebten gehört?

Und darüber hinaus hatte auch ich etwas von meinem Engagement: nicht nur, dass mir viel Zustimmung zu Gute kam, ich erfuhr darüber hinaus, dass ich geradezu begabt war/bin, so ein Event zu organisieren. Diese Fähigkeit hätte ich nicht kennen gelernt, wenn ich diese Veranstaltung nicht gemacht hätte.

Kollegen singen und musizieren für Theo. Von links: Margarete Leibig, Bettina Jellouschek, Bernd Leibig, Dr. Hans Jellouschek

Karl Tschurl und Dr. Rosemarie Ahlert

Anette und Lutz Müller überreichen Theos Festschrift zum 75. Geburtag

So, wie ich mir damals in der Forschungsstelle ein Forschungs-Design überlegen musste, als ich meine TA-Ausbildungsgruppe im Gruppenraum der Forschungsstelle halten wollte, so musste ich mir jetzt das „Symposions-Design" überlegen. Und auch das ist mir gelungen.

Ich habe später noch den 80. und 85. Geburtstag von Theo, sowie meinen 70. Geburtstag ausgerichtet – nach je unterschiedlichen Mustern – und alle sind mir gelungen, bzw. wurden erfolgreich zelebriert.

So kann ich heute sagen: ich bin Psychotherapeutin geworden (ohne dies in meinem jungen Erwachsenenalter angestrebt zu haben), ich könnte genau so gut Event Managerin geworden sein (ohne dies je vorgehabt zu haben).

Wer weiß, was ich sonst noch alles hätte werden können?

Ich denke, darin bin ich keine Ausnahme, sondern kann die Regel sein. Ich bin überzeugt, jeder Mensch kann, wenn er/sie will, bzw. wenn er/sie die Berufung/Liebe dazu spürt, das werden, was seinem/ihrem Herzen entspricht.

Es gibt ja den Spruch von Antoine de Saint-Exupérie:

Wenn du ein Schiff bauen willst, dann trommle nicht Männer zusammen, um Holz zu beschaffen, Aufgaben zu vergeben und die Arbeit einzuteilen, sondern lehre sie die Sehnsucht nach dem weiten, endlosen Meer.

Ich bin ganz sicher: es ist die Liebe, die lehrt. Die Liebe zu Theo hat mich dazu gebracht, dieses Symposion für ihn zu veranstalten und auch die anderen Feste zu arrangieren, die ich noch für ihn designt habe.

Die Liebe hat nämlich, das meine ich erkannt zu haben, die Eigenschaft, sich auszudehnen. Was man aus Liebe tut, ist als ob dies von einer Art Löschblatt aufgesogen und verstärkt wird.

Das Design

Ich hatte mir also überlegt: Was ist das Herausstechende, Einmalige, das Theo's Berufsleben kennzeichnet? Und ich bin zu dem Schluss gekommen, dass es seine Vielseitigkeit ist, die ihn auszeichnet.

Und so habe ich dann die Veranstaltung aufgebaut: Ich habe für seine verschiedenen Lebensphasen die Menschen herausgesucht, die damals jeweils für ihn von Bedeutung gewesen sind und habe diese gebeten, ihre Zeit mit Theo damals jeweils in einem zehnminütigen Vortrag zu schildern.

Bis auf den Schweizer Kollegen, der leider vorher krank geworden ist, haben alle zugesagt:

Für die Zeit in Berlin und Stockholm:
Prof. Dr. Wolfgang Hofsommer (sein ältester Freund),

Für die Zeit am C. G. Jung-Institut in Zürich:
Prof. Dr. Lutz Müller (in Vertretung von Prof. Dr. Helmut Barz)

Für die Zeit in der Psychotherapeutischen Klinik Stuttgart:
Prof. Dr. Friedrich Beese

Für die Zeit in der Forschungsstelle Stuttgart:
Prof. Dr. Helmut Enke

Für die Zeit am C. G. Jung-Institut Stuttgart:
Dipl. Theol. Paul Schmidt

Für die Zeit bei den Lindauer Psychotherapiewochen:
Prof. Dr. Peter Buchheim

Für die Zeit bei der Internationalen Gesellschaft für
Tiefenpsychologie: Prof. Dr. Verena Kast

Und nach einer Kaffeepause gab es dann auch noch einen Festvortrag: Prof. Dr. Dr. Ingrid Riedel: „sonder warumbe“ – Leben ohne Warum. Ein Gedanke aus der Mystik Meister Eckharts.

Das war das Programm für das Symposion zu Ehren von Dr. Theodor Seifert anlässlich seines 75. Geburtstages.

Es ist gelungen! Es ist nicht nur vom Programm her gelungen, das ein voller Erfolg wurde, es ist auch gelungen, dass es geheim gehalten wurde, so dass es eine echte Überraschung für Theo geworden ist.

Und diese Geheimhaltung hatte noch einen Nebeneffekt – der ist mir allerdings erst hinterher aufgefallen: Dadurch, dass sich alle Eingeladenen – es waren rund 100 Gäste gekommen – an die Geheimhaltung gehalten hatten – Theo absolut nichts wusste, hatte das Ganze einen „Geheimhaltungs-Charakter“ bekommen, die Eingeladenen fühlten sich wie eine „verschworene Gemeinschaft“ und das gab ein besonders dichtes „Flair“.

Und auch, dass ich seine erste Frau und seine Töchter mit einbezogen hatte, wurde sehr positiv gesehen. Ich hatte dies aber nicht deshalb getan. Mein Motiv war wirklich uneigennützig, es entsprang einfach meinem angeborenen Realitäts- und Gerechtigkeitssinn.

Und wenn es einfach ist, ist es auch gut. Der Erfolg gab mir Recht.

Und das war dann auch das Geschenk an mich, das ich mir mit dieser Veranstaltung machte. Man hat ja immer selbst am meisten von dem, was man für andere macht. Weil man es ja eigentlich auch für sich selbst macht. Sonst würde man es nicht tun.

Es gibt ja diesen Spruch: Alles, was du tust, tust du für dich selbst. Und wenn jeder das Beste für sich selbst tut, ist für alle das Beste getan.

Ang Lee und Theodor Seifert, 2008

Die Genossenschafts-Akademie

Da ich für die Genossenschafts-Akademie in Stuttgart gearbeitet hatte, wusste ich, dass diese nicht nur Räume für Festlichkeiten vermietet, sondern diese Festlichkeiten auch ausrichtet – mit Bewirtung rundum, stets nach Vereinbarung.

Das Jubiläum für Theo war nicht nur vom wissenschaftlichen Rahmen ein großer Erfolg, sondern auch vom gesellschaftlichen.

Und so entschloss ich mich, zwei Jahre später, als mein 70. Geburtstag anstand, diesen auch im Geno-Hotel zu feiern.

Doch zunächst möchte ich schreiben, wie ich zur Genossenschafts-Akademie gekommen bin. Durch einen eigenartigen Zufall: Ich wurde in den frühen 1980er Jahren vom Fernsehen – es war das 3. Programm des Süddeutschen Rundfunks – zu einer Gesprächsreihe eingeladen, die Sonntag abends stattfand und „Omnibus“ hieß.

Es ging um das Thema „Haare“. Ich hatte in irgendeiner psychologischen Schrift etwas zum Skript-Erkennungszeichen „Haare“ geschrieben, also wie man an der Art und Weise, wie jemand seine Haare trägt, auch etwas zu seiner Persönlichkeit, so wie er diese zum Ausdruck bringt, aussagen könnte, oder so ähnlich. Ich erinnere dies heute nicht mehr genau.

Diese Sendung sah auch ein Mitarbeiter der GENO-Akademie in Stuttgart.

Kurz gesagt: In dieser Akademie wurden junge Banker in verschiedenen Wissenschaftsbereichen geschult, u. a. auch in den Bereichen Psychologie und Persönlichkeitsentwicklung.

Dieser Mitarbeiter, er heißt Wilfried Sigloch, ist Diplom-Volkswirt und hat sich u. a. auch in Transaktionsanalyse weitergebildet. Das war/ist der Transfer zu mir.

Nach der Sendung rief er mich an, und wir vereinbarten einen Kennenlernen-Termin bei mir in der Praxis in Wimsheim.

Wir waren uns sofort sympathisch, und er fragte, ob ich auch einmal einen workshop in der Akademie anbieten wollte. Ich wollte. Und – wie heißt es in dem Film „Casablanca“ so sinnig? „Und das war der Beginn einer wunderbaren Freundschaft.“ Die bis heute währt und inzwischen auch seine Frau und Theo zu Lebzeiten mit einbezogen hat. Sehr Vieles und sehr Schönes, Aufregendes haben wir miteinander unternommen.

Sowohl ich alleine, aber auch mit Theo zusammen, haben wir Vorträge und Seminare für die Akademie gehalten.

Eine Selbsterfahrungsgruppe, die er mit Interessierten in der Genossenschafts-Akademie zusammengestellt hatte, hielt 18 Jahre lang, wobei wir uns in den Anfangsjahren zwei Mal im Jahr, später noch ein Mal im Jahr für zunächst drei Tage am Stück, gegen Ende nur noch einen Tag lang getroffen haben. Es war wirklich eine wunderbare Zeit, von der ich nicht nur pekuniär, sondern vor allem auch auf der menschlich-freundschaftlichen Ebene viel gewonnen habe.

Da ich mitunter, wenn auch selten, mit Mitarbeitern von Geschäftsbanken gearbeitet habe, konnte ich im menschlichen Bereich die Unterschiede zwischen Bankern die in Genossenschaftsbanken arbeiten, mit denen von Geschäftsbankern vergleichen.

Ich habe die Erfahrung gemacht, dass die Männer und Frauen von Genossenschaftsbanken in der Regel eine herzlichere, offenere Art hatten, mit Menschen umzugehen, als die von den Geschäftsbanken. Deren Mitarbeiterinnen und Mitarbeiter waren mir gegenüber skeptischer, verschlossener, mehr auf Äußeres bezogen.

Aber natürlich – so ist es meistens im Leben: „Wie man in den Wald hineinruft ...“ Vielleicht habe auch ich bei den einen anders hineingerufen, als bei den anderen. Und umgekehrt.

Abschließend: Alle Feste, die ich in der Genossenschafts-Akademie ausgerichtet hatte – Theo's 75., 80., 85., meinen 70., 77. Geburtstag – waren, jedes für sich, ein voller Erfolg – sowohl was das Ambiente, als auch das Kulinarische und das Engagement der entsprechenden Mitarbeiterinnen und Mitarbeiter anbelangt.

Meine Gäste waren stets des Lobes voll.

Ein Fest möchte ich noch ausführlich beschreiben, denn es war mir sehr wichtig, nämlich mein 70. Geburtstag, den ich nannte:

Das Spiel des Bewusstseins

So überschrieb ich die Einladung zu meinem 70. Geburtstag.

Da die Zahl Sieben mir viel bedeutet – ich habe sie irgendwann einmal zu meiner Zahl erkoren – vielleicht damals, als Günther Waiblinger mit seinem 190 SL, das die Autokennzahl TÜ P 77 trug diesen Wagen zu unserem Hochzeitsreisen-Gefährt erkor.

Seitdem hatten alle unsere Autos eine Sieben im Autokennzeichen.

Auch jetzt fahre ich einen Volvo mit der Kennzahl A-LS 177. Eine nette Spielerei? Ja, warum nicht? Gehört nicht auch das Spiel zum

Leben? Fangen kleine Kinder nicht mit dem Spielen an, um das Leben kennen zu lernen – sich spielend ins Leben zu lernen?

So brachte ich also sowohl die Zahl als auch die Zeit – denn um zu spielen, braucht man Zeit – mit dem Datum meines Geburtstages zusammen. In der Frau meines Friseurs, Ines Moritz, fand ich eine überaus talentierte Grafik-Designerin, die schon das Programm für Theo's Symposion und jetzt auch für meinen Geburtstag meisterhaft gestaltete.

Für alle meine Feste, zu denen ich in die Genossenschafts-Akademie eingeladen hatte und auch für Theo's und meine Todesanzeige (meine wird ja auch einmal fällig!) sowie für Theos Nachruf hat Ines – immer wieder anders, immer vollkommen stimmig! – die Einladungen, bzw. Anzeigen gestaltet. Und ich fahre alle vier bis sechs Wochen zu ihrem Mann Mike Kutzner, meinem Friseur, nach Stuttgart – regelmäßig seit 1991!

Diesen Geburtstag wollte ich natürlich anders gestalten, als Theos Jubiläum und ich lud ein zu einem Musical mit folgendem Text:

Spiel des Bewusstseins anlässlich des 70. Geburtstags von Ang Lee Seifert.

Prolog: Warum habe ich mein Musical „Das Spiel des Bewusstseins" genannt?

Weil ich fasziniert bin von den modernen wissenschaftlichen Untersuchungen in der Hirnforschung, der Physik, vor allem der Quantenphysik und den hiermit übereinstimmenden Anschauungen vieler alter Weisheitslehren aus verschiedenen Kulturen. Ich führe das im Einzelnen ein bisschen aus – nur ganz kurz:

Die Erforschung der Neurobiologie und der subatomaren Welt hat die dynamische Natur der Materie enthüllt. Sie zeigt, dass die Bestandteile der allem zugrunde liegenden Atome und die subatomaren Teilchen dynamische Strukturen sind, die nicht als isolierte Einheiten existieren, sondern als integrierte Teile eines unauflöslichen Netzwerks von Wechselbeziehungen.

Diese Wechselwirkungen stellen einen unaufhörlichen Fluss von Energie dar, die sich als Austausch von Teilchen manifestiert; ein dynamisches Zusammenspiel, in dem Partikel in einer ständigen Variation von Energiestrukturen ohne Ende erzeugt und vernichtet werden. Der Grundstoff aber der belebten und der unbelebten Natur sind Informationen bzw. Potentialitäten.

Die Teilchen-Wechselwirkungen lassen die stabilen Strukturen entstehen, welche die materielle Welt aufbauen, die wiederum nicht in Ruhe bleiben, sondern in rhythmischen Bewegungen oszillieren. Das ganze Universum befindet sich somit in endloser Bewegung und Aktivität, in einem ständigen **kosmischen Tanz von Energie.**

Die Metapher des kosmischen Tanzes wird am tiefsten und schönsten im Hinduismus mit dem Bild des tanzenden Gottes Shiva ausgedrückt. Der Tanz des Shiva symbolisiert nicht nur die kosmischen Zyklen von Schöpfung und Zerstörung, sondern auch den täglichen Rhythmus von Geburt und Tod, den die indische Mystik als Basis aller Existenz sieht.

Gleichzeitig erinnert uns Shiva daran, dass die vielfältigen Phänomene in der Welt „Maya" sind – nicht fundamental, sondern Illusion und ständig wechselnd. Dieses ewige Spiel nennen die Inder „Lila".
Der gläubige Hindu weiß, dass Shiva aus Liebe die „Lilamaya" benutzt, um alle Menschen anzuziehen und von der Täuschung, es gäbe etwas Beständiges, das in sich selbst Substanz hat, zu befreien.

Und wie ist das mit dem Bewusstsein?

Hirnforscher sagen, dass alles, was unsere Aufmerksamkeit erregt, zu Bewusstsein wird. Das Neue, Unerwartete, Aufsehen Erregende, das auch starke Gefühle erzeugt – sowohl das freudige als auch ängstigende – wird eher vom Bewusstsein aufgenommen, als das, wa wir lange kennen, was schon zur Routine geworden ist.

Man könnte sagen, das Bewusstsein will unterhalten werden, es wartet auf einen guten Entertainer, es reagiert auf die „Liliamaya", die große kosmische Show. Es sieht dem Tanz des Shiva zu und, wenn es lange genug geschaut hat – versteht es den Sinn des großen Spiels.

Wenn wir diese Betrachtungsweise auf das persönliche Leben anwenden, dann können wir sagen: „Jeder Mensch ist gewissermaßen ein Entertainer, der auf der Bühne seines persönlichen Lebens sich und seine Mitmenschen unterhält. Jeder spielt sein Spiel, hofft, dass die Schicksalsmächte ihm gute Karten gemischt haben, dass die Kugel, die er wirft, zur richtigen Zeit zur richtigen Farbe und richtigen Zahl läuft. Und, nicht zuletzt, dass er geeignete, interessante und unterhaltsame Mitspieler findet, die ihm helfen, zu guter Letzt den Sinn in seinem Leben zu finden.

Ich bin glücklich und dankbar, dass mir die genau richtigen Menschen zum jeweils genau richtigen Zeitpunkt „zugespielt" wurden. So hat mein Leben Tiefe, Weite und Substanz gewonnen.

Viele von diesen wichtigen „Mitspielern" sind heute hier und ich danke euch sehr, dass ihr gekommen seid. Ich möchte euch einige, aus dem vielen Bewusstseinsmomenten, die ich erlebt habe, vorspielen, mit euch das Lachen und die Freude teilen, die in diesen enthalten sind.

Natürlich gab es auch ängstigende, traurige, ja, verzweifelte Situationen in meinem Leben – z. B. dieser schreckliche Krieg, die Bombennächte, die Flucht, der Verlust von Vertrautem – doch die spare ich hier mit Bedacht aus.

Denn ich möchte mit euch das feiern, was mir in letzter Zeit bewusst geworden ist:
Das grundlegende Gefühl, das in mir angelegt und mich durch mein, jetzt 70jähriges, Leben getragen hat, ist die Freude zum Leben und immer wieder die Begeisterung für das Leben."

So sieht der erste Teil meines Programms, der Prolog aus.

Und es gibt noch einen Epilog – den will ich doch auch hier anfügen, um die Ganzheit meines Programms darzustellen:

„Wenn man nach dem Wesen der Buddha-Natur und damit nach dem Wesen des Geistes des Klaren Lichts sucht, so kann man dies ausschließlich im Bewusstseinskontinuum individueller Personen finden, also im einzelnen Menschen, denn Menschen machen individuelle Erfahrungen, sie werden als individuelle Wesen geboren. Sie sind also einzelne menschliches Wesen, und doch können wir von der Menschheit insgesamt und dem Menschen allgemein sprechen. Das gleiche gilt für das Bewusstsein: Was wir als das klare Licht bezeichnen, ist stets etwas Individuelles." (Diese Worte formulierte der Dalai Lama – aus der Lehre des Buddhismus)

Ich bin keine Buddhistin – ich werde nie einer, wie auch immer gearteten, religiösen Lehre und deren Gemeinschaft angehören. Denn den höchsten Wert finde ich im unmittelbaren Gefühl, im intuitiv Schöpferischen und im kritischen Denken. Dennoch kommt mir die Weltanschauung, wie sie der indische Prinz Siddharta Gautama, den sie dann den Buddha nannten, erkannt und formuliert hat, sehr nahe.

Aber genauso nahe ist mir das, was moderne Physiker – international – in der subatomaren Physik, dem Bereich der Quanten, finden – bzw. nicht finden, nicht finden können, weil es wohl so subtil ist, dass es schwer zu beschreiben ist. Sie sprechen z. B. von der „Nullpunktenergie" und meinen damit etwas, was allem – zeitlos! – zugrunde liegt, was alles und alle ständig und stetig und ewig und immer wieder neu durchzieht, verbindet und spielt, sie nennen es: „Kreative Intelligenz".

Die will ich, jenseits aller Lehren, für mich entdecken und leben.

Und hier schließe ich mich Huang-Po, einem berühmten alten Zen-Meister an, der als er in die Versammlungshalle trat, sagte:

„Der Besitz vieler Arten von Kenntnissen lässt sich nicht mit dem Aufgeben der Suche nach irgend etwas vergleichen. Das ist das Beste aller Dinge. Es gibt nicht verschiedene Arten von Geist, und es gibt keine Lehre, die in Worte gefasst werden kann."

Da nichts weiter zu sagen ist, ist die Versammlung geschlossen.

Auch dieses Fest wurde ein voller Erfolg: Ich habe kleine Sketche und Erlebnisse aus den verschiedenen Stationen meines bisherigen Lebens angeboten, erzählt, Power-Points gezeigt, wir haben gemalt, gespielt, getanzt und gegessen und auch noch einen Film angeschaut: „Ocean's Eleven" aus dem Jahr 2001 von Steven Soderbergh mit George Clooney und Brad Pitt.

Ich hatte diesen Film gewählt, weil er nicht nur spannend und trickreich ist, sondern weil er das alte Menschheits-Thema: das Gute siegt über das Böse auf eine spannende, aber auch komische und vor allem trickreiche Art darstellt.

Deshalb habe ich auch früher für meine Kinder damals die Mickey-Mouse und Asterix-Hefte so gerne gekauft.

Wichtig ist mir bei diesem Genre, dass auch Witz und Cleverness bei der Lebensbewältigung mit dabei ist. Deshalb liebte ich auch den Film: „Der Clou“ mit Robert Redford und Paul Newman.

Doch mein ganz besonderer Lieblingsfilm war und ist: „Some like it hot“ mit der wunderbaren Marilyn Monroe, dem smarten Tony Curtis und dem umwerfenden Jack Lemmon.

Ich liebe alle Billy Wilder-Filme. Von ihm soll es den Ausspruch geben: „Du darfst alles – nur nicht langweilen.“

Ja, auch alle diese Filme gehören „Zum Spiel des Bewusstseins“.

Und auch das folgende Erlebnis, das ich im nächsten Kapitel schildere, gehört zur Bedeutung der Bewusstwerdung.

Es gab noch ein abschließendes Fest im Jahr 2016 zu Theo's 85. Geburtstag, als ich – wiederum zu einem, jetzt bescheidenerem Symposion seine jung'schen Kolleginnen und Kollegen eingeladen hatte und an dem Prof. Dr. Dr. Ingrid Riedel, Prof. Dr. Verena Kast und Prof. Dr. Lutz Müller ein wissenschaftliches Programm bestritten, das von seinem lieben Kollegen Dr. Roland Heinzel an der Gitarre musikalisch eingerahmt wurde.

Da allerdings musste Theo schon im Rollstuhl sitzend die Ovationen entgegennehmen. Doch es war wieder zu spüren, wie beliebt er im Kollegenkreis war, man merkte es an der Stimmung der ca. 80 Gäste, wie sehr ihn alle mochten.

Leider musste uns Roland Heinzel im August 2017 (Theos Geburtstag war Anfang Juli 2016) für immer verlassen, er ist an einem Aortenriss bei einer Operation gestorben. Seine Frau Erika, die auch Ärztin ist, führt die gemeinsame Praxis weiter. Roland war ein überaus treuer, humorvoller und allseits beliebter Kollege, der auch selbst Lieder schrieb, die er mit seiner Gitarre begleitete.

Aber auch im privaten Kreis hatten wir (habe ich noch) viele Freunde. Mit einigen trafen wir uns regelmäßig ein Mal im Monat, später in größeren Abständen, mit anderen hielten wir eher einen lockeren Kontakt.

Theo war ein treuer und verlässlicher Mensch. Er hat immer mal wieder den einen oder anderen Menschen, mit dem er einmal in Kontakt gewesen ist, angerufen, er hat sich dann an der Freude des anderen gefreut. Für ihn war eine einmal eingegangene Verbindung auch etwas Verbindliches.

Er bekam zudem ziemlich viel Post von ehemaligen Analysanden, vor allem von Analysandinnen.

Als er noch in der Psychotherapeutischen Klinik in Stuttgart tätig war, arbeitete er u. a. auch mit magersüchtigen Patientinnen. Die Therapie von chronisch Magersüchtigen ist bekanntlich nicht einfach. Es sind in der Regel junge, meistens äußerst intelligente Frauen, die eigentlich keine Frauen sein wollen, weil sie zumeist in Rebellion zu ihren Müttern leben. Sie lehnen ihre Mütter ab, weil diese ihnen als zu primitiv und/oder übergriffig dominant erscheinen. Sie bedauern ihre scheinbar armen Väter, die nach ihrer Meinung eine attraktivere Frau verdient hätten, eine so wie sie selber sind. Auf der anderen, der unbewussten Seite, haben sie meistens eine starke Sehnsucht nach einem liebevollen Betreutwerden durch eine sorgende Mama.

Theo hatte die eher seltene Gabe, von diesen Frauen anerkannt zu werden. Er war ein attraktiver Mann und er war warmherzig wie eine Mutter.

Er behandelte diese Frauen mit einer Gruppentherapie. Damit entzog er sich einer allzu starken Liebes-Übertragung, die hier für den Heilungsprozess eher hinderlich gewesen wäre.

Manche dieser Frauen hatten geheiratet und schickten Fotos von ihren Kindern. Und immer hat Theo auf diese Briefe geantwortet, meistens telefonisch. Er war eben durch und durch Analytiker, Psychotherapeut und verständnisvoller Mensch.

Er hat auch deshalb ab dieser Zeit meistens telefoniert, weil er – irgendwann, ich weiß das Datum nicht mehr – einen Riss in seinem rechten Handgelenk hatte und den Daumen nicht mehr exakt regulieren konnte, so dass seine einst schöne Schrift ziemlich chaotisch aussah – außerdem strengte ihn das Schreiben seither sehr an. Ab und zu eine Unterschrift: Das reichte ihm.

Reisen

Und zwischen der Arbeit sind wir auch wieder öfter auf kleinere Reisen gegangen:

- Auf der grandiosen Insel Lanzarote erholte Theo sich von seinem ersten Endoxan-Zyklus;
- wir waren in Berlin bei einem von Theo's Klassentreffen;
- in Wien besuchten wir eine Tagung der C. G. Jung – Gesellschaft;
- in Posen, meiner „Heimatstadt" sah alles anders aus, als 1945;
- wir haben eine wunderbare Grachtenfahrt in Amsterdam gemacht;
- auf Ibiza im Haus des befreundeten Leiters der Psychotherapeutischen Klinik, Prof. Dr. Beese gewohnt;
- wir haben an der portugiesischen Küste Urlaub gemacht;
- die grandiose Stadt New York angeschaut;
- unter dem Tafelberg in Kapstadt/Südafrika sea-food gespeist und
- sind noch vier Mal in Amerika, im „Wilden Westen" „Highway" gefahren.

Amerika war für Theo, nach Schweden, „das Land seiner Träume". Außer der landschaftlichen Weite, die er so liebte, erlebte er in diesen Ländern auch eine Weite des Geistes.

Dort, in Kalifornien, New Mexico und Arizona hat Theo besonders diese Fahrten genossen, er mochte das im gemäßigten Tempo gleichmäßige Gleiten in einem bequemen Auto über die breiten Straßen, entlang der beeindruckenden Landschaft dieser Regionen, Kilometer für Kilometer, immer mit der Sonne und dem Wind.

Nie war eine Straße nass, nie war das Fahren anstrengend oder gar langweilig, höchstens das Essen, das doch etwas Eintöniges hatte. Aber das konnten wir dann zu Hause wieder ausgleichen.

Was ich auch sehr schätzte, war der viele freie Platz. Nie musste ich das Auto irgendwo noch zwischenrein klemmen. Ich konnte bequem auf einen der weiten Parkplätze fahren und den Wagen einfach irgendwo stehen lassen. Kein Mensch kümmerte sich darum, wo, und wie ich geparkt hatte, gleichgültig, ob ich bei einer Tankstelle oder vor einem Warenhaus stand.

Auch die langen Flüge nach Amerika an die Westküste machten uns nie etwas aus. Wir waren einfach gerne miteinander irgendwo unterwegs.

Ich erwähnte es schon: Ich habe ein faible für starke Maschinen mit starken Motoren. Obwohl dieser Bereich oft eher dem „Männlichen" zugeordnet wird, erschienen mir die Flugzeuge, oder (besser noch) aircrafts, wenn sie vor mir auf dem Flugfeld standen, wie große Mütter, die darauf warten, ihre „Kinder" in ihre weiten Bäuche zu nehmen und sie zu tragen, wohin diese wollten ... über's weite, weite Meer zum Beispiel.

In Gedanken verbündete ich mich mit ihnen, wenn ich jedes Mal wieder vertrauensvoll einstieg und dann auf die entsprechenden – englischen – Kommandos der Crew wartete. Gerne sagte ich zu Theo, wenn wir vorhatten außer Haus zu gehen: „Ready for take-off!"

Natürlich fühlte ich mich auch während der Flüge sehr wohl – ich liebte es besonders, wenn die Turbinen der „aircraft" kurz vor dem Start voll aufgedreht wurden und die Maschine dann über das Rollfeld raste, um abzuheben.

Doch noch mehr beeindruckten mich die Landungen, vor allem, wenn es sich um ein großes Flugzeug handelte:

Wenn alle Passagiere wieder angeschnallt und ruhig an ihrem Platz saßen, die Kraft der Maschine gedrosselt und ganz leise wurde. Das war dann jedes Mal für mich der Moment, die Luft ein bisschen anzuhalten.

Obwohl ich – leider – noch nie in einem Raumschiff die Anziehungskraft der Erde verlassen habe, ist gerade die Gravitation für mich etwas Geheimnisvolles, eine Kraft, der wir ausgesetzt sind, die wir nie verlassen können (alles, auch Flugzeuge müssen zur Erde zurück).

So ist es für mich etwas Bewundernswertes, wenn es Piloten in einem Flugzeug gelingt, mit der Schwerkraft der Erde „zu spielen", ihre Maschine so sanft wie möglich den Gesetzen der „Mutter Erde" zurückzugeben.

Eine besonders schöne Erinnerung habe ich an die Landung in München, als wir aus Kapstadt wiederkamen: Während der Minuten des Sinkfluges wurde es im ganzen Raum des Fliegers – obwohl er bis auf den letzten Platz besetzt war – plötzlich mucksmäuschen still. Niemand rührte sich, niemand räusperte sich, niemand kramte in irgendeiner Tasche, was sonst oft der Fall ist – ja, es war, als hätten alle Menschen in diesem großen Raum des Fliegers der Gesellschaft „Emirates", den Atem angehalten.

Und plötzlich – ich weiß nicht, ob das nur mir so ging, oder ob andere Fluggäste dies ähnlich empfunden haben – war es, als gäbe es nicht so und so viele Menschen an Bord, sondern nur diesen einen angehaltenen Atem, der – atemlos – einem Wunder lauscht. In mir entstand das Gefühl von Eins-Sein. „We are one!"

Es war für mich eine mystische Erfahrung.

Noch eine andere „mystische" Landung erinnere ich:

Wir waren auf dem Weg nach New Mexico, hatten in Kansas einen Zwischenstopp und befanden uns jetzt auf dem Flug nach Albuquerque. Ich saß am Fenster, Theo – wie immer – neben mir, Hand in Hand.

Die Flughöhe war wohl nicht sehr hoch, so dass ich links unter mir die kleinen Städte, über die wir hinweg flogen, wie am Reißbrett angeordnet liegen sah – eine nach der anderen, jede hatte eine etwas andere Form – sie sahen sehr schön, wie auf einem riesigen Brettspiel angeordnet – aus.

Dann begann der Sinkflug, die Positionslichter des langen Rollfeldes (dort, in der Wüste, gibt es sehr viel Platz!) leuchteten zuerst in hellerem, dann in dunklerem Blaugrün – die Maschine wurde immer langsamer und ganz leise – man hörte fast nichts – wir rollten, wie von Geisterhand gezogen, in das nun mystisch leuchtende Blaugrün des Flughafengeländes.

Weder Theo noch ich sprachen miteinander – auch die Mitreisenden waren seltsam leise – so gingen wir dann hinaus und weiter hinein in eine Flughafenhalle mit mexikanisch bemalten Wänden, die auf mich etwas Zauberhaftes hatten.

Entgegen anderer Erfahrungen, die ich nach dem Verlassen des Flugzeuges gemacht hatte, war es hier sehr still. Auch die Passagiere, die mit uns zur „baggage-claim“ gingen, sprachen nicht.

Überrascht stellte ich fest, dass es erst Spätnachmittag war und nicht schon Nacht, wie ich aufgrund des im mystischen Blau beleuchteten Rollfeldes geglaubt hatte.

Ich vergaß die Zeitdifferenz, die wir hatten, weil wir ja nach Westen geflogen waren.

Unsere letzte größere Reise aber war eine über den ADAC gebuchte Fahrt mit dem eigenen Auto (Volvo! Was sonst!) von Lübeck über die Fähre nach Kopenhagen, von dort nach Göteborg und dann in Schweden den Göta-Kanal entlang in einer Woche nach Stockholm. Die jeweiligen Tagestouren waren so angelegt, dass wir jeweils viel Zeit hatten, uns die sehenswerte Landschaft anzuschauen.

Wir fuhren die Tour Ende Juni, also kurz nach der Sonnwendzeit und hatten auch Glück mit dem Wetter: In den drei Wochen, die wir unterwegs waren, hatten wir ausschließlich jeden Tag Sonnenschein.

Es war beglückend, an den langen, hellen Abenden lange auf der jeweiligen Hotelterrasse oder in einem Gartenrestaurant zu sitzen und den Menschen zuzuschauen, die jetzt ihre Abende auch draußen verbrachten.

Theo zeigte mir dann auch seine früheren Lieblingsplätze in Stockholm und ich konnte/kann gut verstehen, dass er stets Sehnsucht nach diesem lichten Land hatte.

Begeistert sein

Aber auch das Intellektuelle kam nicht zu kurz in unserem Leben – unter anderem mit dem Schreiben von Büchern.

Man stelle sich vor: Mit 40 Jahren hatte ich noch keinen Beruf – ich war einfach „nur" Hausfrau mit drei Kindern. Heute habe ich einen anerkannten Beruf, mit dem ich Geld verdienen konnte, ich schrieb 14 Bücher, einige zusammen mit Theodor Seifert, sowie 15 Buchbeiträge (Aufstellung am Ende des Manuskripts) und ich hielt sehr viel Vorträge – drei „große" bei den Lindauer Psychotherapiewochen (da war ich besonders stolz!) und zahlreiche „kleine", die meisten von evangelischen Gemeinden initiiert, so dass mir einmal eine dieser Frauen sagte: „Sie haben eben einen guten Namen im Kirchenbezirk!" Darüber hatte sich Theo so amüsiert und hat mich immer mal wieder spaßeshalber damit „aufgezogen".

(Viel Geld kann man mit Büchern, vor allem Fachbüchern und auch mit Vorträgen allerdings meist nicht verdienen.)

Doch davon abgesehen: Das Schreiben war uns beiden wichtig.

Als Theo und ich unsere Beziehung begannen, war er gerade dabei, ein recht umfangreiches Buch fertig zu stellen: Ich hatte ihm noch bei den letzten Kapiteln und vor allem beim Redigieren geholfen.

Es heißt: „Lebensperspektiven der Psychologie" mit dem Untertitel: „Wege, Schnittpunkte, Gegensätze. Beiträge zur Jungschen Psychologie." Es umfasst fast 400 Seiten, eng geschrieben, ist im Walter-Verlag erschienen und heute beim Verlag opus magnum – zusammen mit vielen anderen seiner und unserer Werke – kostenlos als E-Book erhältlich.

Theo hat darin die Jungsche Psychologie für zwölf verschiedene Lebensbereiche dargestellt – aufbereitet für den Psychotherapeuten und den Betroffenen.

Es enthält unzählige Zitate von C. G. Jung und jede Menge Tipps für ganz normale Leser und Leserinnen (die meisten Bücher werden ohnehin von Frauen gelesen.)

Wenn ich jetzt dieses Buch durchblättere, bin ich wieder beeindruckt von der Fülle jungschen Gedankenguts, die Theo hier verarbeitet hat. Er war eben, was die Psychologie C. G. Jungs betrifft, ein wirklicher Kenner und Begeisterter und einer ihrer maßgeblichen Autoren in Deutschland.

Nicht nur für die Psychologie und Psychotherapie; er war ein Begeisterter für das Leben selbst mit der Fülle, die Leben eben hervorbringt.

Und er war ein Ehrfurchtsvoller. Gerade diesem Leben gegenüber. Das zeigt schon die Geschichte von den Gänseblümchen, die er vor dem Gewitter bewahren wollte. Aber nicht nur Gänseblümchen wollte er schützen, er half auch Regenwürmern wieder in ihren Lebensbereich, wenn sie sich auf den Asphalt eines Weges verirrt hatten. Er hob jedes Mal so ein Würmchen auf, wenn er eines liegen sah – auch noch, als ihm das Bücken schwerfiel. Er war eben ein Liebender. Rundum.

Mit Theo zu leben, war jeden Tag ein kleines Abenteuer. Es war nie langweilig mit ihm. Wir hatten immer etwas zu reden, es gab immer etwas, das uns wert war, darüber zu reflektieren. Bis fast zum Schluss. Mein Leben ist an Theo's Seite so viel intensiver und erfüllender geworden. Und, vor allem, neben Ansehen und Geld verdienen:

Ich bin seelisch und geistig gereift. Das ist mein eigentliches Potential. Und gerade dafür war Theo ein unvergleichlich wichtiger Impulsgeber, Unterstützer, Förderer – und das immer liebevoll, nie puschend, nie ungeduldig. Ich verkläre ihn hier nicht. Mir ist bewusst, dass man, wenn es um die Schilderung der eigenen Persönlichkeit und vor allem der des geliebten Menschen geht, nie wirklich objektiv sein kann, doch ich nehme hier für mich in Anspruch, dass ich so sachlich, wie nur möglich bin.

Natürlich hat Theo auch seine „Macken" gehabt – wer hat die nicht? Doch zum Gesamten seiner Persönlichkeit wiegen diese nicht viel und ich kann sie hier getrost außer Acht lassen. Weil sie auf der rein menschlichen Ebene lagen, nichts mit der Weite seines Geistes und der Wärme seines Herzens zu tun hatten.

Spiritualität

Es gibt noch einen ganz anderen Bereich, der in Zusammenhang mit seiner weiten Persönlichkeit zu erwähnen, nein, zu würdigen ist: Der spirituelle.

In dieser Hinsicht hatte er es nicht leicht, denn wie ich es schon geschildert habe, ist er indoktriniert auf die christliche Religion – als „Schäflein Jesu" – aufgewachsen.

Er hat diese Religion nicht „vor sich hergetragen" – ich wusste lange nichts über seine religiöse Vergangenheit und auch nichts über seine Einstellung zur Religion. Dafür hatten wir zu Beginn unserer Beziehung weder Zeit noch Sinn, wir waren einfach nur auf uns selbst, auf unsere Liebe bezogen.

Und hatten ja auch entsprechende Schwierigkeiten mit unserer familiären Umgebung.

Erst in der Zeit der forcierten Spiritualität mittels der psychogenen Substanzen wurden Fragen nach unserer grundsätzlichen Einstellung zu dem „Überirdischen" lebendig.

Es ist uns gelungen, trotz der doch sehr unterschiedlichen Zugangsweisen zum Spirituellen – ich stand durch die Belehrung meines Vaters, dass es die materielle Welt eigentlich nur in Quantengröße gibt, dem Spirituellen entsprechend „nüchtern" gegenüber; während Theo durch die Aussage seiner Mutter, dass er „ein Schäflein" Jesu sei, ganz anders geprägt war – eine gemeinsame Zugangsweise zu dieser Dimension des Lebens zu finden. Dazu führten uns viele, viele Gespräche, die wir miteinander führten.

Das heißt, wenn ich jetzt darüber reflektiere: So stimmt es nicht ganz. Theo hat sein „Schäflein Jesu" nie vergessen – nicht nur in seiner Erinnerung, sondern in seinem Herzen. Das hing mit seiner Vaterproblematik zusammen: Er hatte sich ja so sehr einen Vater gewünscht, der – innerlich! – für ihn da gewesen wäre, der mit ihm gespielt, etwas vorgelesen hätte, u. a. m., (was halt Väter so mit kleinen Kindern tun und er dann später mit seinen Kindern getan hat); zudem ist dieser Vater für ihn viel zu früh gestorben.

So blieb die Sehnsucht nach dem „väterlichen" Vater in Theo ein Leben lang in seinem Herzen bestehen. Die gute Mutter hat er gehabt, den guten Vater nicht und den fand er dann in „Gott Vater". Diesen „Vater" hat er nie losgelassen.

In seinen Tagebüchern, in denen ich nach seinem Tod geblättert habe, stand sehr oft: „Gott, Du mein Vater:" Das war Theo's größte Sehnsucht: „Gott, Du, mein Vater."

Theo hatte sich, nachdem wir unsere „Arbeiten" mit den psychogenen Substanzen weitestgehend aufgegeben hatten (es wurde zu schwierig, sie – absolut rein! – zu beschaffen), kurzzeitig dem Buddhismus zugewandt.

Und: Wenn Theo etwas gemacht hat, dann gründlich! Er hatte nicht nur die dazu wichtige Literatur gekauft, sondern auch einige buddhistische Lehrer aufgesucht, u. a. die mir von Anfang an suspekte Ayya Khema, zu deren Retreats er des Öfteren gefahren ist.

(Sie stammte ursprünglich aus Berlin, hatte, weil sie Jüdin war, diese Stadt während des 2. Weltkriegs verlassen, ging nach Amerika, heiratete mehrmals und hatte auch mehrere Kinder; kam dann als buddhistische Nonne zurück und ließ ihre deutschen Anhänger in den Sessions, die sie abhielt, vor sich auf die Knie fallen.)

Aber während und nach seiner Wegener-Erkrankung gab Theo den Buddhismus wieder auf – sein Christentum war einfach von Anfang an verwurzelt in ihm.

Er wollte so gerne mit mir zusammen beten. Ich fand aber keinen wirklichen Zugang zu einem Gebet, weil für mich niemand da ist, zu dem ich beten könnte.

So suchten wir in den sehr alten Überlieferungen des Hinduismus (er ist der älteste spirituelle Zugang zum Überirdischen überhaupt!) gemeinsame Rituale, z. B. das Prinzip des „Neti – Neti“ = „Nicht dies, nicht das“ und auch die uralte Erkenntnis: „tat twam asi“ = „Das bist Du.“

Den eigentlichen, ganz persönlichen Zugang zum Spirituellen (ich trenne „spirituell“ von „religiös“) fand Theo aber in der „Weite“, sowohl in der Weite des Geistes als auch in der Weite seiner Liebesfähigkeit.

Und in der Weite einer Landschaft. Das Buch von Lama Anagarika Govinda: „Der Weg der weißen Wolken. Erlebnisse eines buddhistischen Pilgers in Tibet“ (Scherz, 1992) hat er mindestens zwei, wenn nicht drei Mal gelesen.

Die feinen, säuberlichen Unterstreichungen mit einem spitzen Bleistift und mit Hilfe eines Lineals gezogen, zeugen davon.

Im Zusammenhang mit einer mehrjährigen Weiterbildung „Analytische Psychologie und Spiritualität“, die das C. G. Jung-Institut in Stuttgart veranstaltete, bildete sich eine Gruppe von 20 Dozent*innen, die sich den Namen CMC (Collegium Mysterium Coniunctions, in Anlehnung an ein Spätwerk C. G. Jungs) gab, und viele Jahre zusammenkam. um sich über spirituelle und psychologische Themen auszutauschen.

Diese Gruppe traf sich auch mehrmals in der Schweiz, z. B. in Flüeli (Ranft), wo die Wirkungsstätte des Schweizer Nationalheiligen Niklaus von Flüe (Bruder Klaus) war oder in Ascona am Lago Maggiore. Dort fanden seit 1933 die Eranos-Tagungen statt, die von Olga Fröbe-Kapteyn und C. G. Jung ins Leben gerufen wurden und bis heute weitergeführt werden. Das griechische Wort „Eranos“ bezeichnet ein Gastmahl, das von den mitgebrachten Gaben der Gäste lebt.

Die Gruppe CMC bei einem Treffen um den runden Tisch in Eranos bei Ascona.

In diesem Falle sind es geistige Geschenke in Form von Vorträgen, Referaten und Gedanken, mit dem Ziel, einen interdisziplinären Begegnungsraum zwischen östlichen und westlichen Ideen in Religion, Kultur, Anthropologie und Psychologie sowie für die verschiedensten natur- und geisteswissenschaftlichen Fach- und Randgebiete zu schaffen, die der Individuation und der Bewusstseinsentwicklung dienen.

Ich entdeckte in unserem Leben aber auch noch andere Formen der Spiritualität, z. B. wenn wir in Amerika in gleichmäßigem Tempo – fast meditativ mit der Landschaft verbunden – über die Highways fuhren.

Spiritualität – im Sinne von erhöhter Präsenz und Energie – kann ich auch in einem PS-starken Auto auf der Autobahn erleben, vor allem bei Nacht, wenn meine Aufmerksamkeit auf das Höchste gespannt ist, weil ich meinem Auto erlaube, mir zu zeigen, wie stark es ist.

Spirituell dabei ist die absolute Konzentration auf das „Hier und Jetzt", das keinen Gedanken an etwas anderes zulässt.

Während der absoluten Konzentration scheinen sich im Gehirn die entsprechenden Neurotransmitter so zu konstellieren, dass ein „Flow-Gefühl" entsteht, also eines, das ein sorgenvolles oder planendes Denken zu Gunsten eines völlig konzentrierten „sich selbst vergessendes Gefühl" ausschließt.

Der Glücksforscher Mihály Csikszentmihályi hat es in unser wissenschaftliches Denken eingeführt. Doch bereits vor ihm hat die italienische Ärztin und Pädagogin Maria Montessori und der amerikanische Begründer der Humanistischen Psychologie, Abraham Maslow, diese „Selbstvergessenheit" beschrieben: Das planende und sorgende Denken – zugunsten einer vollen Konzentration auf das „Hier und Jetzt" aufzugeben.

Bildhaft wird dieser Zustand auch dargestellt im chinesischen Weisheits- und Orakelbuch I Ging in dem Zeichen Nr. 51: Dschen = Das Erregende. Das Erschüttern. Der Donner.
Hier ist allerdings nicht die absolute Ruhe, sondern, im Gegenteil: das Erschüttern beschrieben. Doch es heißt: „Das Erschüttern erschreckt hundert Meilen, und er lässt nicht Opferlöffel und Kelch fallen."
Und weiter: „So macht der Edle unter Furcht und Zittern sein Leben recht und erforscht sich selbst."

Hier geht es um Ehrfurcht.
Also nicht um etwas, das ich machen oder bewerkstelligen kann, sondern um etwas, das mir geschenkt wird, bzw. zufließt. Wenn ich mich dem vertrauensvoll zuwende und öffne.

Ein sich selbst vergessendes Kind beim völlig konzentrierten Spiel mit seinen Bauklötzchen zum Beispiel oder ein Erwachsener, der sich ganz einer Sache hingibt, sich ihr voller Konzentration zuwendet, sich vom grollenden Donner nicht erschrecken lässt, bereit ist, dem wie auch gearteten Gegenüber standzuhalten, befindet sich – meines Erachtens – in „der Gegenwart Gottes", oder profan gesagt: im Zentrum des jeweiligen Geschehens.

So, wie ich es auch erlebt habe, als die junge Ärztin mir am Telefon, auf Theo bezogen, sagte: „Er wird sterben".Das war ein mystischer Augenblick. Wenn auch kein beglückender. Aber Mystik heißt nicht Glück, sondern die Erfahrung einer (göttlichen) oder „absoluten Wirklichkeit". „Dann wird er sterben" war absolute Wirklichkeit.

Es hat mich zutiefst erschreckt und ich musste standhalten.

Wenn ich auf der – freien! – Autobahn eine kurze Strecke mit Tempo 250 kmh fahre, dann bin ich in der absoluten Wirklichkeit. Und erlebe diese in der Gewissheit des Todes, der so sicher ist, wie nichts sonst in der Welt. (Eingedenk des Weltklimas ist das jetzt für mich ein Ausnahme-Geschehen – dafür werde ich wohl keine Flugreisen mehr unternehmen – und ich bin dabei, mein derzeitiges Auto in ein weniger PS-starkes umzutauschen.)

Und auch das gehört für mich zur Spiritualität: Der Song „Imagine" von John Lennon. Er schrieb ihn 1971, um gegen den gerade herrschenden Vietnam-Krieg zu protestieren.

Wenn man dieses Lied im Internet aufruft, dann sieht man einen großen hellen Raum, den John Lennon und seine Frau, die japanische Avantgarde-Künstlerin Yoko Ono – beide weiß gekleidet – betreten.

John geht zu einem weißen Flügel, der als einziges Möbel in diesem großen Raum steht; Yoko Ono geht nacheinander zu den wandhohen Fenstern und zieht die weißen Vorhänge hoch. Dann setzt sie sich neben John an den Flügel. Nachdem er das Lied zu Ende gespielt und gesungen hat, küssen sich die beiden.

Imagine

Stell dir vor, es gibt kein Himmelreich,
es ist leicht zu verstehen, wenn du es versuchst,
keine Hölle unter uns, über uns nur Himmel.

Stell dir vor, alle Menschen leben für das Heute.
Stell dir vor, es gibt keine Länder,
es ist nicht schwer, es zu tun,
nichts wofür man morden oder sterben müsste
und auch keine Religion.

Stell dir vor, alle Menschen leben in Frieden.
Du wirst vielleicht sagen, ich bin ein Träumer.
Aber ich bin nicht der Einzige.
Ich hoffe, du wirst dich eines Tages uns anschließen,
und die Welt wird eins sein.

Stell dir vor, es gibt keinen Besitz.
ich frag mich, ob du das kannst,
keinen Grund für Gier oder Hunger.
Alle Menschen wären Brüder.

Stell dir vor, alle Menschen teilen sich die Welt.
Du wirst vielleicht sagen, ich bin ein Träumer -
Aber ich bin nicht der Einzige.
Ich hoffe, du wirst dich eines Tages uns anschließen.
Und die Welt wird leben als eine.

Ja, er war ein Träumer. Leider. Er wurde nur 40 Jahre alt, weil ein evangelikaler Irrer ihn ermordet hat.

Gerade an diesem Fall ist zu sehen, wie sehr die Frage nach der Spiritualität die Menschen der westlichen Welt – diesseits und jenseits des Atlantiks – umtreibt.

Das wäre nicht so, wenn das Christentum die Kraft hätte, die der Buddhismus hat. Denn diesem ist es gelungen, die damals hypertroph gewordene Bilderwelt des Hinduismus in die klare, der Naturwissenschaft zuträglichen Weisheit des Buddhismus zu verwandeln.

Obwohl es ja auch heute noch einige unbelehrbare Inder gibt, die ihren Altbestand an Göttern nicht aufgegeben haben. Doch das enorme Interesse der Inder an der naturwissenschaftlichen Welt der Zahlen, den Bits – speziell der Programmierung, die allein weltumspannend ist – wird die bunte Götterwelt noch entvölkern.

Gerade, weil die Inder mit einer bunten Vielzahl von Göttern seit Jahrhunderten aufgewachsen sind, fällt ihnen der Zugang zur heutigen digitalisierten Welt besonders leicht.

Wir werden es wohl künftig mit einer Vielzahl von Indern zu tun haben, die weltweit in entsprechenden Programmierungs-Center sitzen.

So setzen wir denn unsere Hoffnung auf die Quantenphysik und geben uns mit der Tatsache zufrieden, dass wir alle „Sternenstaub" sind, der – wahrscheinlich – nie vergehen wird, sondern nur ab und zu seine Lage im Raum – der sich ins Unendliche ausdehnt – verändert.

Aber da wir ja, so lange wir hier mit zwei Beinen auf der Erde stehen und durch unsere Tage gehen, etwas tun müssen, etwas tun wollen, damit die Langeweile uns nicht verschlingt – oder kein Essen gekauft werden kann – lassen wir unseren Geist „spielen", z. B. Vorträge schreiben, oder Gedichte, oder Biografien.

Und träumen. Nicht nur, aber auch und oft von einer besseren Welt und vor allem – immer wieder: Von der Liebe.

Und nicht nur träumen, sondern auch geben und nehmen.

Oder machen.

Je nach Alter und Potenz. Im Kleinen wie im Großen.

Diese indische Skulptur (ca. 50 cm hoch) stand im Eingangsbereich unserer Praxis in Wimsheim.

Der Naturwissenschaftler und alternative Nobelpreisträger Hans-Peter Dürr sagte einmal in einem Vortrag: „Zuunterst ist die reine Potentialität.“

Und das heißt auch: Alles ist möglich. Kreiere, was du willst.

Aber möglichst mit Freude. Und Kraft und Zuversicht – Zuversicht auf die Liebe, die du, weil du sie im Herzen trägst, auch in der Welt findest.

Denn: Auch Liebe ist Potenz in reinster Form. Jede/jeder kann sie entstehen lassen, kann sie entfalten zu einem Gefühl, das dich und mich und dich auch und noch Viele miteinander verbindet und sich erinnert, was der schmalgesichtige, zartgliedrige, hinter seiner Nickelbrille hervorlugende John Lennon, komponiert hatte: „Imagine.“

Die prospektive Funktion

So nannte Theo einen Vortrag, den er nach Anfrage des C.G. Jung-Instituts in Zürich anlässlich des 51. Todestag von C. G. Jung halten sollte. (Er wird jetzt in der jungianischen Fachzeitschrift „Analytische Psychologie“ publiziert.)

Er hatte sich sehr gefreut, dass sie ihn gefragt hatten, weil er schon länger keine Bitte nach einer Publikation bekommen hatte.

Nach einigen Tagen des Überlegens fragte er mich dann:

„Was hältst du davon, wenn ich den Vortrag: „Die prospektive Funktion“ nennen würde?“

Ich fragte zurück: „Was ist denn die „prospektive Funktion“?“

Er antwortete, dass er das eigentlich auch nicht so genau weiß, dass dieser Begriff aber sofort in seinem Kopf gewesen sei.

Ich fand es gut, dass er sich in diesem „Memorial“ mit einem Gebiet der Jung'schen Psychologie befassen würde, das eigentlich noch brach liegt.

Er machte sich an die Arbeit, bemerkte aber rasch, dass es darüber in der jungschen Literatur nur sehr wenige Hinweise gibt und dass auch Jung selber diesen Begriff nur sehr spärlich erwähnt hat.

Diese Arbeit – die seine letzte sein wird! – hat Theo sehr beschäftigt.

Er hat sich, gerade, weil er nur wenige Hinweise bei Jung gefunden hatte, vieles aus seinem Leben bewusst gemacht, vor allem, seinen Werdegang zum „Jungianer“.

Da Theo damals nicht mehr in der Psychotherapeutischen Klinik gearbeitet hat und seine Bemühungen mit dem „Powerbook“, das ich ihm einmal zum Geburtstag geschenkt hatte, auch wieder in Vergessenheit geraten waren, diktierte er mir diesen Vortrag.

So konnte ich seinen Gedanken folgen und ihn auch zu entsprechenden Überlegungen inspirieren. Es wurde eine schöne, uns beide bereichernde Beschäftigung und Tätigkeit, für die ich, gerade jetzt, da es keine gemeinsamen Arbeiten mehr geben kann, im Nachhinein noch sehr dankbar bin.

Später gab es nur noch eine Arbeit von Theodor Seifert, die veröffentlicht wurde: Einen Aufsatz mit der Überschrift: „Gedanken über „das Dunkle“ im Heft 2, Band 34 der Zeitschrift: „Forum der Psychoanalyse“. Diesen Beitrag konnte Theo selber nicht mehr verfassen, ich habe ihn geschrieben, einfach deshalb, weil Theo ihn seinem Freund Michael Ermann schon zugesagt und dieser ihn längst in der von ihm mitherausgebenden Zeitschrift eingeplant hatte.

Ich wusste nicht, wir wussten nicht, dass es nicht nur das letzte Zeugnis Theo's wissenschaftlich schreibender Kreativität sein würde und Theo selbst hat die Veröffentlichung nicht mehr erlebt: er starb im Mai und das Heft mit diesem Artikel erschien im Juni 2018.

Es steht bei mir im Bücherregal.

Was gibt es jetzt noch zu sagen?

Dass ich weiterlebe. Im Sinne und mit dem Erbe von Theodor Seifert, dem ich die schönste und reichste Zeit meines Lebens verdanke. Reich im Sinne der Inhalte, die Theo in mein Leben gebracht hat. Idealisiere ich?

Mein Chef in der Forschungsstelle damals – ich hatte nur diesen einen Chef in meinem Leben – sagte einmal zu mir: „Frau Waiblinger“, (damals hieß ich noch so)

„Sie idealisieren“. Ich wusste nicht so recht, wie er das meinte, doch ich machte mich kundig:

Die „Idealisierung“ ist – streng genommen – in der Psychoanalyse ein Abwehrmechanismus. Abgewehrt wird im psychoanalytischen Sinne immer die „Ich“- d. h. die Realitäts-Funktion.

Ja, es geht nicht ideal zu in unserer Welt. Das musste auch John Lennon erleben, bzw. seine Frau.

Da fällt mir ein Traum ein, der mich damals (im August 1983, wir waren in Sölden, im Ötztal, Österreich im Urlaub) sehr erschreckte:

Ich stehe an einem Fenster und halte einen Säugling auf meinem Arm, sehe mit Erstaunen, dass es „mein“ Kind ist. Es lächelt mich an. Ich freue mich.
Vor dem Fenster fahren andere Kinder auf Schlitten einen Schneeberg hinunter, sie lachen und scheinen sich sehr zu freuen.
Dann schaut mein Kind hinauf in den Himmel, es lächelt und zeigt mit einem Händchen hinauf, als sei dort etwas.
Plötzlich weiß ich: das Kind auf meinem Arm wird sterben.
Erschreckt rufe ich: „Nein, du darfst nicht sterben. Schau da hinunter zu den anderen Kindern, die im Schnee Schlitten fahren – das ist doch so schön.“
Doch das Kind auf meinem Arm wird schwerer und kälter, es lächelt und winkt mit seinem Händchen etwas oder jemand hoch oben im Himmel zu. Auch ich sehe jetzt das „Himmelskind’, das freundlich seine Hand nach meinem Kind ausstreckt.
Ich bin verzweifelt, weil ich plötzlich weiß, dass dieses stärker ist als ich und schreie: „Nein, du darfst nicht sterben. Das Leben ist doch so schön!“

Ich wachte erschreckt auf und möchte diesen Traum gleich Theo erzählen, der ruhig schnarchend neben ihr schläft. Doch ich scheue mich, ihn zu wecken und nachdem ich mich ein wenig beruhigt hatte, schlief ich wieder ein und träumte erneut:

Ich sehe Theo eine Treppe herunterkommen. Ich laufe zu ihm und will ihm meinen schrecklichen Traum erzählen. Doch hinter ihm, seitlich ein wenig versetzt, geht eine Gestalt.

Ich will Theo ganz nahe zu mir ziehen, doch diese Gestalt (ich konnte später nicht sagen, ob diese männlich oder weiblich war) sagte ruhig und bestimmt:
„Wir gehen zusammen.“

Dann bin ich in einem unteren Raum mit einer Wand, auf der steht: „Es wird schnell sein. – Es wird mysteriös sein. – Du wirst nichts spüren. – Ich werde dich begleiten.“
Und dann bin ich mit dieser Gestalt wie auf einer Plattform und halte einen großen Stein, der aussieht wie ein Stück aus einem Felsen, in meiner ausgestreckten linken Hand.
Jetzt weiß ich und rufe erschreckt aus: „Ich muss sterben!“

Dieser Traum beschäftigte mich längere Zeit, ich spürte auch große Angst, ich könnte wirklich bald sterben.

Je mehr Zeit verging, desto ruhiger wurde ich wieder, doch vergessen konnte ich diesen Traum nicht. Als ich nach einigen Monaten an ihn zurückdachte, erlebte ich zu meinem Erstaunen ein Gefühl der Geborgenheit und des „Aufgehobenseins“.

Ich weiß jetzt: „Ich bin nicht allein, ich bin gesehen und wenn mein Leben meinem physischen Ende naht, werde ich das wissen und ganz ruhig diesen Weg gehen.“

Ich bin mit diesem Traum damals, nachdem wir wieder zu Hause waren, zu Dr. Marie-Louise von Franz nach Küsnacht gefahren. Sie meinte, u. a. :

Es ist eine Illusion, es ist kindisch, wenn Sie sagen: „Das Leben ist schön.“ Ja, es kann mitunter auch schön sein, aber überwiegend ist Leben grausam. Ja, und Sie müssen sterben. Wir alle müssen sterben. Das ist Realität.

Also: öffnen Sie Ihren Verstand für die Realität. Der Stein, der ganz natürliche Stein aus den Bergen, ist real. Das ist die harte Realität.“

Lebenslinien

Natürlich hat nicht Theo allein mein Leben reich und schön gemacht – viele Menschen, denen ich im Laufe meines bisherigen Lebens begegnet bin, haben dazu beigetragen. Zwar wurden seine Freunde auch meine Freunde, doch es kamen nach und nach weitere Menschen in unser gemeinsames Leben und schlussendlich waren es auch die Menschen, mit denen ich beruflich gearbeitet hatte, meine Klienten, die mein Leben bereichert haben. Die durch ihre Erwartungen an mich Kräfte und Fähigkeiten aus mir „herausgerufen" haben.

Insofern bin ich auch allen Menschen dankbar, die sich mir im Laufe der Jahre mit ihren Nöten anvertraut haben.

Doch nicht nur Menschen sind gekommen – es sind auch einige gegangen:

Rosemarie Ahlert, unsere gemeinsame Freundin ist tot.
Peter Haerlin, ein gemeinsamer Freund und
Hinderk Emrich, ein weiterer gemeinsamer Freund
sind ebenfalls tot.

Und schon zuvor, noch zu Theo's Lebzeiten gab es Todesfälle, die uns stets vor Augen hielten, dass Leben begrenzt ist, dass der Tod sich auch nicht darum kümmert, ob gerade dieser Mensch eine große, schmerzliche Lücke bei denen, die ihn/sie lieben, hinterlassen wird.

Für Theo war der Tod seines Freundes Helmut Remmler, mit dem er viele gemeinsame Projekte kreiert hatte, sehr schmerzlich.

Und auch seine beiden Chefs aus seiner Klinik- und Forschungsstellen-Zeit:

Prof. Dr. Friedrich Beese, der kurz nach seiner, von ihm sehr, von uns allen geliebten Frau Gretchen, starb.

Auch dessen Nachfolger, Prof. Dr. Günter Schmitt, musste uns verlassen.

Dann ging auch Prof. Dr. Helmut Enke, dem wir beide viel verdanken – ich besonders!

Walter Volk, der sehr geliebte Mann und Vater von Gabriele Volk und ihren Kindern, sowie

Rudolf Bog, der ebenfalls geliebte Mann seiner Frau Rosmarie und Vater der gemeinsamen Kinder; mein Analytiker zu Forschungsstellen-Zeiten mussten gehen.

Besonders schmerzlich für Theo – und auch traurig für mich – war der Tod seines engen Kollegen und Freundes Paul Schmidt, mit dem Theo sehr gut in der Psychotherapeutischen Klinik zusammengearbeitet hatte, wir uns darüber hinaus privat, mit Pauls Frau Gabriele, getroffen hatten – ich mich weiterhin treffe.

Prof. Dr. Manfred Cierpka, einer der drei Leiter der Lindauer Psychotherapiewochen, starb ca. ein Jahr vor Theo.

Und einige Monate, bevor Theo gehen musste, starb auch seine erste Frau.

Wir waren noch bei ihrer Trauerfeier dabei, die ihre Töchter besonders liebevoll und einfallsreich gestaltet hatten.

Ein sehr stimmiges Bild ergab sich – spontan! – bei dieser Abschiedsfeier in der Friedhofskirche:

Zum Abschluss der Feier gingen die beiden Töchter zur Urne, um sich von ihrer Mutter still zu verabschieden.

Spontan schob ich Theo, der im Rollstuhl saß, zu den beiden, so dass er beide von hinten, rechts und links umarmen konnte.

Es war das Bild von Frieden und Liebe.

Was gibt es Schöneres, was wir Menschen hier auf dieser Welt lassen, wenn wir gehen – gehen müssen, oder gehen dürfen: Frieden und Liebe.

Das war stets Theo's großer Wunsch: tiefer Frieden – so sagte er es oft.

Epilog

Es ist Zeit dieses Manuskript abzuschließen. Nicht mit dem Tod, wie ich es begonnen hatte, sondern mit dem Leben. Mit meinem Leben und dem meiner Freundinnen und Freunden. Wir bilden eine schöne, lebendige Gemeinschaft, in der jede/r seinen/ihren Alltag lebt, wir uns aber auch – mal in dieser, mal in jener Form, da oder dort – treffen, um miteinander zu sein – mal Vergangenheit aufstehen lassen, mal einfach banale Alltagsdinge auszutauschen.

Ich fürchte mich davor, das Manuskript abzuschließen. Wieder einmal fürchte ich mich, wie so oft in meinem Leben. Weil ich nicht weiß, was danach kommt. Natürlich nicht. Niemand weiß, was morgen ist.

Doch in der Verkündigung, dass die Geburt des Heilands bevorsteht, hieß es:

Fürchte dich nicht.

Ich erinnere mich: damals, kurz vor Weihnachten 1977 begann die beste Zeit in meinem Leben.

Und heute? Soll ich mich auch heute nicht fürchten?

So macht der Edle unter Furcht und Zittern sein Leben recht und lässt Opferlöffel und Kelch nicht fallen.

Genau das ist es: Es gibt kein Leben ohne Furcht und Schrecken.

Schon die Geburt ist ein erstes Erschrecken: das Erleben der „rauen Wirklichkeit" außerhalb des Mutterleibes. Jedes Kind muss neu erfahren, was dies für es heißt, wie es mit dieser Realität – die unsere gemeinsame ist – umgehen kann/wird.

Es muss ermessen, wieviel Kraft es mitbringt, um seine Bedürfnisse erfüllt zu bekommen.

Es kommt ja nicht als „tabula rasa" auf die Bühne seines jetzigen Lebens.

Ich hatte mich für Liebe und Hingabe an meine Mutter und dem Widerstand meinem Vater gegenüber entschieden, ihn sozusagen zu meinem „Sparrings-Partner“ gewählt – er sollte mir zeigen, wie ich stark werde – was wohl auch Mut erforderte und mir gleichzeitig Kraft gegeben hat.

Eric Berne, der Begründer der Transaktionsanalyse, hat ein dickes Buch über die Frage, bzw. die Dynamik geschrieben, was Menschen sagen, nachdem sie „guten Tag“ gesagt haben. Und das ist – in der Tat – entscheidend dafür, wie dieser Mensch sein Leben zu gestalten gedenkt.

Ich habe wohl viel Zärtlichkeit und Kraft mitgebracht, die mein Selbst zur Optimierung drängte.

In der Situation, in der ich – viele Jahre später – mit den beiden großen Koffern die langen Rolltreppen im Frankfurter Flughafen hinuntergeeilt bin, Theo gesucht, ihn endlich gefunden und gerade noch rechtzeitig ins Robert-Bosch-Krankenhaus gebracht hatte, ist diese einstige Lebens-Entscheidung am besten symbolisiert.

Theo brauchte mich mit meiner Kraft – er muss unbewusst gespürt, in gewisser Weise „gewusst“ haben, dass ich für seine Bedürfnisse, in seiner zweiten Lebenshälfte, die richtige für ihn bin.

Und ich habe gespürt, dass er das verkörpert, was mir noch zu meiner Vollständigkeit fehlte: seine Bereitschaft, sich auch den kleinen Dingen zuzuwenden: den Gänseblümchen und den Regenwürmern und seiner absoluten Kompromiss- und Toleranzbereitschaft.

Ich hatte ihn oft mit meiner Mutter verglichen und bedauert, dass er sie und sie ihn nicht kennen gelernt hatten.

Und er sagte manchmal zu mir – vor allem in der Zeit, in der er zunehmend Schwierigkeiten mit dem Gehen bekam – an mir sei ein Offizier verloren gegangen, wenn ich ihn zum Üben aufforderte: „Aufstehen – Gleichgewicht halten – drei Schritte gehen – stehen bleiben – Gleichgewicht halten – zurück gehen – hinsetzen“.

Wir bedurften einander – wir wuchsen aneinander – in unseren Horoskopen gibt es eine Sonne/Mond-Konjunktion. Das heißt: sein Mond steht haargenau an der Stelle, an der sich meine Sonne befindet. Sonne heißt „Selbstverwirklichung“, Mond ist sowohl „Mütterlichkeit als auch Kindsein“. Für Theo bedeutete dies, dass sein inneres Kind ein „Wildfang“, ungestüm war, viel Freiheit und Selbstbestimmung brauchte. Und für mich heißt dies, dass meine Selbstverwirklichung mit dem „freien Kind“ verbunden ist.

Theo hat sein Leben schon beendet. Ich bin offensichtlich noch nicht bei meiner Selbstverwirklichung angekommen. Somit habe ich die Chance, zu schauen, was „das freie Kind sein“ für mich heute heißt, wie ich es zu seiner Selbstverwirklichung bringe. Theo hatte mich stets aufmerksam gemacht, wenn er sah, dass mein „kritisches Eltern-Ich“ wieder einmal allzu streng meine eigentlichen Bedürfnisse überwacht hatte. In meiner Kindheit war ich nicht wirklich frei, da war ich rebellisch bezogen auf meinen Vater, und angepasst an das Leiden meiner Mutter.

Also was heißt wirklich frei sein (natürlich immer im Rahmen der äußeren Realität!)

Jetzt habe ich Zeit – jetzt ist es Zeit, dies zu erkunden.

Literaturverzeichnis Waiblinger/Seifert: Monografie

Seifert, Theodor (1983): Schneewittchen. Das fast verlorene Leben. Kreuz, Zürich

Waiblinger, Angela (1983): Rumpelstilzchen. Gold statt Liebe. Kreuz, Zürich

Wablinger, Angela (1983): Große Mutter und göttliches Kind. Das Wunder in Wiege und Seele. Kreuz, Zürich, 1986

Seifert, Theodor (1986): Weltentstehung. Die Kraft von tausend Feuern. Kreuz, Zürich

Waiblinger, Angela 1988: Dornröschen. Auch des Vaters liebste Tochter wandelt sich zur Frau. Kreuz, Zürich Waiblinger Angela: Neurosenlehre der Transaktionsanalyse. Springer, Heidelberg, 1989

Seifert, Theodor (1989): Vom Ich zum Wir. Psychologie des Zusammenlebens. Econ Taschenbuch, Düsseldorf

Seifert, Theodor u. Waiblinger, Angela (1993): Die 50 wichtigsten Methoden. Kreuz, Stuttgart

Seifert, Angela (1993): Jetzt pack ich's an! Wie Sie Ihr verborgenes Lebensskript entdecken, umschreiben und endlich glücklich werden. Trias, Stuttgart

Seifert, Angela u. Seifert, Theodor (2001): So ein Zufall! Synchronizität und der Sinn von Zufällen. Herder, Freiburg

Seifert, Angela u. Seifert, Theodor (2002): Schneewittchen. Wie verletzte Gefühle heilen können. Kreuz, Stuttgart

Seifert, Angela (2002): In Beziehung sein. Power-Snacks zur optimalen Gesprächsführung. Pfeiffer bei Klett-Cotta, Stuttgart

Seifert, Ang Lee, Seifert, Theodor, Schmidt, Paul (2002): Der Energie der Seele folgen. Gelassen und frei durch Aktive Imagination. Walter bei Patmos, Düsseldorf

Seifert, Ang Lee, Seifert, Theodor (2006): Intuition. Die innere Stimme. Walter bei Patmos, Düsseldorf

Seifert, Theodor u. Seifert, Ang Lee (2007): Vater und Mutter ehren. Der Weg zu Autonomie und Lebensglück. Kösel, München

Seifert, Ang Lee, Seifert, Theodor (2013): Die Beste aller Zeiten ist Jetzt! Huber, Bern. 2013

Literaturverzeichnis Waiblinger-Seifert, Seifert: Beiträge

Die Literaturliste von Theodor Seifert vor unserer gemeinsamen Zeit enthält 71 Angaben – ich wiederhole sie hier nicht, denn zum großen Teil sind es fachwissenschaftliche Arbeiten aus der Zeit, in der Theo Seifert in der Forschungsstelle für Psychotherapie gearbeitet hat. Die komplette Liste findet sich in: Müller, L., Müller, A. (Hrsg.) (2011): Der mittlere Weg zwischen Himmel und Erde. Eine Festschrift für Theodor Seifert. Opus Magnum, Stuttgart.

Eine Arbeit möchte ich aber doch herausgreifen: Seifert, T. (1975): Archetypus und inneres Modell der Welt. Ein Beitrag zur Integration von Analyt. Psychologie und empirischer Verhaltenswissenschaft. Analyt. Psychol. zum 100 Geburtstag von C. G. Jung.

Ich liebe diese Arbeit, die leider nie großes Interesse in der wissenschaftlichen Welt gefunden hat, denn hier ist erstens Theodor Seifert als „glühender Jungianer" und zweitens als offen und weiterdenkender Wissenschaftler an sich zu erkennen. Sie ist als kostenlose Datei bei opus-magnum.com herunterladbar.

Waiblinger A. (1985): Gute Fee und böse Hexe. Objektivierung der Eltern-Ich-Zustände und ihrer Veränderung während einer transaktionsanalytischen Gruppen-Therapie. Z.f. Transaktionsanalyse, 1:17-32

Waiblinger A. u. Rogoll R. (1985): Psychotherapie mit Transaktionsanalyse. Z. Praxis der Psychotherapie und Psychosomatik, Springer, Heidelberg, 3:145-151, 4:204-212

Waiblinger A. Und Rogoll R. (1986): Das Hexen-Interview – Traumarbeit mit Transaktionsanalyse. Z. Praxis der Psychotherapie und Psychosomatik, Springer, Heidelberg, 31: 27-34

Waiblinger A. (1986): Transaktionsanalyse. In: Waiblinger A. und Seifert, Th. (Hrsg.): Therapie und Selbsterfahrung. Kreuz, Stuttgart, S. 383-389

Waiblinger-Seifert, A. (1994): Frühe Entscheidungen – spätere Schicksale. Lebensskripte von Frauen. In: Nuber, U. (Hrsg.) Bin ich denn verrückt? Kreuz, Stuttgart, S. 42-51

Seifert, A. (1995): Diagnostik und Therapie depressiver Erkrankungen aus der Sicht der Transaktionsanalyse. Z. Psychotherapeut, Springer, Heidelberg, 6:353-357

Seifert, A. (1996): Spiele der Erwachsenen. In: Buchheim P., Cierpka M., Seifert, Th. (Hrsg.) Spiel und Zusammenspiel in der Psychotherapie. Springer, Heidelberg, S. 85-97

Seifert, A. (1996): Der Weg der Ethik vom Alten Testament zum Internet. In: Seifert, A. (Hrsg.) Ethik in Beziehungen. Henrich, Frankfurt/M., S. 10-20

Seifert, A. (1998): Erzählung und Erzähltes in der Transaktionsanalyse. In: Buchheim P., Cierpka M., Seifert, Th. (Hrsg.) Das Narrativ – aus dem Leben Erzähltes. Springer, Heidelberg, S. 121-134

Seifert, A. (2001): Wenn ihr nicht werdet wie die Kinder. In: Seefeld D. (Hrsg.) Spiritualität und Psychotherapie. Pabst Science Publishers, Lengerich, 5. 126-136

Seifert, A. (2001): Wenn das Leben ein Balance-Akt wird. Überlegungen zu Work-Life-Balance. Z. GENO, Württembergischer Genossenschaftsverband, Stuttgart, 12/01

Seifert, A. (2003): Führen mit Herz. Emotionale Intelligenz heißt, mit seinen Emotionen bewusst umzugehen, um Neuem offen zu sein. GENO, Württembergischer Genossenschaftsverband, Stuttgart, 12/03

Seifert, A. L. (2004): Der lange Schlaf und das Erwachen der Seele. Anstösse, Z. d. Evangelischen Akademie, Hofgeismar, 3-2004

Seifert, Th. (2011): Aufbruch im Vertrauen. In: Christine Burbach, Friedrich Heckmann (Hrsg.): Übergänge – Annäherungen an das eigene Sterben. Vandenhoeck und Ruprecht

Seifert, A. L. (2011): Einfach leben. In: Christiane Burbach, Friedrich Heckmann (Hrsg.): Übergänge – Annäherungen an das eigene Sterben. Vandenhoeck u. Ruprecht

Seifert, A. (2001 und 2002): Mein Lieblingsmärchen. Anleitung zur Skriptanalyse mit den Lieblingsmärchen aus der Kindheit. Kreuz, Stuttgart

Seifert, A. (2001 und 2002): Der Kreuz-Verlag brachte für einige der Märchen aus seiner Märchenreihe, die von verschiedenen Autoren geschrieben wurden, die von mir erarbeitete Skriptanalyse nach dem Skript-Begriff von Eric Berne für das jeweilige Märchen heraus. So schrieb ich beispielsweise für das Märchen „Die Nixe im Teich“, die Verena Kast in der „Märchenreihe“ beschrieben hatte, die Skriptanalyse für dieses Märchen, usw. also auch die Skript-Analyse des „Froschkönigs“ oder „Froschprinzessin“ usw. Es waren dann also insgesamt 16 Bändchen, die ich geschrieben hatte. Leider sind diese schon längst vergriffen. Skriptanalysen für:

Alibaba und die 40 Räuber - Verena Kast
Aschenputtel - Hildegunde Wöller

Das tapfere Schneiderlein - Lutz Müller
Der Froschkönig - Hans Jellouschek
Der Königssohn, der sich vor nichts fürchtet - Helmut Remmler
- Der Teufel mit den drei goldenen Haaren - Verna Kast
Die Froschprinzessin - Hans Jellouschek
Die Nixe im Teich - Verena Kast
Dornröschen - Angela Waiblinger
Frau Holle - Ingrid Riedel
Hans mein Igel - Ingrid Riedel
Hänsel und Gretel - Ursula Eschenbach
Rapunzel - Tarr Krüger, Irmtraud
Rumpelstilzchen - Angela Waiblinger
Schneewittchen - Theodor Seifert
Vom Fischer und seiner Frau - Hans Jellouschek

Der mittlere Weg zwischen Himmel und Erde -
Eine Festschrift für Theodor Seifert
Herausgegeben von
Lutz Müller und Anette Müller

2011, 276 Seiten, zahlreiche Abb.,
Verlag: Opus Magnum, Stuttgart
ISBN-13: 978-939322658

Durchlässig zu werden für die Einheit, Paradoxie und Schönheit des Seins, das wird von Theodor Seifert, einem der profiliertesten Kenner der Analytischen Psychologie C. G. Jungs, als wesentliches Ziel der Individuation angesehen. Dieses Ziel hat er in vielen seiner Schriften und Begegnungen mit Menschen immer wieder eindrucksvoll durch die Weite seines Geistes und die Güte und Warmherzigkeit seines Wesens vermittelt.

Mit den Texten in diesem Buch wollen Freunde, Vertraute und Kollegen Theodor Seifert Dank sagen für das, was sie durch ihn erfahren und lernen durften und was zu einem bleibenden Gewinn für sie geworden ist.